ERFOLGREICH ZWEISPRACHIG

parthas verlag

Kendall King, Alison Mackey

ERFOLGREICH ZWEISPRACHIG

Ein praktischer Ratgeber für Eltern

Aus dem Englischen von Karin Blenskens

Parthas Verlag Berlin, G. Wachter, Planufer 92d, 10967 Berlin
www.parthasverlag.de | e-mail: info@parthasverlag.de

Die Originalausgabe „The Bilingual Edge“ erschien 2007 bei HarperCollins | © Kendall King und Alison Mackey | Lektorat: www.editiondia.de | Gestaltung: Pina Lewandowsky | Satz: Klaus R. Bittl | Umschlagmotiv: © A. Green/zefa/Corbis | Gesamtherstellung: Pustet, Regensburg |

ISBN 978-3-86601-411-4

A Warum ist die Bilingualität so viel besser als die Monolingualität?

1
Welche Vorteile bietet die Zweisprachigkeit Ihrem Kind?

Wahrscheinlich haben Sie dieses Buch vor sich liegen, weil Sie sich bereits mit dem Gedanken auseinandergesetzt haben, Ihr Kind bilingual zu erziehen. Vielleicht haben Sie sogar bereits damit begonnen. Und so wie Ihnen ergeht es vielen Eltern. Sie alle haben das Gefühl, ihr Kind wird es in seinem Leben einfacher haben, wenn es nicht nur eine Sprache beherrscht.

Wir als Eltern und Wissenschaftler teilen das Gefühl von ganzem Herzen. Umfassende Beherrschung zweier Sprachen führt bei Kindern nachweislich zu einer Verbesserung spezifischer Gehirnfunktionen, wie etwa der allgemeinen Denk- und Lernleistung, der Kreativität und Flexibilität und der Lese- und Schreibfähigkeit. Zudem fördert Mehrsprachigkeit das soziale Bewusstsein, das interkulturelle Verständnis und die Anpassungsfähigkeit und führt damit letztlich auch zu höherer Wettbewerbsfähigkeit auf dem Arbeitsmarkt. Die Sprache beeinflusst unseren Charakter und unsere Interaktion mit anderen Menschen. Und viele Eltern sind sich bewusst, dass die Beherrschung zweier oder mehrerer Sprachen nicht nur das Selbstwertgefühl und die Persönlichkeit ihrer Kinder, sondern auch das Bewusstsein für die eigenen kulturellen Wurzeln stärkt.

In diesem Kapitel stellen wir die wichtigsten Ergebnisse der Bilingualismus-Forschung vor, die zeigen, welche Vorteile die Zweisprachigkeit hat. Sie als Eltern erhalten damit alle Informationen und Argumente, die Sie benötigen, um sich selbst und andere für die zweisprachige Erziehung Ihrer Kinder zu motivieren und sogar mögliche Skeptiker zu überzeugen, seien es Mitglieder Ihrer Familie oder Erzieher, Ärzte oder Lehrer Ihres Kindes, die diese wissenschaftlichen Studien nicht kennen.

Der kognitive Vorteil der Zweisprachigkeit

Viele Menschen ahnen intuitiv, dass die Beherrschung von mehr als nur einer Sprache uns irgendwie schlauer macht. Diese Annahme wird von vielen Studien bestätigt. In zahlreichen wissenschaftlichen Vergleichstesten zu unterschiedlichsten Themen erzielten die bilingualen Teilnehmer gegenüber den monolingualen die besseren Ergebnisse.

Um welche konkreten Vorteile handelt es sich?

Erstens scheinen Menschen, die mehr als nur eine Sprache umfassend beherrschen, kreativer zu sein. Sicher fragen Sie nun, wie ein solch abstraktes Konzept wie das der Kreativität überhaupt gemessen werden kann. Nun, am häufigsten lässt sich das mithilfe von Fragen nachweisen wie etwa: „Was kann man mit einer leeren Wasserflasche machen?" Bei diesen Tests erweisen sich die bilingualen Teilnehmer häufig als fantasievoller als die monolingualen. So würden die meisten von uns das Naheliegendste antworten: „Man kann sie mit Wasser füllen." Bilinguale Menschen dagegen haben auch andere Vorschläge: „Ich fülle sie mit Sand und verwende sie als Briefbeschwerer." Die Tests lassen auf eine erhöhte Kreativität und mentale Flexibilität bei Kindern schließen, die mehr als nur eine Sprache sprechen. Und gerade diese Art der Kreativität ist heutzutage mehr denn je von Bedeutung.

Die Unterschiede der einzelnen Sprachen in Klang, Grammatik und Ausdrucksform erlauben einen immer wieder neuen Blick auf die alltäglichsten Dinge. So bezeichnen viele bilinguale Schriftsteller, wie Salman Rushdie und Isabel Allende, ihre Zweisprachigkeit als wichtige Inspirationsquelle. Der deutsch-japanisch-englische Autor Yoko Tawaka erklärt: „Wenn man zwei Wörter miteinander verbindet, deren Ursprung Kilometer voneinander entfernt liegt, bewirkt das im Kopf eine Art Blitz, der im wahrsten Sinne des Wortes Wunder vollbringen kann."

Neben der gesteigerten Kreativität und Flexibilität erweckt Zweisprachigkeit auch ein größeres metalinguistisches Bewusstsein. Dieser wissenschaftliche Terminus bezeichnet die Fähigkeit, Sprache als abstraktes Gebilde oder System wahrzunehmen. Das metalinguistische Bewusstsein ermöglicht es, Wortspiele, Witze und Metaphern zu verstehen und anzuwenden. Und es ist unmittelbar mit unserer (schulischen) Leistungsfähigkeit verknüpft.

So lernen Kinder mit einem größeren metalinguistischen Bewusstsein nicht nur schneller lesen und schreiben. Sie sind auch sensibler für Sprachsysteme, die man analysieren und mit denen man sogar spielen kann. Im Vergleich zu monolingualen Kindern werden bilinguale sich meist früher darüber bewusst, dass es für ein und dieselbe Sache mehrere unterschiedliche Bezeichnungen geben kann, und sind daher auch in der Lage, sprachliche Zweideutigkeiten zu erkennen. Die Erkenntnis, dass das metalinguistische Bewusstsein die Lese- und Schreibfähigkeit stützt, schlägt sich inzwischen in vielen Lehrplänen nieder, und man versucht, das Sprachbewusstsein der Kinder gezielt zu fördern. Bilinguale Kinder sind hier automatisch im Vorteil.

Auch in Tests, in denen es darum geht, wichtige von unwichtigen sprachlichen Informationen zu unterscheiden, schneiden bilinguale Kinder besser ab. Sie können sich besser auf die ihnen gestellte Aufgabe konzentrieren (zum Beispiel die Anzahl der Wörter eines Satzes zu zählen oder zu beurteilen, ob der Satzbau korrekt ist) und lassen sich weniger durch inhaltlich unwesentliche Informationen ablenken. Im schulischen Umfeld wird heutzutage verstärkt sprachlich gearbeitet. Gleichzeitig fällt es Schülern durch wachsenden Stress, Leistungsdruck und außerschulische Aktivitäten immer schwerer, sich zu konzentrieren. Ein hohes Sprach- und Textverständnis ist hier von unschätzbarem Vorteil.

Aus der Forschung

In welchem Bett schläft der Löffel?

Die US-Bilingualismus-Forscherin Ellen Bialystok veröffentlichte 2001 ein Buch, in dem sie unter anderem erklärte, warum bilinguale Kinder im Vergleich zu monolingualen über ein besseres metalinguistisches Verständnis verfügen. Bialystok führte das zurück auf eine stärker ausgeprägte „kognitive Kontrolle des sprachlichen Prozesses". Das folgende Beispiel erläutert, was damit gemeint ist.

Bialystok führte eine Studie an etwa 120 Kindern im Alter von fünf bis neun Jahren durch und forderte sie auf, einige Satzkonstruktionen daraufhin zu beurteilen, ob die Grammatik korrekt sei oder nicht. Dabei sollten die Kinder den Inhalt völlig außer Acht lassen und sich ausschließlich auf die Grammatik konzentrieren.

Bei den Sätzen handelte es sich um drei unterschiedliche Varianten:

- grammatisch korrekt und inhaltlich logisch: In welchem Bett schläft das Baby?
- grammatisch falsch, aber inhaltlich logisch: In welchem Bett das schläft Baby?
- grammatisch korrekt, aber inhaltlich unlogisch: In welchem Bett schläft der Löffel?

Bialystok fand heraus, dass die monolingualen Kinder sich leichter durch den Inhalt des Satzes ablenken ließen (zum Beispiel beurteilten sie Sätze wie „In welchem Bett schläft der Löffel?" als grammatisch falsch). Bilingualen Kindern dagegen fiel es leichter, die für die Aufgabenstellung unwesentlichen Informationen (in dem Falle: die inhaltliche Bedeutung des Satzes) zu ignorieren und sich stattdessen auf die Grammatik zu konzentrieren. Kurz gesagt, scheinen zweisprachige Kinder im Vergleich zu einsprachigen über bessere Voraussetzungen zu verfügen, um die Grammatikaufgabe lösen zu können.

Wir rekapitulieren: Bilinguale Kinder haben gegenüber monolingualen bestimmte Vorteile, insbesondere im Hinblick auf das metalinguistische Verständnis, die Kreativität und die Fähigkeit, sprachliche Prozesse zu verstehen und zu kontrollieren. Dennoch sollten wir ein paar Dinge klarstellen:

Erstens wäre es falsch zu glauben, Bilingualität beeinflusse *sämtliche* Aspekte der kognitiven Wahrnehmung und Entwicklung.

Zweitens beziehen sich alle Forschungsergebnisse ausschließlich auf Kinder, die bereits über *sehr umfassende Kenntnisse in zwei Sprachen* verfügen. Anders ausgedrückt: Wir sprechen hier nicht von Kindern, die einige einfache Wörter oder Wendungen in einer Fremdsprache aufgeschnappt haben und zum Beispiel auf Englisch bis fünf zählen können. Nur gelegentlich mit einer zweiten Sprache in Kontakt zu kommen (etwa durch eine halbe Stunde Fernsehen oder eine kurze Unterrichtsstunde pro Woche) genügt mit Sicherheit nicht, um die damit verbundenen kognitiven Vorteile zum Tragen kommen zu lassen.

Drittens darf man auch weitere Faktoren nicht außer Acht lassen. So sollte das Kind in ausreichendem Maße Zugang zu Büchern und anderen geschriebenen Texten haben. Lesen im Allgemeinen, egal in welcher Sprache, verbessert das metalinguistische Verständnis. Daher sollten Sie als Eltern unbedingt Texte und Bücher in Ihren persönlichen Lehrplan für Ihr Kind aufnehmen (mehr dazu finden Sie in Kapitel 6 und 7). Wenn Sie das berücksichtigen, wird Ihr Kind von einem frühen Fremdsprachenerwerb in hohem Maße profitieren.

Merke
Damit die vielen kognitiven Vorteile der Bilingualität wirklich zum Tragen kommen, müssen Kinder eine vergleichsweise hohe Kompetenz in beiden Sprachen erreichen.

Das Erlernen einer Fremdsprache fördert das interkulturelle Verständnis

Sprache ist ein wichtiger Schlüssel zum Verständnis einer Kultur. Diese Erfahrung haben viele von uns bereits gemacht, sei es im Urlaub oder im Umgang mit Mitbürgern aus anderen Ländern. Studien belegen, dass Kinder durch das Erlernen einer Fremdsprache eine positivere und offenere Einstellung gegenüber anderen Völkern und deren Lebensweise und Kultur entwickeln.

Der Fremdsprachenunterricht hat damit eine positive Wirkung auf das interkulturelle Verständnis und Verhalten. Dieser Effekt ist besonders ausgeprägt im sogenannten dualen Immersionsunterricht, einer Unterrichtsform, in der Teilnehmer zweier verschiedener Muttersprachen die jeweils andere Sprache erlernen (zum Beispiel in einer gemeinsamen Unterrichtsgruppe, in der Deutsche Englisch und Engländer Deutsch lernen). In Kapitel 8 werden wir darauf genauer eingehen.

Kinder, die an solchen bikulturellen Sprachlernkursen teilnehmen, entwickeln im Allgemeinen ein großes Interesse an Land, Kultur und

Bewohnern der jeweils anderen Gruppe und haben gleichzeitig weniger stereotype Vorurteile gegenüber fremden Kulturen. Sie schließen häufig Freundschaften mit Menschen aus anderen Ländern, und das nicht nur innerhalb der Unterrichtsgruppe, sondern auch darüber hinaus. Und im Idealfall hält dieser Effekt ein Leben lang an. Wir alle wissen von der steigenden Bedeutung gerade des interkulturellen Verständnisses und der Toleranz in unserer globalisierten Welt. Und die können wir bei unseren Kindern ganz einfach fördern, indem wir sie eine Zweitsprache lernen lassen.

Aus der Forschung

Freundschaften überwinden Sprachgrenzen

1983 führten die Wissenschaftler Cazabon, Lambert und Hall eine Studie in einer spanisch-englischen immersiven Sprachlerngruppe in den USA durch. Sie wollten untersuchen, ob die soziale Gruppenbildung der teilnehmenden Kinder sich nach dem ethnischen Hintergrund oder der jeweiligen Muttersprache richtet. Um das herauszufinden, stellten sie den Kindern Fragen über ihre besten Freunde: mit wem sie am liebsten mittagessen, wen sie zu sich nach Hause einladen würden, mit wem sie besonders gerne spielen und neben wem sie am liebsten sitzen würden. Die kleineren Kinder gaben den Mitschülern ihrer eigenen Sprache und ethnischen Gruppe den Vorzug. Ab der dritten Klasse spielten Sprache und Abstammung aber keine Rolle mehr. Der Freundeskreis setzte sich zu gleichen Teilen aus beiden Gruppen zusammen. Die Kinder nahmen die Persönlichkeit ihrer Mitschüler wichtiger als ihre Zugehörigkeit zu einer bestimmten Gruppe. Anders ausgedrückt, sie hatten die wichtige Lektion für ihr späteres Leben gelernt: Es ist letztendlich egal, wie man spricht oder wie man aussieht. Was zählt, sind einzig Charakter und Persönlichkeit.

Wenn Sie Ihr Kind bilingual erziehen, hat das unter Umständen nicht nur einen positiven Effekt auf Erfolg und Glück Ihres Kindes. Auf lange Sicht beeinflussen Sie damit auch die Gesellschaft. Viele Länder

der Welt verzeichnen ständig steigende Zahlen von Migranten. Der Arbeitsmarkt fordert vom Arbeitnehmer zunehmend Bereitschaft zur Mobilität. Interkulturelle Verständigung und Kompetenz nehmen an Bedeutung zu, und das vermehrt multikulturelle Umfeld führt zu einem Anstieg der Mehrsprachigkeit. Bilingualität hat einen unmittelbaren Einfluss auf viele der Charaktereigenschaften, die wir unseren Kindern gerne anerziehen würden, wie etwa Verständnis für andere Menschen und Kulturen, die Fähigkeit, Freundschaften über soziale Grenzen hinweg zu schließen, und die Begabung zur kreativen Problemlösung.

Der Zusammenhang zwischen Sprache und Kultur

Das Erlernen einer Zweitsprache lässt Kinder auf eine weitere, weniger offensichtliche Art eine fremde Kultur kennenlernen. Anthropologen und andere Wissenschaftler vertreten seit Langem die Auffassung, die Sprache, die wir sprechen, sei untrennbar mit unserer Kultur verknüpft; manche gehen sogar so weit zu sagen, unsere Sprache beeinflusse unsere Denkweise unmittelbar. So verwenden Sprachen verschiedene Systeme, um Informationen mithilfe der Grammatik und des Vokabulars zu kategorisieren und zu organisieren. Diese unterschiedlichen Systeme – so die Annahme – beeinflussen wiederum die individuelle Wahrnehmung der Welt. Ein Beispiel: Im Deutschen gibt es nur ein einziges Wort für *Großvater*, das Schwedische dagegen kennt zwei Wörter, *morfar* und *farfar*. *Morfar* bezieht sich auf den Großvater mütterlicherseits, *farfar* ist der Großvater väterlicherseits. Einen Terminus, der beide, sowohl den Vater der Mutter als auch den des Vaters, bezeichnet, gibt es im Schwedischen nicht. Kinder, die mehr als nur eine einzige Sprache beherrschen, begreifen intuitiv, dass es nicht nur einen Weg gibt, Dinge zu erfassen, und denken über die Gemeinsamkeiten und Unterschiede unserer physischen sowie kulturellen Welt nach.

Unsere Sprache kann also beeinflussen, wie wir über Dinge nachdenken und wie wir sie erklären. Indem Kinder eine Zweitsprache lernen, lernen sie automatisch auch, unterschiedliche Sichtweisen verschiedener Menschen auf die Welt, ihre Lebewesen und Verhaltensweisen zu erkennen und zu verstehen. Bilingual aufwachsende Kinder begreifen einfacher, dass die eine Perspektive nicht zwangsläufig besser sein muss als die andere, sondern dass sie eben einfach nur anders ist.

Aus der Forschung

Die „Verb"-ale Begeisterung koreanischer Kinder

Die Sprachen, die wir lernen, beeinflussen nicht nur unsere Sichtweise auf die Welt, sondern auch die Fähigkeiten, die wir entwickeln. Wenn deutsch- und englischsprachige Kleinkinder sprechen lernen, sind ihre ersten Worte im Normalfall Nomen (zum Beispiel *Auto, Licht*). Koreanische Kinder dagegen lernen laut einer Studie der Forscher Gopnik und Choi als Erstes die Verben (zum Beispiel *essen, schlafen*). Der Grund dafür liegt wahrscheinlich darin, dass die Verben im Koreanischen am Ende des Satzes stehen. Und auf das Satzende achten wir normalerweise mehr als auf den Rest des Satzes. Ein ähnlich gelagertes Beispiel soll das verdeutlichen: Wenn wir im Supermarkt unseren Einkaufszettel vergessen haben, wissen wir meist genau, welche Dinge wir ganz oben und ganz unten auf der Liste hatten. An die Lebensmittel, die in der Mitte der Liste stehen, können wir uns dagegen nur verschwommen erinnern.

Diese sprachlichen Unterschiede scheinen die Entwicklung der kindlichen Fähigkeiten in hohem Maße zu beeinflussen. Wie lässt sich das erklären? Koreanische Kinder erzielen bei Aufgaben, die mit Verben in Zusammenhang stehen, häufig bessere Ergebnisse als deutsche oder englische. Zum Beispiel sind koreanische Kleinkinder besser darin, bestimmte Tätigkeiten mit Werkzeugen auszuführen. Englische oder deutsche Kinder dagegen können besser Aufgaben erfüllen, die mit Nomen zusammenhängen, wie etwa Bauklötze nach ihren Farben zu sortieren. Die Unterschiede in der Entwicklung könnten möglicherweise damit in Zusammenhang stehen, welchen Grad von Aufmerksamkeit die jeweiligen Sprachen durch ihre Satzstellung auf Verben respektive Nomen lenken. Jede Sprache gewichtet bestimmte Aspekte stärker oder schwächer. Beherrscht man mehrere Sprachen, ist man also möglicherweise in der Lage, größere Erkenntnisfähigkeiten und Fertigkeiten zu entwickeln.

Mehrsprachigkeit bereichert das Familienleben

Viele der Familien, mit denen wir gearbeitet haben, haben einen mehrsprachigen Hintergrund. Das heißt, in einer der früheren Generationen der Familie gab es ein Familienmitglied aus einem anderen sprachlichen Kulturkreis als dem, in dem die Familie heute lebt. Solche Familien empfinden die Zweisprachigkeit häufig als wichtiges Mittel, diese familiären Bindungen und kulturellen Traditionen zu bewahren. Unabhängig davon, ob die sogenannte Einwanderersprache heute noch in der Familie gesprochen wird, legen viele Eltern großen Wert darauf, sie an ihre Kinder weiterzugeben. Mehrsprachigkeit ist für sie häufig gleichbedeutend mit der Wahrung von Familientraditionen und der Kultur des Ursprungslandes. Für die meisten Kinder stellt es schon eine große Herausforderung dar, an einer Familienfeier oder einer kulturellen Veranstaltung teilzunehmen, dabei brav zu sein und still zu sitzen. Wie erst sollen Kinder nachvollziehen können, warum sie an diesen Veranstaltungen teilnehmen sollen, wenn sie noch nicht einmal die Sprache verstehen?

Zum Beispiel werden Kinder griechischer Einwanderer, die in Deutschland aufgewachsen sind und kein Griechisch beherrschen, kaum Freude an einem griechisch-orthodoxen Gottesdienst haben, ebenso wenig wie an einem bunten Nachmittag der griechischen Gemeinde des Wohnortes. Die Eltern sind sich bewusst, dass ihre Kinder, wenn sie ausschließlich Deutsch sprechen, bei Veranstaltungen der griechischen Gemeinde immer am Rande stehen und sich verständlicherweise auch wenig dafür interessieren werden.

Andere Eltern sind der Auffassung, die Kenntnis der Einwanderersprache sei wichtig für das Selbstbewusstsein des Kindes. Und sie haben recht! Viele Studien bestätigen, dass Kinder in der Schule bessere Leistungen erzielen – und es auch später im Leben einfacher haben –, wenn sie sich bewusst darüber sind, wer sie sind und wo ihre kulturellen Wurzeln liegen. Viele Studien in den USA haben nachgewiesen, dass Kinder von Einwanderern, in deren Familien die kulturelle Identität gepflegt und aufrechterhalten wird – zum Beispiel in chinesischen oder indischen Immigrantenfamilien –, schulische Herausforderungen und eventuelle Ungleichbehandlungen besser meistern können. Im Gegensatz dazu kann der komplette Verlust der kulturellen Identität zu schulischem Versagen führen. Auch neuere deutsche Studien zur schulischen Integration türkischer Jugendlicher kommen zu dem Ergebnis, dass eine erfolgreiche Integration im deutschen Schulsystem zumeist mit dem Wunsch nach Weiterführung der eigenen kulturellen Tradition einhergeht.

Merke

Eine Einwanderersprache ist die Muttersprache einer früheren Generation einer Familie. Häufig wird sie zu Hause noch gesprochen. Manchmal existiert sie aber auch nur noch als Erinnerung an die Sprache der Großeltern.

Viele Eltern sehen aus nachvollziehbaren Gründen Kenntnis und Pflege der Einwanderersprache als grundlegend dafür an, den Kindern ein Bewusstsein davon zu geben, wer sie sind und woher sie kommen. Diese Eltern sehen in der Sprache ein Mittel zur Stärkung der familiären Bindung und Tradition. Ein Beispiel aus unserem eigenen Umfeld: Unser Freund Thomas stammt aus Ghana, verbrachte aber die meiste Zeit seines Erwachsenenlebens in London. Seine Frau Ola stammt aus Nigeria und wuchs in London auf. Die beiden lernten sich in England kennen und heirateten dort. Seit ungefähr zehn Jahren leben sie nun in den USA. Ihre beiden Töchter Atswei und Ayorkor haben beide ghanaische Vornamen, und Thomas spricht zu Hause mit beiden ausschließlich Ga (eine der 16 Sprachen Ghanas). Obwohl selbst in Ghana nur 600 000 Menschen Ga sprechen (und natürlich noch weit weniger in Washington, D. C.), finden es sowohl Thomas als auch Ola überaus wichtig, dass die Mädchen eine gewisse Verbindung zu Ghana als Land im Speziellen und zu Afrika im Allgemeinen entwickeln. Wenn auch Sie in Bezug auf Ihre eigene Familie dazu ähnliche Vorstellungen haben, dann setzen Sie diese um. Die Kenntnis der Einwanderersprache kann einen wichtigen Pfeiler der eigenen Identität bilden.

Bilingualität als Zukunftschance für Ausbildung und Beruf

Unabhängig vom Aspekt kultureller Identität lässt sich die profunde Kenntnis von mehr als nur einer Sprache sowohl in Schule und Ausbildung als auch im Beruf als ein unschätzbarer Vorteil bezeichnen. Und das heute mehr denn je. Wir alle wünschen uns für unsere Kinder möglichst viele Vorteile, auch damit diese gegenüber der wachsenden Konkurrenz im akademischen Umfeld bestehen können. Weltweit wird die Nachfrage nach bilingualen Fachleuten auf dem Arbeitsmarkt immer größer. Warum sollten wir unsere Kinder nicht von Anfang an darauf vorbereiten?

Wenn Ihre Kinder noch in den Windeln liegen, scheint das alles in ferner Zukunft zu liegen. Dennoch sollten Sie sich bewusst sein, dass sich die Kenntnis mehr als nur einer Sprache im späteren Berufsleben bezahlt machen kann. Und der Trend wird sich noch verstärken. 75 Prozent der US-Unternehmen stehen im internationalen Wettbewerb, und immer mehr Unternehmen suchen bilinguale Mitarbeiter, die ihnen dabei helfen, konkurrenzfähig zu bleiben. Nach Meinung mancher Experten schlägt sich Zweisprachigkeit in den USA in fünf bis 20 Prozent höheren Gehältern nieder, und auch in Europa führen fundierte Fremdsprachenkenntnisse zu Wettbewerbsvorteilen auf dem Arbeitsmarkt. Die Beherrschung von mehr als nur einer einzigen Sprache kann demnach für die Zukunft Ihres Kindes ebenso wichtig sein wie seine Lese- und Schreib-, seine mathematischen oder naturwissenschaftlichen Fähigkeiten.

Merke
Fast überall auf der Welt sind Sprachkenntnisse ausschlaggebend für den beruflichen Erfolg: Zum Beispiel sind in Hongkong 100, in Singapur 97 und in Indonesien 95 Prozent der Manager in der Lage, in mindestens zwei Sprachen Geschäftsverhandlungen zu führen.

Dieser Trend zur Mehrsprachigkeit ist bereits heute in allen Schulformen deutlich erkennbar. Noch vor wenigen Jahren, als die heutige

Elterngeneration selbst zur Schule ging, sah das anders aus. Einige wenige Jahre Fremdsprachenunterricht waren damals normal und wurden als ausreichend angesehen. In unserer globalisierten Welt werden unsere Kinder heute viel früher Fremdsprachenkenntnisse benötigen als noch vor 20 Jahren. Und das auf einem weitaus höheren Sprachniveau.

Die Vorteile der Bilingualität sind Ihnen nun bekannt. Jetzt ist es an der Zeit, uns der wesentlichen Frage zu widmen: Wie lässt sich dieses Ziel am besten erreichen? Wir werden damit beginnen, Ihnen die zehn bekanntesten Methoden zum Erlernen einer Fremdsprache vorzustellen. Und dabei gleichzeitig mit einigen Mythen aufräumen, welche die besten beziehungsweise schlechtesten sind.

Wir fassen zusammen

- Kinder, die zwei Sprachen beherrschen, haben durch ihre kognitiven, schulischen und sozialen Vorteile wahrscheinlich bessere Zukunftschancen als monolinguale Kinder.
- Das Erlernen einer Zweitsprache kann positive Auswirkungen auf das interkulturelle Verhalten haben, auf die Einstellung gegenüber fremden Kulturen und auf Freundschaften mit Menschen anderer Kulturkreise.
- Die Kenntnis der eigenen Einwanderersprache kann das Selbstbewusstsein fördern.
- Die umfassende Kenntnis mehr als nur einer Sprache ist in der heutigen multikulturellen und multisprachigen Welt von unschätzbarem Vorteil.

2
Mythen und Missverständnisse über die Methoden zum Erlernen einer Zweitsprache: Wie geht es wirklich?

Es ist vollkommen normal, dass wir uns hin und wieder besorgt fragen, ob wir als Eltern wirklich alles richtig machen. Von Beginn an sehen wir uns mit einer Vielzahl von Fragen und Entscheidungen konfrontiert, angefangen mit der Wahl zwischen natürlicher Geburt oder Kaiserschnitt, zwischen Stillen und Fläschchen ... In den meisten Fällen verlassen wir uns auf unsere Intuition oder auf Ratschläge von Freunden oder Familienmitgliedern. Manchmal fragen wir auch Ärzte oder Hebammen oder lesen in Büchern nach. Bei Fragen, die das frühe Erlernen einer Zweitsprache betreffen, sind Eltern jedoch häufig auf sich allein gestellt.

Dennoch drängen sich hier, wie auch in vielen anderen Bereichen der Kindererziehung, Fragen auf: Wird mein Kind Schwierigkeiten mit seiner Muttersprache bekommen, wenn ich es zu früh an eine weitere Sprache heranführe? Was passiert, wenn mein Kind plötzlich anfängt, die Sprachen zu verwechseln und zu vermischen?

Aber nicht nur Eltern, auch Pädagogen und Erzieher stellen häufig diese und ähnliche Fragen. Es ist nicht immer leicht, Antworten zu finden, und in vielen Fällen gibt es keine allgemeingültige Antwort. Das gilt insbesondere für die Anfangszeit des kindlichen Spracherwerbs, denn die gebräuchlichen Ratgeberbücher für Kindererziehung erwähnen das Thema Spracherwerb meist nur am Rande. Und selbst wenn es angesprochen wird, sind die Informationen häufig oberflächlich und nicht wissenschaftlich basiert. Erschwerend kommt hinzu, dass eigentlich jeder von uns eine Art Experte für Spracherwerb ist. Schließlich haben wir alle zumindest einmal eine Sprache gelernt. Und viele von uns haben mit Faszination beobachtet, wie die eigenen Kinder oder die von Freunden oder Familienmitgliedern in den ersten Lebensjahren anfingen zu sprechen. Die logische Erkenntnis daraus für die meisten von uns ist, dass im Grunde unser gesunder Menschenverstand uns sagt, wie wir am besten eine Sprache lernen können.

Obwohl die meisten Menschen zu dem Thema dieselbe Meinung haben, sind viele dieser weit verbreiteten Thesen wissenschaftlich nicht haltbar. Ein gutes Beispiel dafür ist das gängige Vorurteil, dass der allzu frühe Kontakt mit Fremdsprachen bei Kindern zu verzögertem Muttersprachenerwerb führe. Für diese Annahme gibt es jedoch keinerlei wissenschaftlichen Beleg. Im Gegenteil! Lassen Sie uns anhand des Beispiels erklären, welche Mythen es rund um das Thema Fremdsprachenerwerb und Bilingualität gibt. Unter „Mythen" verstehen wir in diesem Fall all die gut gemeinten Ratschläge, die wir immer wieder von Freunden, Großeltern, Eltern, Nachbarn oder manchmal auch Kinderärzten und Lehrern hören – manches so häufig, dass wir es schließlich selber glauben und weiterverbreiten. Aber es lässt sich aufzeigen, dass es sich bei vielen dieser „Volksweisheiten" um Vorurteile handelt, die nur teilweise oder gar nicht zutreffen.

In den letzten Jahren hat die Forschung in den Bereichen der Linguistik, Psychologie und Erziehungswissenschaft große Fortschritte gemacht. Und das hat zu neuen Einsichten sowohl darüber geführt, wie Kinder ihre Erstsprache erwerben, als auch, wie sie effektiv und effizient eine Zweitsprache erlernen können. Diese Einsichten sind nicht nur von großem Interesse für die Wissenschaft selbst, sie sind auch für Eltern, die ihre Kinder zweisprachig erziehen wollen, von großer Bedeutung. Viele der allgemein verbreiteten Vorstellungen über Sprache und Spracherwerb sind inzwischen widerlegt. Die Kenntnis der neuesten Forschungsergebnisse ist eine wichtige Grundlage, um Kinder möglichst optimal an eine Zweitsprache heranzuführen. Die Unkenntnis dagegen könnte dazu führen, unnötig viel Zeit, Energie und oft auch Geld zu vergeuden. In diesem Kapitel werden wir die zehn bekanntesten Mythen über das Erlernen einer Zweitsprache vorstellen und im Hinblick auf den aktuellen Forschungsstand bewerten. In den nachfolgenden Kapiteln geben wir Ihnen dann detaillierte Hinweise und machen Ihnen Vorschläge, wie Sie vorgehen sollten, um Ihr Kind erfolgreich zur Zweisprachigkeit zu erziehen.

Merke

Die Top Ten der Mythen über das Erlernen einer Zweitsprache

1. Nur bilinguale Elternpaare können ihre Kinder bilingual erziehen (und: Bilinguale Eltern erziehen ihre Kinder grundsätzlich bilingual).
2. Es ist schon zu spät! Wenn mein Kind nicht vom ersten Tag an zweisprachig erzogen wird, ist der Zug abgefahren.
3. Nur Muttersprachler und Lehrer können Kindern eine Zweitsprache beibringen.
4. Wenn in einer Familie mehrere Kinder aufwachsen, werden sie alle über dieselben Sprachkenntnisse verfügen.
5. Es ist wichtig, jeden Grammatik- und Vokabelfehler sofort zu korrigieren (ansonsten schleifen sich die Fehler unwiderruflich ein).
6. Wenn ich mein Kind zu früh mit Fremdsprachen konfrontiere, leiden die Muttersprache und die Sprachentwicklung im Allgemeinen.
7. Unterschiedliche Sprachen zu vermischen erzeugt Verwirrung. Die Sprachen müssen nach dem Prinzip „eine Person – eine Sprache" sauber voneinander getrennt werden (am besten ist es, wenn ein Elternteil die eine und der andere die zweite Sprache spricht).
8. Fernsehen, DVDs und spielerische Lernhilfen, wie etwa sprechendes Spielzeug, sind wertvolle Hilfsmittel, um ein Kind an eine Sprache heranzuführen.
9. Bilinguale Schulen und Lernprogramme sind nur für Kinder von Einwanderern geeignet.
10. Ein kleines Kind sollte keinesfalls mehr als zwei Sprachen auf einmal lernen. Mehr ist zu viel!

Mythos 1: Nur bilinguale Elternpaare können ihre Kinder bilingual erziehen (und: Bilinguale Eltern erziehen ihre Kinder grundsätzlich bilingual).

Viele Menschen glauben, alle bilingualen Elternpaare erzögen ihre Kinder zweisprachig und monolinguale Eltern hätten automatisch einsprachige Kinder. Auf den ersten Blick erscheint das zwar logisch, aber Jahrzehnte wissenschaftlicher Forschung und Berge ausgewerteter Daten beweisen eindeutig, dass die Kinder bilingualer Elternpaare keineswegs immer auch zweisprachig aufwachsen. Betrachtet man die Geschichte der Einwanderung in traditionellen Immigrationsländern wie den USA, kommt man zu demselben Schluss. Bei ihrer Ankunft in ihrer neuen Heimat sprechen Immigranten häufig nur ihre Muttersprache (Spanisch, Russisch, Chinesisch, Farsi, etc.). Die Kinder dieser Einwanderer sind meist bilingual, sie beherrschen sowohl die Sprache ihrer Eltern als auch die des Landes, in dem sie aufwachsen (in dem Fall also Englisch). Die nächste Generation allerdings beherrscht häufig nur noch die Sprache des Einwanderungslandes. Der Wechsel zur Monolingualität vollzieht sich meist im Laufe von nur zwei oder drei Generationen. Wenn die Theorie wirklich zutreffen würde, dass Kinder bilingualer Elternpaare automatisch zweisprachig wären, gäbe es überall auf der Welt Millionen von Bürgern, die neben der Sprache ihres derzeitigen Aufenthaltsortes auch Mandarin, Italienisch, Polnisch oder eine andere Sprache beherrschen würden. Aber so ist es nicht.

Die Realität sieht anders aus. Kinder zu echter Zweisprachigkeit zu erziehen erfordert selbst im Falle bilingualer Elternpaare eine genaue Planung sowie viel Kraft und Hingabe. Dafür gibt es einige Gründe. Monolingualität ist in vielen Ländern Europas sowie in Australien, den USA und Japan die Norm. Ausnahmen bilden zweisprachige Grenzregionen und natürlich Länder mit mehreren Landessprachen, wie etwa die Schweiz. Die bilinguale Erziehung aber gilt in der Regel als Ausnahme. Und egal wo sie leben, entwickeln selbst kleine Kinder früh ein Gespür dafür, welche der ihnen zur Verfügung stehenden Sprachen mit welchem Status in Verbindung gebracht wird. Das heißt, schon im Sandkasten wird ihnen bewusst, wer welche Sprache spricht und dass zum Beispiel der größte Junge, den alle auf dem Spielplatz bewundern, Deutsch spricht und eben kein Türkisch, Polnisch oder Portugiesisch.

Hitomi zum Beispiel hat eine vierjährige Tochter, Ria. Hitomi verbrachte während ihrer Jugend einige Jahre in Lateinamerika. Sie spricht sowohl Japanisch als auch Spanisch fließend. Jetzt ist sie mit einem monolingualen japanischen Mann verheiratet und lebt in Japan. Sie wollte aber, dass ihre Tochter Ria zweisprachig aufwächst und sprach mit ihr daher von klein auf Spanisch. Zunächst war alles wunderbar: Ria hatte mit dem Spanischen keinerlei Schwierigkeiten, und Hitomi war mehr als glücklich. Dann allerdings kam Ria in einen Kindergarten, in dem alle anderen Kinder außer ihr selbst einsprachig japanisch waren. Am ersten Tag dort hatte Ria einige Schwierigkeiten, zu verstehen, was die Erzieherin und die anderen Kinder sagten, und war entsprechend zurückhaltend und schüchtern. Kurz darauf hörte sie einfach auf, mit ihrer Mutter Spanisch zu sprechen. Schließlich gab auch Hitomi auf und begann mit Ria hauptsächlich in Japanisch zu reden.

Alles in allem schwimmen bilinguale Elternpaare gegen einen mächtigen monolingualen Strom an. Um ihr Kind wirklich erfolgreich zweisprachig erziehen zu können, sollten Eltern über den neuesten Stand der Forschung zu dem Thema informiert sein. Und sie benötigen möglichst viele effektive und wissenschaftlich basierte Tipps und Verfahren, die ihre Kinder spielerisch an die Zweitsprache heranführen. Beides finden Sie auf den folgenden Seiten.

Viele der Probleme und Schwierigkeiten, mit denen monolinguale Elternpaare bei der Erziehung zur Zweisprachigkeit konfrontiert sind, haben bilinguale Eltern im selben Maße. Mit dem Unterschied, dass monolinguale Eltern selbst nicht in der Lage sind, die Zweitsprache flüssig mit ihrem Kind zu sprechen. Dennoch: Auch für diese Familien hat sich die Situation verbessert. Heutzutage gibt es im wahrsten Sinne des Wortes Tausende von Möglichkeiten und Hunderte von Wegen, wie Kinder eine Zweitsprache erlernen können. Die wachsende Nachfrage hat dazu geführt, dass es mehr Hilfsmittel denn je gibt, angefangen mit dem Unterrichtsangebot bis hin zu bilingualem Spielzeug, wie zum Beispiel dem Lernspiel „Dora the Explorer", das inzwischen auch auf dem deutschen Markt erhältlich ist (mehr dazu in Kapitel 7). Dennoch ist es nicht einfach, das pädagogisch Wertvolle vom Nutzlosen zu unterscheiden. Eltern müssen zwischen all den unterschiedlichen Programmen und Materialien eine wohlüberlegte Wahl treffen. Manche Angebote sind fantastisch und legen ein stabiles Fundament für das Erlernen einer Fremdsprache, andere wiederum werden hervorragend vermarktet und beworben, erweisen sich aber letztlich als Zeit- und Geldverschwendung. Aber: *Mit dem richtigen Wissen ausgestattet, kann definitiv jeder sein Kind zweisprachig erziehen.*

Mythos 2: Es ist schon zu spät! Wenn mein Kind nicht vom ersten Tag an zweisprachig erzogen wird, ist der Zug abgefahren.

Natürlich spielt das Alter beim Zweitsprachenerwerb eine Rolle, aber die Annahme, das richtige Erlernen einer zweiten Sprache wäre nur im Kleinkindalter möglich, ist schlicht falsch. Wie ist das Vorurteil zustande gekommen? Wissenschaftler bezeichnen die Annahme als die Hypothese der „kritischen Phase" (die allerdings bislang nicht bewiesen wurde). Die Hypothese geht im Wesentlichen davon aus, dass der Zweitsprachenerwerb in der frühen Kindheit, in jedem Falle *noch* vor der Pubertät erfolgen muss, damit das Kind später die zweite Sprache flüssig beherrscht. Wir werden in Kapitel 4 detaillierter darauf eingehen. Mit Sicherheit ist diese Annahme nicht vollkommen falsch. Es steht jedoch fest, dass es sich hier nicht um eine unumstößliche Bedingung handelt. Es gibt zahlreiche ältere Kinder und auch einige Erwachsene, die ein sehr hohes Niveau in einer Fremdsprache erreichen, obwohl sie mit dem Sprachunterricht erst nach der Pubertät begonnen haben. Unter den richtigen Voraussetzungen sind auch ältere Kinder und sogar Erwachsene in der Lage, eine zweite Sprache mit großem Erfolg zu lernen.

Aus diesem Grund vermuten manche Wissenschaftler, dass auch andere Faktoren eine wichtige Rolle spielen, wie zum Beispiel der Grad an Motivation ebenso wie mögliche Schüchternheit gegenüber dem Gebrauch einer neuen Sprache, und natürlich Art und Umfang des Kontaktes. Stellen Sie sich eine russische Familie vor, die von Moskau nach Berlin zieht. In der Regel werden die Kinder zu Beginn viel schneller Deutsch lernen als ihre Eltern. Nach neun Monaten werden die Kinder sich auf dem Spielplatz mühelos mit ihren deutschen Altersgenossen unterhalten können, während ihre Eltern noch immer schwer mit der Sprache kämpfen. Das wird häufig damit erklärt, dass Kinder von Natur aus die besseren Voraussetzungen zum Sprachenlernen haben. Die Umstände, unter denen Kinder und Erwachsene die Sprache lernen, werden völlig außer Acht gelassen. Dabei haben im Normalfall Kinder im Vergleich zu ihren Eltern günstigere Bedingungen und viel bessere Möglichkeiten, die neue Sprache zu sprechen. Die Kinder reden Deutsch in der Schule, in der Nachbarschaft, beim Spielen mit Gleichaltrigen. Sie verwenden eine viel einfachere Sprache über schlichtere Themen. Und weil sie daran gewöhnt sind, immer und überall Fehler zu machen, macht es ihnen nichts aus und für sie keinen Unterschied, ob sie vom Fahrrad fallen oder ob ihnen gerade das passende Wort fehlt. Sie plappern meist einfach drauflos. Es sind also die Umstände und die Umgebung, die es Kindern erleichtern, in eine neue Sprache regelrecht einzutauchen, sie auszuprobieren und daher häufig auch schnell Fortschritte zu machen.

Bei der Beantwortung der Frage, ob jünger automatisch immer besser ist, spielt auch die Zielsetzung eine Rolle. Geht es um das *Tempo des Sprachenlernens* oder um *den optimalen Lernerfolg*? Im Hinblick auf die Geschwindigkeit sind ältere Kinder oder Erwachsene gerade zu Anfang in einigen Punkten des Spracherwerbs häufig schneller, wie etwa beim Erfassen und Lernen komplizierter Grammatik. Spricht man jedoch vom optimalen Lernerfolg, holen jüngere Kinder den Vorsprung häufig nach einiger Zeit auf und beherrschen die Sprache letztendlich flüssiger. Insbesondere die Aussprache und Satzmelodie der Fremdsprache scheinen ihnen viel leichter zu fallen. Stimmen die Rahmenbedingungen, erreichen dennoch viele ältere Kinder und Erwachsene ein bemerkenswertes grammatisches Niveau. Kurz gesagt: Die frühe Kindheit ist sicher das günstigste Alter zum Erlernen einer Zweitsprache. Aber wirklich zu spät ist es nie! *Auch ältere Kinder können eine Zweitsprache mit sehr gutem Erfolg lernen.*

Mythos 3: Nur Muttersprachler und Lehrer können Kindern eine Zweitsprache beibringen.

Alle Eltern wollen ihren Kindern ein gutes Vorbild sein. Im Hinblick auf Sprache ist es deswegen manchen Eltern besonders wichtig, dass die Personen, mit denen ihre Kinder in Kontakt sind, Muttersprachler sind. Und sie haben recht damit. Insbesondere, wenn das Kind mehr als nur eine Sprache lernen soll. Alle Menschen, mit denen die Kinder häufig Umgang haben, spielen eine tragende Rolle beim Spracherwerb. Dennoch ist es falsch, zu denken, dass Kinder nur dann gute Lernfortschritte machen, wenn sie erwachsene, perfekt sprechende Vorbilder haben. Das gilt sowohl für die Erst- als auch für die Zweitsprache.

Wenn Kinder in ihrer Muttersprache sprechen lernen, passiert etwas Erstaunliches, was der Wissenschaft auch heute noch viele Rätsel aufgibt: Das Kind eignet sich die Sprache im Grunde von alleine, völlig selbstständig und zumeist auch fehlerfrei an. Und das, obwohl das

Kind keinesfalls permanent von perfekter und korrekter Sprache umgeben ist. Letztendlich können alle Kinder in etwa so gut sprechen wie die Erwachsenen, mit denen sie aufwachsen. Dabei ist die Alltagssprache der Erwachsenen in jeder Sprache häufig fehlerhaft und gespickt mit falschen Satzbezügen, Stottern, Unterbrechungen und Grammatikfehlern.

Spricht jemand in einer Fremdsprache, die er nicht flüssig beherrscht, verwendet er möglicherweise vereinfachte und manchmal auch grammatisch falsche Sätze. Diese Unzulänglichkeiten schaden dem kindlichen Sprachlernprozess jedoch nicht, geschweige denn, dass sie ihn gänzlich verhindern. Anders ausgedrückt, gilt sowohl für den Erst- als auch den Zweitsprachenerwerb: Selbst eine nicht völlig fehlerfreie Sprachumgebung reicht Kindern aus, um eine Sprache zu lernen und letzten Endes auch zu beherrschen. Untersuchungen haben belegt, dass grundsätzlich alle Kinder die Fähigkeit entwickeln, eine oder mehrere Sprachen zu lernen und zu verwenden, solange sie in ausreichendem Maße sprachliche Erfahrungen mit Erwachsenen oder Geschwistern machen. Und dabei ist es unerheblich, ob diese in korrekten, kompletten Sätzen sprechen oder nicht. Kinder scheinen auf Sprache zu reagieren, die ihrem Entwicklungsstand angepasst ist. Unabhängig davon, ob es sich dabei um vollständige Sätze handelt oder nicht. Wesentlich ist nicht, dass Kinder korrekte Sätze hören, sondern dass sie unmittelbar in Gespräche eingebunden werden und in der Sprache interagieren. Kinder haben eine erstaunliche Auffassungsgabe für Sprachen. Und sogar Eltern, die lediglich über grundlegende Fremdsprachenkenntnisse verfügen, können ihrem Kind einen wichtigen Sprach-Input geben, wenn sie mit ihm in dieser Fremdsprache reden. Es geht einzig und allein um die Interaktion. Das bedeutet natürlich nicht, dass Nicht-Muttersprachler für ihre Kinder nicht zusätzlich nach anderen Möglichkeiten suchen sollten, die ihr Kind mit Muttersprachlern in Kontakt bringen. Aber als Ergänzung dazu können selbst Eltern mit begrenzter Kompetenz in einer Fremdsprache ihr Kind maßgeblich beim Erlernen dieser Sprache unterstützen. Der wirklich wesentliche Faktor ist regelmäßige, dynamische und aussagekräftige Interaktion in der Zweitsprache. *Und dafür hier gibt es viele unterschiedliche Möglichkeiten.*

Mythos 4: Wenn in einer Familie mehrere Kinder aufwachsen, werden sie alle über dieselben Sprachkenntnisse verfügen.

Brüder und Schwestern sind sich oft sehr ähnlich. Möglicherweise haben sie alle das Lächeln ihrer Mutter oder auch das Lachen des Vaters geerbt. Aber über identische Sprachkenntnisse verfügen Geschwister nur sehr selten. Dafür gibt es zwei Gründe. Erstens hat jedes Kind angeborene Eigenschaften, sodass es sich von seinen Geschwistern, sogar von seinen Zwillingsbrüdern oder -schwestern unterscheidet. Das ist selbst dann so, wenn die Kinder unter ähnlichen Umständen aufwachsen. In Kapitel 5 werden wir detaillierter darauf eingehen, inwiefern feine Unterschiede, etwa in der Persönlichkeit oder dem Erinnerungsvermögen, den Sprachlernprozess beeinflussen können.

Zweitens können Kinder sogar innerhalb derselben Familie komplett unterschiedliche Sprachlernerfahrungen machen. Lassen Sie uns das an einem Beispiel aus Japan zeigen. 1994 haben Wissenschaftler dort koreanische Migrantenfamilien untersucht, in denen die Eltern ihre Herkunftssprache an ihre Kinder weitergeben wollten und daher mit ihnen ausschließlich Koreanisch sprachen. Innerhalb der einzelnen Familien zeigten die Geschwister große Unterschiede im Sprachverhalten. Erstgeborene Kinder nahmen im Gegensatz zu ihren jüngeren Geschwistern *viel häufiger* die Sprache ihrer Eltern an und hatten weniger Schwierigkeiten mit dem Koreanischen. Der Grund dafür ist einfach. Ähnlich wie ein Einzelkind kommen Erstgeborene, zumindest bis zur Geburt des nächsten Kindes, in den Genuss der völligen Aufmerksamkeit ihrer Eltern. Im Gegensatz zu den jüngeren Geschwistern haben die Eltern viel mehr Zeit und Gelegenheit, sich ganz auf dies eine Kind zu konzentrieren und mit ihm zu sprechen. Zweit- und Drittgeborene dagegen verbringen nicht nur Zeit mit ihren Eltern, sondern auch mit ihren älteren Geschwistern, die wiederum durch Kontakte mit Schule, Kindergarten oder Freunden bereits Wörter in der Landessprache (in dem Fall Japanisch) in die Unterhaltungen einstreuen. In einem späteren Kapitel werden wir Ihnen einige Tipps geben, wie Sie hier gegensteuern können. *An dieser Stelle sollten Sie zunächst nur darauf hingewiesen werden, dass aufgrund zahlreicher verschiedener Faktoren die Kinder einer einzigen Familie letztendlich völlig unterschiedliche sprachliche Fertigkeiten entwickeln können.*

Mythos 5: Es ist wichtig, jeden Grammatik- und Vokabelfehler sofort zu korrigieren (ansonsten schleifen sich die Fehler unwiderruflich ein).

Fehler gehören zum natürlichen Sprachlernprozess. Das ist Eltern im Grunde bewusst, denn alle Kinder machen Fehler, wenn sie anfangen zu sprechen. Im Normalfall ignorieren die Eltern viele, wenn nicht die meisten. Häufig finden sie sie sogar niedlich und wiederholen sie („Nane" statt „Banane", „Kokodil" statt „Krokodil", und so weiter). Die Eltern folgen damit einem natürlichen Instinkt, der ihnen sagt, dass sie auf keinen Fall jeden einzelnen Fehler ihrer Kinder korrigieren sollten. Andernfalls könnte das Selbstbewusstsein der Kinder leiden und sie könnten aus Verunsicherung weniger sprechen. Und sowohl Eltern als auch Kinder wissen instinktiv, dass sie sich auf die Kommunikation und auf das gegenseitige Verstehen konzentrieren sollten, und nicht auf die Grammatik. Genauso ist es auch beim Erlernen einer Zweitsprache. Ein Schüler, dessen Fremdsprachenlehrer ihn laufend vor der ganzen Klasse verbessert, oder ein Enkel, dessen Großmutter ständig seine sprachlichen Fehler in der Zweitsprache korrigiert, würde wahrscheinlich die Motivation verlieren. Er würde aufhören, neue Satzkonstruktionen auszuprobieren, mit der neuen Sprache zu spielen und zu experimentieren.

Heute stimmen die meisten Wissenschaftler und Lehrer darin überein, dass Fehler nur sehr selektiv korrigiert werden sollten. Das Ziel sollte sein, dass die Lernenden sich die Zweitsprache selbst erschließen und herausfinden, welche Lernprozesse notwendig sind, um die Sprache korrekt und flüssig sprechen zu können. Motivation und Selbstvertrauen der Schüler dürfen dabei auf keinen Fall Schaden nehmen. Wenn Schüler Fehler machen, ist das eine Herausforderung für den Lehrer. Er hat dann die Möglichkeit, in den Lernprozess einzugreifen, sollte das jedoch nur behutsam tun. Denn dass ein Schüler Fehler macht, bedeutet nicht immer, dass er Schwierigkeiten hat. Ganz im Gegenteil: Manchmal sind Fehler sogar ein Hinweis darauf, dass der Lernende Fortschritte macht.

Wissenschaftliche Untersuchungen des Spracherwerbs haben gezeigt, dass Fehler beim Sprechen der Zweitsprache weder bedeuten, dass der Lernende generelle Probleme mit der Fremdsprache hat, noch, dass er sie mit seiner Erstsprache durcheinanderbringt. Der Prozess des Sprachenlernens erfolgt unabhängig von der Muttersprache in bestimmten Entwicklungsschritten und Mustern. Ein Beispiel: Fast alle Deutschschüler machen zu Beginn bei der Formulierung von Fragesätzen Wortstellungsfehler. Sie verwenden den Aussagesatz und formen ihn in eine Frage um, indem sie die Intonation verändern und am Satzende die Stimme anheben: „Du kommst mit?" anstatt „Kommst du mit?" Diesen ersten Schritt im Fremdsprachenerwerb durchlaufen alle Sprachschüler in ähnlicher Art und Weise, ebenso wie die nachfolgenden. Wir können also davon ausgehen, dass der Lernprozess bei allen Lernenden einem identischen mentalen Schema folgt (und nicht der Lexik, Semantik und Grammatik der Muttersprache). Das wiederum bedeutet, dass Fehler nicht grundsätzlich ein Problem darstellen müssen. Die Lernenden machen Fortschritte in der Zweitsprache, weil und indem sie möglichst viele Möglichkeiten erhalten, die neue Sprache anzuwenden und auszuprobieren, und weil zusätzlich manche ihrer Fehler gezielt korrigiert werden. Eine ständige und wiederholende Korrektur aller Fehler wäre dem Spracherwerb eher hinderlich. Anders ausgedrückt: Fehler sollten vorsichtig behandelt oder häufig sogar ignoriert werden. Sowohl für den Erst- als auch Zweitsprachenerwerb gilt: *Der wichtigste Faktor ist aktive verbale Kommunikation.*

Mythos 6: Wenn ich mein Kind zu früh mit Fremdsprachen konfrontiere, leiden die Muttersprache und die Sprachentwicklung im Allgemeinen.

Weit verbreitet ist die Ansicht, die frühe Konfrontation mit einer zweiten Sprache führe zu Verzögerungen im Erlernen der Muttersprache. Man geht davon aus, dass Kinder, die zweisprachig aufwachsen, erst später anfangen zu sprechen als einsprachig erzogene Kinder. Hierbei handelt es sich eindeutig um eine falsche Annahme. Aber wie kam es dazu? Wahrscheinlich, weil die Wissenschaft noch immer nicht genau sagen kann, in welchem Alter ein Baby oder Kleinkind anfängt zu sprechen. Das ist individuell von Kind zu Kind verschieden. Studien zufolge ist es völlig normal, dass manche Babys mit acht, andere erst mit 16 Monaten die ersten Wörter äußern. Entsprechend gibt es auch bei Ein- bis Zweijährigen grundsätzlich große Unterschiede im Sprachstand:

Manche Kinder plappern bereits fröhlich, andere sind erst in der Lage, einfache Ein- oder Zwei-Wort-Sätze zu formulieren, und wieder andere äußern sich noch immer nur, indem sie mit dem Finger auf etwas zeigen und dazu undeutlich brabbeln. Aber im Falle eines zweisprachig aufwachsenden Kindes, das in diesem Alter noch keine deutlichen Wörter sprechen kann, wird meist sofort der (verständliche aber trügerische) Rückschluss gezogen, das läge an der zweiten Sprache.

Wie wir in Kapitel 10 noch genauer erläutern werden, entbehrt die Annahme, der Kontakt mit zwei, drei oder mehr Sprachen führe zu einer langsameren Entwicklung oder Störungen im allgemeinen Spracherwerb, jeglicher wissenschaftlichen Grundlage. Sowohl monolinguale als auch bilinguale Kinder durchlaufen die Entwicklungsschritte des Sprachlernprozesses – Brabbeln, erste Wörter, Artikulation erster einfacher Zwei- oder Drei-Wort-Sätze – im selben Alter. Unzählige Kinder auf der ganzen Welt wachsen zwei- oder mehrsprachig auf und zeigen dabei keinerlei sprachliche Entwicklungsstörungen. Und das gilt für jede Sprache und für jüngere Kinder ebenso wie für ältere. Streichen Sie den Punkt also getrost von der Liste Ihrer Zweifel. *Das Erlernen einer Zweitsprache behindert weder die Sprachentwicklung, noch leidet die Muttersprache.*

Mythos 7: Unterschiedliche Sprachen zu vermischen erzeugt Verwirrung. Die Sprachen müssen nach dem Prinzip „eine Person – eine Sprache“ sauber voneinander getrennt werden (am besten ist es, wenn ein Elternteil die eine und der andere die zweite Sprache spricht).

Viele der Eltern, die wir im Laufe unserer Arbeit kennengelernt haben, befürchteten, dass der gleichzeitige Kontakt mit zwei Sprachen ihre Kinder verwirren könnte. Ihre Hauptsorge dabei war, dass insbesondere jüngere Kinder überhaupt nicht bemerken, dass es sich um zwei unterschiedliche Sprachsysteme handelt, und dass sie nicht verstehen können, dass zwei verschiedene Wörter sich auf ein und dieselbe Sache oder Tätigkeit beziehen. Ob und inwiefern die gleichzeitige Verwendung zweier Sprachen Kinder verwirren könnte, hat sich auch die Wissenschaft bereits gefragt.

Die Ergebnisse jahrzehntelanger Forschung lassen darauf schließen, dass bilingual aufwachsende Kinder bereits früh zwischen Sprachen unterscheiden können. Und offenbar gibt es hier sogar einen positiven Nebeneffekt: Die linguistische Herausforderung, der sich zweisprachige Kinder stellen müssen, scheint ihre mentale Entwicklung in besonderem Maße zu fördern. Manchen Studien zufolge führt das im Vergleich zu monolingualen Kindern sogar zu besseren Ergebnissen bei allgemeinen Intelligenztests.

Das Vermischen der beiden Sprachen ist eine normale Stufe der bilingualen Sprachentwicklung und bereits in der ersten Phase des Spracherwerbs, lange bevor das Kind die ersten wirklichen Wörter artikuliert, zu beobachten. Die genaue Ursache und Funktion der Vermischung der Sprachen ist bisher nicht geklärt, aber eines steht fest: Alle Kinder überwinden diesen Entwicklungsschritt. Im Normalfall verliert sich die Sprachmischung mit der Zeit und führt auch auf lange Sicht zu keinerlei Problemen. Wenn die Kinder in die Schule kommen, ist die Trennung der Sprachen längst manifestiert.

Viele Untersuchungen haben belegt, dass Kinder sehr sensibel dafür sind, welche der Sprachen sie wann und mit wem sprechen sollten. Sie wählen automatisch die richtige Sprache, und zwar ohne die Hilfe oder Unterweisung ihrer Eltern oder Lehrer. Parallel zum Erlernen der Sprache selbst (zum Beispiel Wortbedeutungen und Vokabeln oder grammatische Regeln wie etwa, dass das -e am Ende des Wortes *Hund* den Plural kennzeichnet) lernen Kinder, welchen Regeln die sprachliche Interaktion mit anderen Menschen folgt (zum Beispiel, ob sie anderen ins Wort fallen dürfen oder nicht, oder dass das Herumwerfen mit Essen zwar ihre Eltern dazu bringt, ihre Unterhaltung über die letzte Kreditkartenabrechnung zu unterbrechen, dass die damit erreichte Aufmerksamkeit gleichzeitig aber durchaus auch unangenehm sein kann). Zusätzlich lernen Kinder, mit welchen Personen sie in welcher Sprache sprechen sollten. Die Annahme, der einzige Weg, ihre Kinder zweisprachig zu erziehen, sei es, die Sprachen strikt nach Personen zu trennen, ist damit schlichtweg falsch. Es gibt unzählige dokumentierte Fälle von bilingualen Kindern, deren beide Elternteile durchgängig in beiden Sprachen mit ihnen gesprochen haben. Ebenso gibt es viele Beispiele von Familien, in denen die beiden Sprachen nach Elternteilen getrennt wurden und die Kinder die zweite Sprache zwar sehr gut verstehen, aber nicht sprechen können. Wie wir in Kapitel 9 genauer erklären werden, sollten sich Eltern auf die Qualität und Quantität des Kontaktes der Kinder zu beiden Sprachen konzentrieren und sich keine Sorgen um eine strikte Trennung machen. Kurz gesagt: Die meisten Kinder durchlaufen eine Phase der Sprachmischung. Das ist völlig normal. Es gibt viele unterschiedliche Möglichkeiten, die Sprachverwendung zu Hause aufzuteilen und zu organisieren. *Das Prinzip „eine Person – eine Sprache" ist sicher hilfreich und sinnvoll, aber eine strikte Trennung der Sprachen ist weder realistisch noch notwendig.*

Mythos 8: Fernsehen, DVDs und spielerische Lernhilfen, wie etwa sprechendes Spielzeug, sind wertvolle Hilfsmittel, um ein Kind an eine Sprache heranzuführen.

Heutzutage steht Eltern eine große Auswahl an Lehrmaterial zur Verfügung, mit dessen Hilfe Kinder an eine Fremdsprache herangeführt werden können. Die Liste der Angebote reicht von Audio-Kassetten und CDs über Computerprogramme bis zu sprechendem Spielzeug. Das Sprachniveau dieser Produkte ist gut, und die Vorstellung, die Kinder so auf spielerische Art mit qualitativ hochwertigem Sprachmaterial in Kontakt zu bringen und dabei möglicherweise zeitgleich sogar ihre Intelligenz zu fördern (zumindest behauptet das die Werbung), klingt in den Ohren vieler Eltern verständlicherweise sehr gut. Und während die Kleinen vor dem Fernseher sitzen, haben die Eltern ein wenig mehr Freizeit, um in Ruhe zu duschen oder E-Mails zu checken. Auch wir selbst haben als Eltern in den ersten Monaten nach der Geburt unserer Kinder Sprachvideos für Babys ausprobiert und waren zunächst begeistert. Nach einiger Zeit allerdings begannen wir zu zweifeln. Ist es wirklich möglich, eine Sprache zu lernen, indem man fremdsprachige Videos anschaut? Schließlich stellten wir uns die alles entscheidenden Fragen: Wie unterscheiden sich die verschiedenen Arten sprachlicher Zuwendung? Und wenn es denn überhaupt möglich ist, mithilfe des Fernsehens oder Videos Sprache zu lernen, welche Art von Lernprozess wird dabei in Gang gesetzt?

Wissenschaftliche Studien an sehr kleinen Kindern belegen, dass selbst der kleinste Umgang mit einer Fremdsprache Kindern die Ohren für diese Sprache öffnen kann, ihnen ermöglicht, Klang und Satzmelodie aufzunehmen. Anders ausgedrückt: Nur eine einzige Wochenstunde der Interaktion in einer Zweitsprache kann ausreichend sein, damit Kinder ähnlich einem Muttersprachler die kleinen, feinen akustischen Besonderheiten der Sprache wahrnehmen und unterscheiden können. Aber – und das ist der Haken – damit dieser Effekt wirklich eintreten kann, muss die Interaktion mit einem menschlichen Wesen erfolgen. DVDs, Fernsehprogramme, Computerspiele oder sprechendes Spielzeug sind nachgewiesenermaßen auf keinen Fall ausreichend. So gut diese spielerischen Lernhilfen auch vermarktet werden und so beliebt sie bei vielen Eltern und Kindern sind, echte Interaktion mit lebenden Menschen können sie nicht ersetzen. Und vergessen Sie dabei nicht, was wir unter Punkt 3 ausführlich erläutert haben: Der Mensch, mit dem das Kind in der Fremdsprache kommuniziert, muss keinesfalls ein Lehrer oder Muttersprachler sein. Anders ausgedrückt: Auch wenn Sie nur über Grundkenntnisse einer Fremdsprache verfügen, können Sie mit Ihrem kleinen Kind in dieser Sprache interagieren, indem Sie ihm zum Beispiel bilinguale Kinderbücher vorlesen oder einfache Spiele wie „Ich sehe was, was du nicht siehst" in dieser Sprache spielen. Ihr Kind wird einen viel größeren Lernerfolg haben, als es mit den besten pädagogischen Videos jemals möglich wäre.

Wenn die Kinder größer sind, also schon zur Schule gehen, sieht die Sache wieder anders aus. Vernünftig eingesetzt, sind DVDs und Ähnliches durchaus geeignet, weil sie die Sprache positiv mit Kultur in Verbindung bringen können. Insbesondere ältere Kinder, die bereits über Grundkenntnisse verfügen oder in der Lage sind, die Untertitel zu lesen, scheinen mithilfe der häufig unterhaltsamen Programme tatsächlich ein wenig mehr von der Sprache erlernen zu können. In Kapitel 7 werden wir auf die Forschungsergebnisse zu dem Thema und auf die Pros und Contras genauer eingehen. Dort finden Sie einige nützliche Hinweise zum Einsatz von Lernprogrammen. *An dieser Stelle halten wir zunächst fest, dass Fernsehen und andere spielerische Lernmittel nicht geeignet sind, um Kinder in ausreichendem Maße an eine Sprache heranzuführen. Sie sollten lediglich als unterstützende Maßnahme für ältere Kinder herangezogen werden.*

Mythos 9: Bilinguale Schulen und Lernprogramme sind nur für Kinder von Einwanderern geeignet.

Viele Eltern glauben, bilinguale Schulen und Lernprogramme seien ausschließlich ins Leben gerufen worden, um Kindern von Einwanderern dabei zu helfen, die Landessprache zu erlernen. Das mag noch bis vor einigen Jahren tatsächlich so gewesen sein, im letzten Jahrzehnt haben jedoch Politik und Pädagogik in diesem Bereich einen grundlegenden Wandel vollzogen. Und das nicht nur in den USA, sondern auch in Deutschland. Neben Deutschkursen, die Immigrantenkindern die Eingliederung in die deutsche Schule erleichtern sollen, steigen bundesweit sowohl das Angebot als auch die Nachfrage nach zweisprachigen Kindertagesstätten und Schulen. Einige der Programme sind sogar EU-gefördert. Insbesondere die Immersionsmethode erfreut sich bei Lehrern, Eltern und Schülern wachsender Beliebtheit. Und die Kinder stammen bei Weitem nicht nur aus bilingualem Elternhaus.

Was unter Immersion zu verstehen ist, haben wir bereits in Kapitel 1 kurz erklärt: Das Wort „Immersion“ leitet sich ab vom Englischen (immerse = eintauchen). Es bedeutet, dass die neue Sprache Umgangs- und Arbeitssprache ist, auch wenn die Kinder sie anfangs noch nicht kennen. Sie erschließen sich die neue Sprache selbst aus dem Zusammenhang. In Deutschland am meisten verbreitet sind Immersionsprogramme, bei denen deutsche Kinder zum Großteil von Muttersprachlern in einer Fremdsprache, wie zum Beispiel Englisch, unterrichtet werden. Das beginnt bereits in zweisprachigen Kitas und wird auf bilingualen Grund- und weiterführenden Schulen fortgesetzt, wo Englisch-Muttersprachler die Kinder in Fächern wie Mathematik, Erdkunde, etc. unterrichten.

Dagegen handelt es sich in den USA und in Kanada meist um die sogenannte duale oder auch reziproke Immersion. Hier setzen sich sowohl Lehrende als auch Schüler aus zwei Gruppen mit unterschiedlichen Muttersprachlern zusammen (etwa Spanisch zusätzlich zur Muttersprache Englisch). Ziel ist die Bilingualität beider Gruppen von Schülern. In einer typischen Schule, die nach dem dualen Immersionsprinzip unterrichtet, hat etwa die Hälfte der Schüler Englisch und die andere Hälfte eine andere Sprache (etwa Chinesisch) als Muttersprache. Der Unterricht erfolgt in beiden Sprachen. Studien, die an diesen Schulen bisher durchgeführt wurden, zeigen beeindruckende Ergebnisse. Nicht nur erreichen die Schüler eine hohe Kompetenz in beiden Sprachen, auch ihr akademisches Niveau in anderen Schulfächern, wie zum Beispiel Mathematik, ist höher als das der Schüler monolingualer Schulen. Entsprechend verwundert es nicht, dass die Nachfrage nach Schulen dieser Art stetig steigt. In Kapitel 8 finden interessierte Eltern Kriterien, nach denen sie aus den in ihrer Region angebotenen bilingualen Programmen das sinnvollste für ihr Kind identifizieren auswählen können. Zunächst merken wir uns: *Jedes Kind, ob aus monolingualer oder bilingualer Familie, kann von zweisprachiger Schulbildung profitieren.*

Mythos 10: Ein kleines Kind sollte keinesfalls mehr als zwei Sprachen auf einmal lernen. Mehr ist zu viel!

Zwei Sprachen zu lernen scheint also sinnvoll zu sein. Aber wie ist es mit drei Sprachen? Wenn sich Eltern schon beim Erlernen von nur einer Fremdsprache Sorgen machen – Sprachmischung, Verwirrung, verzögerte Entwicklung –, wie viel mehr Gedanken machen sie sich erst, wenn es nicht nur um Bilingualität, sondern um Trilingualität geht? Sollte zum Beispiel eine Familie, die zu Hause Deutsch und Türkisch spricht, ihr Kind auf eine deutsch-englische Schule schicken, wie wir sie oben beschrieben haben? Obwohl noch nicht viele wissenschaftliche Studien darüber vorliegen, ob und inwiefern sich der bilinguale Spracherwerb vom trilingualen unterscheidet, gibt es doch unzählige lebende Beispiele überall auf der Welt, die zeigen, dass auch Dreisprachigkeit möglich ist. Anders ausgedrückt: Seit Hunderten von Jahren wachsen Millionen von Kindern in aller Welt drei- oder sogar mehrsprachig auf, *ohne irgendeinen negativen Nebeneffekt.* In vielen Ländern, etwa Singapur oder der Schweiz, ist es völlig normal, dass Kinder zu Hause die eine Sprache und mit den Freunden eine andere sprechen und in der Schule eine dritte lernen. Vorausgesetzt, sämtliche Bedingungen stimmen, dann ist es möglich, dass diese Kinder alle drei Sprachen so gut beherrschen, dass sie sie in jedem Kontext kompetent und angemessen anwenden können.

Natürlich müssen trilingual orientierte Eltern (ebenso wie bilingual orientierte) in besonderem Maße dafür Sorge tragen, dass ihre Kinder ausreichende Möglichkeiten erhalten, in allen Sprachen regelmäßig und sinnvoll zu interagieren. Anders ausgedrückt: Das Kind benötigt sowohl eine hohe Qualität als auch Quantität in jeder der drei Sprachen. Die Eltern müssen über gute Kenntnisse darüber verfügen, wie der Sprachlernprozess vor sich geht, und benötigen viele Tipps und Verfahren, um sicherzustellen, dass ihre Kinder die Sprachen aktiv, interaktiv und mit viel Spaß erlernen. Fast alle Punkte, die wir in diesem Buch zum Thema Bilingualität ansprechen, gelten ebenso für Trilingualität. Mehr dazu in Kapitel 11. An dieser Stelle dürfen sich Eltern zunächst getrost zurücklehnen und entspannen, denn hier gilt: Je mehr, desto besser. *Drei (oder mehr) Sprachen sind durchaus möglich!*

Wir fassen zusammen

Vieles von dem, was wir im Allgemeinen über das Erlernen von Sprachen zu wissen glauben, wurde in den letzten Jahren wissenschaftlich untersucht. Manche Annahme erwies sich dabei als grundfalsch und unbegründet. Und diese Tatsache sollten Eltern unbedingt berücksichtigen, um die effektivste und sinnvollste Wahl für ihre Kinder und Familien treffen zu können. Wir hoffen, dass wir in diesem Kapitel herausarbeiten konnten, dass die Top Ten der Mythen über das Erlernen einer Zweitsprache nur wenig mit der Realität zu tun haben.

Sie kennen jetzt die wissenschaftlich belegten Vorteile der Bilingualität und verfügen über grundlegende Kenntnisse, wie der Prozess des Spracherwerbs funktioniert. Nun können Sie damit beginnen, für Ihr Kind die passende Strategie zu entwickeln. In den nachfolgenden Kapiteln werden wir Sie mit den Grundlagen vertraut machen, *wann* Sie *wie* dabei vorgehen sollten, um ein möglichst optimales Ergebnis zu erzielen. Zuallererst wenden wir uns jedoch der Frage zu, *welche* Sprache für Ihre Familie die richtige ist.

Merke

Die Wahrheit über die Top Ten der Mythen vom Erlernen einer Zweitsprache

1. Definitiv jeder kann sein Kind zweisprachig erziehen, auch monolinguale Eltern (alle Kinder können eine Zweitsprache lernen, sogar wenn ihre Eltern diese Sprache selbst nicht beherrschen).
2. Es ist nie zu spät, und jünger bedeutet nicht in jeder Hinsicht auch automatisch besser.
3. Regelmäßige, dynamische und aussagekräftige Interaktion in der Zweitsprache ist grundlegend. Dagegen ist es nicht unbedingt notwendig, dass die Lehrpersonen perfekte Muttersprachler sind.
4. Aufgrund zahlreicher, verschiedener Faktoren kann es vorkommen, dass mehrere Kinder aus ein und derselben Familie letztendlich völlig unterschiedliche sprachliche Fertigkeiten entwickeln.
5. Ständig jeden einzelnen Fehler zu verbessern kann häufig mehr schaden als nützen.
6. Das Erlernen einer Zweitsprache behindert weder die Sprachentwicklung im Allgemeinen, noch leidet die Muttersprache.
7. Viele Kinder durchlaufen eine Phase der Sprachmischung. Das ist völlig normal. Das Prinzip „eine Person – eine Sprache" ist sinnvoll und hilfreich, aber nicht notwendig.
8. Fernsehen und andere spielerische Lernmittel sind nicht geeignet, um Kinder in ausreichendem Maße an eine Sprache heranzuführen. Sie sollten lediglich als unterstützende Maßnahmen herangezogen werden.
9. Jedes Kind kann von zweisprachiger Schulbildung profitieren.
10. Je mehr, desto besser. Drei (oder mehr) Sprachen sind durchaus möglich!

B Wann welche Sprache?

3
Welche Sprache ist die richtige für Ihr Kind?

Wahrscheinlich geht es Ihnen genauso wie vielen anderen Eltern, die die Entscheidung getroffen haben, ihr Kind zweisprachig zu erziehen. Sie fragen sich, *welche* Sprache ihr Kind lernen sollte. Manchmal liegt die Antwort auf der Hand. Kendall King etwa spricht neben ihrer Muttersprache Englisch auch fließend Spanisch. Für sie stand immer fest, dass ihr Kind bilingual englisch-spanisch aufwachsen soll. Alison Mackey dagegen verfügt ebenso wie ihr Mann über Grundkenntnisse mehrerer Sprachen. Und sie entspricht nicht dem typischen Klischee des Sprachwissenschaftlers, der mühelos mehrere Sprachen beherrscht. Im Gegenteil: Sprachen zu lernen fällt ihr sehr schwer. Dennoch wollte sie ihr Kind zweisprachig erziehen. Aber für welche Sprache sollte sie sich entscheiden? Während bei manchen Familien alle Argumente auf eine bestimmte Sprache hinauslaufen und die Entscheidung somit fast zwangsläufig fällt, müssen andere viele unterschiedliche Kriterien abwägen, um die richtige Wahl für ihr Kind treffen zu können.

Becky ist Amerikanerin mit englischer Muttersprache und hat einen zwei Jahre alten Sohn, Ben. Für sie stand es immer außer Frage, dass Ben von klein auf Deutsch lernen sollte. Sie selbst hatte sich in der Highschool und im College durch mehrere grammatiklastige Deutschkurse gequält. Wirklichen Zugang zur Sprache erhielt sie erst, nachdem sie aus beruflichen Gründen für einige Jahre in Deutschland gelebt hatte. Sie erlebte am eigenen Leib, welche Vorteile ihre Sprachkenntnisse sowohl im Beruf als auch im Alltag in Deutschland hatten. Und natürlich wünschte sie sich für ihren Sohn Ben dieselben positiven Startbedingungen. Es erschien ihr logisch, sich für die Sprache zu entscheiden, die sie neben ihrer Muttersprache am besten beherrscht: Deutsch.

In anderen Fällen kann die Entscheidung um einiges schwieriger sein. Nehmen wir das Beispiel Abdullah. Er wuchs im Libanon auf. Seine

Muttersprache ist Arabisch, jedoch besuchte er bis zu seinem Highschool-Abschluss eine französischsprachige Schule. Zum Studium ging er dann in die USA und promovierte dort. Während seiner Promotion lernte er in seiner Freizeit Italienisch. Heute spricht er fließend Französisch und Englisch und recht gut Italienisch. Seine Frau Maria ist Italienerin. Sie hat an einer Universität in Italien einen Bachelor-Abschluss in arabischer Sprache gemacht und im Anschluss in den USA ein Master-Studium in Arabisch absolviert. Sie spricht fließend Englisch und Arabisch. Nach ihrer Hochzeit zogen die beiden nach Quatar um, wo Maria ihren Sohn Michele zur Welt brachte. Da beide mehrere Sprachen sprechen, möchten sie Michele auf keinen Fall nur arabisch erziehen. Sie wünschen sich, dass er bilingual oder vielleicht sogar multilingual wird. Aber für welche Sprache sollen sie sich entscheiden: Englisch? Französisch? Italienisch? Und welche Gründe sprechen für welche Entscheidung?

Alle Säuglinge sind Weltbürger

Bevor wir uns eingehend mit dem Thema beschäftigen, welche Zweitsprache die richtige für Ihr Kind ist, sollten wir uns zunächst mit den Grundzügen des Erstsprachenerwerbs vertraut machen. Kinder kommen mit einer natürlichen Begabung für Sprachen zur Welt. Vom Tag der Geburt an beginnen sie, sich die Sprache anzueignen, die sie täglich hören. Im Grunde sind Säuglinge also Weltbürger: Jedes Baby hat dieselbe angeborene Fähigkeit, jede einzelne der 6000 Sprachen, die auf unserem Planeten gesprochen werden, perfekt zu erlernen.

Während der ersten Lebensmonate haben alle Babys die Fähigkeit, eine große Anzahl verschiedener Sprachlaute klar zu unterscheiden. Die Gabe verliert sich mit der Zeit: Das Ohr eines Erwachsenen kann manche sprachlichen Laute nicht mehr erkennen. So können zum Beispiel monolinguale japanische Muttersprachler keinen Unterschied zwischen den Konsonanten L und R wahrnehmen: Wörter wie *Raster* und *Laster* klingen für sie ähnlich und sind nur schwer auseinanderzuhalten. Die Wissenschaft hat das frühkindliche Gehör nach der Methode des sogenannten High-Amplitude Sucking untersucht. Hierbei bekommen Säuglinge einen speziellen Schnuller, mit dem die Saugrate gemessen werden kann. Den Babys werden ähnlich klingende Laute (also etwa la und ra) aus unterschiedlichen Sprachen vorgespielt. Das Ergebnis: Säuglinge verfügen über die Fähigkeit, bekannte und unbekannte Klänge zu unterscheiden. Bei neuen sprachlichen Reizen, also unbekannten Klängen, saugen die Babys intensiver, bei bekannten Klängen nimmt die Saugrate ab. Mit ähnlichen Studien konnte nachgewiesen werden, dass selbst Kinder, die eine bestimmte Sprache noch nie zuvor gehört haben, unterschiedliche Klänge in dieser Fremdsprache auseinanderhalten können. So sind zum Beispiel japanische Säuglinge, die zum allerersten Mal Wörter auf Englisch hören, im Gegensatz zu erwachsenen Japanern durchaus in der Lage, zwischen den englischen Lauten ra und la zu differenzieren. Und italienische Babys erkennen sogar die feinen Unterschiede der Klick-Laute afrikanischer Sprachen, wie etwa Xhosa. Das bedeutet: Im Säuglingsalter haben Menschen die generelle Befähigung, jede Sprache dieser Welt zu erlernen. Kinder und Babys lernen diejenige Sprache (oder diejenigen Sprachen), mit denen sie tagtäglich konfrontiert werden.

Nehmen wir einmal an, Ihr Kind wächst in einer deutschsprachigen Umgebung auf. Was passiert, wenn es Klänge hört, die ein erwachsener Deutscher nicht unterscheiden beziehungsweise hören kann? Im Hindi zum Beispiel existieren zwei unterschiedliche Laute, die für Deutsche beide wie ein T klingen. Das Hindi artikuliert die beiden T-Laute mit leicht unterschiedlichen Bewegungen des Mundes. Verwendet man den einen T-Laut anstatt des anderen, kann es sein, dass man ein völlig anderes Wort ausspricht (so wie im vorhin angesprochenen Beispiel Raster und Laster, in dem sich die Wörter ausschließlich durch die Konsonanten R und L unterscheiden). Kann Ihr Kind die Unterschiede zwischen den beiden Lauten erkennen, obwohl es zuvor noch niemals mit Hindi in Kontakt kam? Ja, tatsächlich – aber nur bis zum Alter von etwa zehn Monaten. Die Fähigkeit, Sprachlaute zu erkennen und zu unterscheiden, die nicht der eigenen Muttersprache angehören, verliert sich bereits vor dem ersten Geburtstag.

Das klingt logisch: Babys wissen nicht, in welchem Land sie aufwachsen, wo sie leben werden und welche Sprache sie letztendlich benötigen. Deshalb hat die Natur sie von Geburt an mit der Fähigkeit ausgestattet, sämtliche Sprachlaute dieser Welt zu erkennen und zu unterscheiden. Auch der Zeitpunkt, wann sie diese Begabung verlieren, scheint logisch: Die Gabe, die Unterschiede zu hören, lässt nach, sobald Babys ihre ersten Wörter artikulieren. Sie beginnen nun, sich auf die Hauptsprache (oder mehrere Hauptsprachen) zu konzentrieren, die sie täglich hören und benötigen. Alle Unterscheidungen, die für ihre jeweilige Sprache nicht von Bedeutung sind, werden ausgeblendet.

Merke
Neugeborene sind in der Lage, jegliche Sprache dieser Welt zu erkennen und aufzunehmen. Die Fähigkeit nimmt jedoch ab etwa dem zehnten Lebensmonat ab.

Das Sprachprofil Ihrer Familie

Wir wissen jetzt also, dass der Prozess der Einstellung und Reduzierung auf eine oder mehrere Sprachen bereits in einem sehr frühen Lebensalter abgeschlossen ist und dass die Interaktion in einer Sprache grundlegend für den Spracherwerb ist. Daraus kann man jedoch keine allgemeinen Schlussfolgerungen für jede einzelne Familie ziehen. Um für Ihr Kind und Ihre persönliche familiäre Lebenssituation die richtige sprachliche Entscheidung treffen zu können, sollten Sie sich also als Allererstes mit dem individuellen Sprachprofil Ihrer eigenen Familie beschäftigen, es be- und auswerten.

Die folgenden Fragen können Ihnen dabei helfen. Das beste Ergebnis werden Sie erzielen, wenn Sie die möglichen Antworten mit denjenigen Personen diskutieren, die Einfluss auf die Erziehung Ihres Kindes haben, wie zum Beispiel Verwandte, Babysitter und Erzieher. Bitte setzen Sie sich zunächst einige Minuten mit den Fragen auseinander, bevor Sie mit der Lektüre fortfahren.

Übung
Das Sprachprofil Ihrer Familie

1. *Welche Sprachen sprechen Sie? Wie gut beherrschen Sie diese Sprachen?*
2. *Fühlen Sie sich in der Lage, in diesen Sprachen die folgenden Dinge zu tun? Und wie wohl fühlen Sie sich dabei?*
   - *Schlaflieder singen?*
   - *Gute-Nacht-Geschichten vorlesen?*
   - *Erklären, warum der Himmel blau ist und warum Kühe Gras fressen?*
3. *Wenn Sie selbst zwei oder drei Sprachen sprechen: Welche Dinge würden Ihnen in den genannten Sprachen schwerfallen?*
4. *Beherrschen auch andere Familienmitglieder diese Sprachen? Welche Personen sind das?*
5. *Fühlen diese Familienmitglieder sich in der Lage, in diesen Sprachen die folgenden Dinge zu tun? Und wie wohl fühlen Sie sich dabei?*
   - *Schlaflieder singen?*
   - *Gute-Nacht-Geschichten vorlesen?*
   - *Erklären, warum der Himmel blau ist und warum Kühe Gras fressen?*
6. *Welche Dinge würden diesen Familienmitgliedern in den genannten Sprachen schwerfallen?*
7. *Wie häufig verwenden Sie die jeweiligen Sprachen im täglichen Leben (mit Freunden, am Telefon, in der Familie, im Beruf)? (Anmerkung: Machen Sie sich keine Sorgen, sollten Sie ausschließlich eine einzige Sprache beherrschen. Wir gehen später in diesem Kapitel noch auf die Situation monolingualer Eltern ein).*

Es gibt keine korrekten oder falschen Antworten auf diese Fragen. Ziel ist lediglich, dass Sie und Ihre Familie sich Gedanken machen und darüber sprechen, welchen Stellenwert Sprachen in Ihrer Familie einnehmen. Sprache ist in vielerlei Hinsicht ein sehr persönliches und emotionales Thema – der Versuch, herauszufinden, wie Sie und Ihre Lieben sich dabei fühlen, bestimmte Sprachen zu verwenden, erfordert es, ehrlich und offen in sich hineinzuhören. Unsere Erfahrung hat gezeigt, dass es sich auf lange Sicht lohnt, sich mit diesen Fragen intensiv auseinanderzusetzen.

Auch wir selbst haben uns den Fragen gestellt und dabei gemerkt, dass einige der Herausforderungen, die die zweisprachige Kindererziehung an uns stellt, schwieriger zu meistern sind als zunächst gedacht. Kendall King zum Beispiel spricht, wie schon erwähnt, fließend Spanisch. Für sie ist es einfach und völlig selbstverständlich, mit anderen Erwachsenen ein Gespräch auf Spanisch zu führen. Während ihrer Schwangerschaft dachte sie viel über bilinguale Kindererziehung nach, aber als ihr Sohn Graham schließlich auf der Welt war, sah die Sache anders aus. Sie fühlte sich im wahrsten Sinne des Wortes sprachlos, kam sich unbeholfen und albern vor, als sie begann, mit ihm Spanisch zu sprechen. Obwohl sie diese Sprache schon seit langen Jahren im Beruf verwendete, wusste sie kaum etwas über spanische Baby- und Kindersprache. Sie merkte, dass es ihr viel mehr Schwierigkeiten bereitete, ein spanisches Wiegenlied zu singen, als ein Gespräch auf Spanisch mit Kollegen oder erwachsenen Freunden zu führen. Am Anfang kam ihr jedes spanische Wort, das sie an Graham richtete, gekünstelt und falsch vor. Und es dauerte einige Zeit, bis sie sich an die für sie völlig neue Art zu sprechen gewöhnt hatte.

Sogar Muttersprachler kann eine solche Situation unvorbereitet treffen. Wir haben eine koreanisch-amerikanische Freundin, Sook. Sie ist in Korea aufgewachsen, mit 17 Jahren in die USA umgezogen und beherrscht beide Sprachen perfekt. Mit ihren Zwillingen wollte sie von Geburt an Koreanisch sprechen. Aber als sie mit den Babys aus dem Krankenhaus nach Hause kam, war sie sich plötzlich nicht mehr sicher. Als wir einige Zeit später darüber sprachen, erklärte sie uns: „Ich merkte, dass ich meine Kinder nicht streng koreanisch erziehen wollte. Mit den Kindern ausschließlich Koreanisch zu sprechen bereitete mir unangenehme Gefühle. Ich fühlte mich regelrecht von meinen Eltern und Großeltern dominiert. Im Koreanischen gibt es sehr viele Wörter und Wendungen, die Respekt ausdrücken, und die Hierarchie innerhalb der Familie klingt in jedem Satz mit. Ich hatte das Gefühl, ich würde meine Kinder zwingen, sich dem überalterten und formalen koreanischen Beziehungssystem unterzuordnen. Aber ich wollte lieber eine weniger formale Beziehung zu ihnen aufbauen, mehr so, wie ich es in Amerika kennengelernt hatte. Und nun musste ich herausfinden, ob und wie das auf Koreanisch überhaupt möglich war."

Sowohl Kendall als auch Sook gelang es nach einiger Zeit, sich von diesen für sie überraschenden Emotionen zu lösen. Sie lernten, ein wenig unverkrampfter mit der Sprache umzugehen und das notwendige Selbstbewusstsein zu entwickeln, das es ihnen ermöglichte, mit ihren Kindern auf eine andere Art und Weise zu sprechen, als ihre eigenen Eltern es mit ihnen selbst getan hatten. Beide entschieden sich letztendlich dafür, mit ihren Kindern in der Hauptsache Spanisch beziehungsweise Koreanisch zu sprechen. Aber, und darauf kommt es an: Sie hätten besser vorbereitet sein können, um diese emotionalen Überraschungen zu vermeiden. Und einer der besten Wege dafür ist es, das Sprachprofil ihrer Familie genau zu analysieren. Und wir reden hier nicht nur von den Eltern, sondern vom weiteren familiären Umfeld.

Betrachten wir ein anderes Beispiel. Eine Teilnehmerin einer unserer Studien, Sylvia, ist alleinerziehende Mutter. Sie war sich von Beginn ihrer Schwangerschaft an sicher, ihre Tochter zweisprachig englisch und spanisch erziehen zu wollen. Sie selbst ist englische Muttersprachlerin, der Vater spanischsprachig. Aber die beiden leben getrennt, und es stand von Anfang an fest, dass der Vater nicht allzu häufig Kontakt zu seiner Tochter haben würde. Sylvia selbst spricht zwar ein wenig Spanisch, jedoch nicht besonders flüssig. Dennoch: Als sie über ihr eigenes Sprachprofil nachdachte, wurde sie sich bewusst, dass es ihr keine Schwierigkeiten bereiten würde, ihrer Tochter spanische Schlaflieder vorzusingen oder ihr Gute-Nacht-Geschichten auf Spanisch vorzulesen. Außerdem wollten die Eltern ihres Expartners unbedingt Anteil am Leben ihrer Enkeltochter haben. Die beiden sind zwar nicht besonders geübt darin, Geschichten vorzulesen, aber durch die wöchentlichen Besuche bei seinen Großeltern würde das Mädchen regelmäßig viele Alltagssituationen und sprachliche Interaktion auf Spanisch erleben. Außerdem lebt Sylvia in einem multikulturell geprägten Stadtteil am Stadtrand. Aufgrund der hohen Anzahl spanischsprachiger Einwanderer, die in der Nachbarschaft leben, gibt es eine große Anzahl unterschiedlicher Angebote auf Spanisch für Kinder (Kindertagesstätten, Sportgruppen und so weiter). Sylvia erkannte die im Grunde idealen Bedingungen, um ihr Kind bilingual zu erziehen. Einzige Voraussetzung würde sein, sämtliche Möglichkeiten einzubeziehen, die ihr erweitertes Lebensumfeld ihr bietet.

Familien, in denen nur ein Elternteil eine zweite Sprache spricht, haben mit anderen Widrigkeiten zu kämpfen. Die Entscheidung, welche zweite Sprache das Kind lernen soll, scheint zunächst einfach. Die Schwierigkeiten beginnen, wenn die Sprachfertigkeiten des Kindes wachsen. Je besser das Kind die Zweitsprache beherrscht, desto mehr fühlt sich derjenige Elternteil, der diese Sprache nicht spricht, ausgegrenzt. Der andere Elternteil dagegen könnte sich überlastet fühlen, den Eindruck haben, die gesamte sprachliche Verantwortung läge ausschließlich auf seinen Schultern.

Nehmen wir zum Beispiel unsere Schulfreunde Rita und Anthony. Sie leben in Singapur, dem Land, in dem Anthony geboren wurde. Rita kam in den USA zur Welt und spricht fließend Englisch, ein wenig Französisch und noch weniger Japanisch. Anthony spricht fließend Englisch und beherrscht außerdem recht flüssig Mandarin. Ihre Tochter Emily, ein Adoptivkind aus China, soll zweisprachig aufwachsen. In ihrer Nachbarschaft wohnen viele mandarinsprachige Mitbürger, und Emily besucht eine bilinguale mandarin-englisch-sprachige Kindertagesstätte. Bereits im Alter von dreieinhalb Jahren zeigt Emily eine eindeutige Präferenz für Englisch. Mandarin spricht sie im Normalfall nur mit der chinesischsprachigen Betreuerin in der Kita. Ohne weitere sprachliche Unterstützung zu Hause sieht es so aus, als würde sich ihr Mandarin zu einer reinen Schulsprache entwickeln, weit entfernt von der von ihren Eltern gewünschten muttersprachlichen Kompetenz. Ab und zu jedoch spricht Anthony zu Hause Chinesisch mit Emily. Und wenn Emily dann tatsächlich auch auf Chinesisch antwortet, versteht Rita nichts und muss nachfragen, weil sie nicht weiß, worum es geht. Was wird passieren, wenn Emilys Mandarin besser werden sollte? Wird sich Rita dann ausgegrenzt fühlen? Und wie wird es sein, wenn Emily das Teenageralter erreicht hat und die Familie dann noch immer in Singapur lebt? Wird Emily dann mit ihren Freunden Chinesisch sprechen, wenn sie nicht möchte, dass ihre Mutter versteht, worum es geht?

Situationen wie diese lassen sich am besten meistern, wenn beide Elternteile eng zusammenarbeiten und möglichst alle Entscheidungen gemeinsam treffen, wie etwa die Auswahl von Lehrmaterial, von Tutoren, Babysittern, Sprachlehrern und all die anderen den Spracherwerb fördernden Maßnahmen, die wir in diesem Buch vorstellen werden. Nichtsdestotrotz ist der Elternteil, der die Zweitsprache nicht beherrscht, faktisch im Nachteil. Sowohl der Partner als auch idealerweise das Kind sollten lernen, mit dieser Tatsache sensibel umzugehen. Denkbar wäre es natürlich auch, dass der Elternteil, der sich ausgegrenzt fühlt, versucht, die Zweitsprache ebenfalls zu erlernen. Aber wie auch immer Sie sich in Ihrer Familie entscheiden: Es ist unbedingt notwendig, bei der Wahl der Zweitsprache für Ihr Kind alle Faktoren sorgfältig abzuwägen und dabei auch die möglichen langfristigen Konsequenzen für alle Familienmitglieder einzubeziehen.

Um die Frage zu beantworten, welche Sprache Ihr Kind lernen sollte, sollten Sie also zunächst genau beobachten und einschätzen, welche sprachlichen Möglichkeiten Ihre eigene Familie und Ihr familiäres Umfeld bieten. Sie könnten überrascht sein! Herauszuarbeiten, welche Personen welche Dinge in welcher Sprache tun können (und wie sie sich dabei fühlen), ist der entscheidende erste Schritt.

Das Sprachprofil Ihres erweiterten Umfelds

Wenn Sie in Ihrer Familie zu keiner Zweitsprache eine besondere Beziehung haben, sollten Sie das Ganze möglicherweise aus einem umfassenderen Blickwinkel betrachten. Wie wir schon zu Beginn des Kapitels erwähnt haben, ist Alison Mackey nicht bilingual. Sie sagt, sie interessiere sich nur deshalb so für den Zweitsprachenerwerb, weil es ihr selbst immer so schwergefallen sei, Fremdsprachen zu erlernen. Sie stammt aus England; als sie zehn Jahre alt war, zog ihre Familie nach Wales um. Sie besuchte dort eine Primarschule, in der der Walisischunterricht ausschließlich in walisischer Sprache abgehalten wurde. Wann immer Alison aus Versehen ein Wort auf Englisch sagte, musste sie es auf ein Blatt Papier schreiben, das sie dann in einer Ecke des Schulhofs vergraben musste. Alison musste ziemlich häufig auf den Schulhof, und in Wales regnet es oft. Ihrer Meinung nach ist das viele Löchergraben bei Regen der Grund für ihr Interesse daran, auf welche

Art Menschen (sowohl Erwachsene als auch Kinder) Sprachen lernen – oder auch eben nicht lernen.

Heute spricht Alison ein wenig Französisch, Japanisch und natürlich auch Walisisch, und ihr Mann beherrscht in Ansätzen Spanisch, Nepali und Japanisch. Da Japanisch die einzige Fremdsprache ist, die sie beide ein wenig sprechen können, entschlossen sie sich, ihrer Tochter Miranda ebenfalls etwas Japanisch beizubringen. In ihrer Umgebung gibt es allerdings auch viele spanischsprachige Angebote, daher entschieden sie sich, sie darüber hinaus mit dieser Sprache in Kontakt zu bringen. Wenn Miranda älter wird, soll sie selbst entscheiden, welche Fremdsprache sie bevorzugt. Welche das letztendlich sein wird, ist Alison und ihrem Mann im Endeffekt gleich. Denn die Vorteile der Zweitsprache gelten immer und unabhängig von der erlernten Sprache.

In dem Zusammenhang ist auch Jims Fall von Interesse. Jim hatte immer schon den Plan, seinen Kindern von klein auf Französisch beizubringen. Er selbst hatte sich in der Highschool ziemlich gequält, um Französisch zu lernen, und bekam den richtigen Zugang zur Sprache erst, als er nach dem College für sechs Monate in Paris als Barkeeper arbeitete. Als er erfuhr, dass er bald Vater werden würde, setzte er sich mit dem Thema Bilingualität ernsthaft auseinander und informierte sich über das sprachliche Profil seines direkten und weiteren Umfelds. Er sah und hörte sich in seiner Nachbarschaft in Brooklyn um und wurde sich mehr und mehr bewusst, wie viele Russen in seiner direkten Umgebung wohnen. Nach Englisch war Russisch die am häufigsten gesprochene Sprache. In dem Gebäude, in dem er wohnte, gab es drei russische Familien mit Russisch sprechenden Töchtern im Teenageralter, die alle gerne einen Job als Babysitter angenommen hätten. Der Buchladen am anderen Ende der Straße hatte eine große Auswahl an russischen Kinderbüchern und bot sogar eine bilinguale Krabbelgruppe an. In der Stadtbibliothek seines Viertels sah es nicht anders aus. Auch gab es drei private russisch-englische Kindertagesstätten und zwei bilinguale russisch-englische Schulen in der unmittelbaren Nachbarschaft. Jim hatte zuvor nie über Russisch als mögliche Zweitsprache nachgedacht, aber nachdem er erkannt hatte, welche vielfältigen Möglichkeiten der Interaktion es für Russisch im Vergleich zu Französisch gab, entschied er, dass Russisch die bessere Wahl sei.

Wenn Sie über die Pros und Contras unterschiedlicher Sprachen nachdenken, sollten Sie dabei stets im Blick behalten, dass Bilingualität grundsätzlich und generell kognitive, kreative und intellektuelle Vorteile mit sich bringt, unabhängig davon, *welche zwei Sprachen* das Kind lernt. Das ist die gute Nachricht. Aber eines dürfen Sie dabei nie vergessen: Voraussetzung dafür sind gute Kenntnisse in jeder der beiden Sprachen. Wenn sich die Wahl der Zweitsprache also nicht unmittelbar aus Ihrem familiären Hintergrund ergibt, sollten Sie versuchen, diejenige Sprache zu finden, die Ihrem Kind die besten Möglichkeiten zum Spracherwerb bietet. Dazu müssen Sie sich mit zwei verschiedenen Faktoren befassen. Zunächst sollten Sie herausfinden, für welche Sprache es in Ihrem direkten Umfeld das beste Angebot gibt. Die folgenden Fragen helfen Ihnen dabei.

Übung

Welche Sprache in meiner erweiterten Umgebung bietet mir die besten Lernmöglichkeiten?

1. *Welche Sprachen werden in meiner Umgebung gesprochen?*
   (Hinweis: Informieren Sie sich im Internet oder fragen Sie im Bürgeramt oder der Bezirksverwaltung nach Informationen darüber, welche Sprachen außer Deutsch in Ihrer Stadt oder Gemeinde am weitesten verbreitet sind.)
2. *Welche Sprachen werden in meiner Nachbarschaft gesprochen?*
   (Hinweis: Schauen und hören Sie genau hin. Welche Sprachen hören Sie in Parks und Supermärkten? Gibt es fremdsprachige Werbeplakate? Scheuen Sie sich auch nicht, Muttersprachler anderer Sprachen einfach auf Deutsch anzusprechen.)
3. *Welche Arten von Sprachunterricht oder fremdsprachlichen Aktivitäten für Kinder gibt es?*
   (Hinweis: Rufen Sie im Bürgeramt oder der Bezirksverwaltung an. Schauen Sie in die örtlichen Zeitungen und Zeitschriften. Recherchieren Sie im Internet. Rufen Sie bei der Kirchengemeinde an. Finden Sie heraus, welche bilingualen Bücher es in den Buchhandlungen in Ihrer Nähe gibt.)

Diese Fragen werden Ihnen hoffentlich dabei helfen, herauszufinden, welche Sprache Ihrem Kind die erfolgversprechendsten Möglichkeiten bietet. Wenn es zum Beispiel in Ihrer Nähe mehrere Familien gibt, die die gewählte Zweitsprache sprechen, könnten Sie eine private Eltern-Kinder-Gruppe bilden. Wenn in Ihrer direkten Nachbarschaft Muttersprachler dieser Sprache leben, wird es für Sie einfacher, einen Babysitter zu finden, der Ihrem Kind ein wenig von der Zweitsprache beibringt. Und wenn es noch mehr Familien in der Nähe gibt, die diese Sprache sprechen, sind die Chancen für ihr Kind größer, an sprachbezogenen Aktivitäten teilzunehmen, wie etwa Musikunterricht auf Spanisch oder Selbstverteidigung auf Koreanisch.

Ein weiterer wichtiger Faktor für die Wahl der Zweitsprache ist der Anreiz dafür, eine bestimmte Sprache zu lernen. Anders ausgedrückt: Welche Sprachen werden am meisten benötigt und am häufigsten nachgefragt? Insbesondere: Welche Sprachen werden in Ihrem Land am häufigsten gesprochen? Welche international? In Ihrer Region? Und welche Sprachen erfahren den meisten Zuwachs? Diese abstrakten Fragen lassen sich direkt auf die Chancen und Möglichkeiten im Leben Ihres Kindes übertragen. Sprachen zu lernen ist eine schwierige Herausforderung, und je mehr Möglichkeiten es gibt, die Sprache anzuwenden, desto größer ist der Lernanreiz für Kinder und Erwachsene.

Wenn wir die Sprachverteilung auf der Welt betrachten, sehen wir, dass das Chinesische, insbesondere das Mandarin, die bei Weitem am häufigsten gesprochene Sprache ist. Und voraussichtlich wird die Zahl der Mandarin sprechenden Menschen noch weiter wachsen. Das könnte bedeuten, dass in etwa zehn bis 15 Jahren Chinesisch die Sprache sein wird, die im beruflichen Umfeld die meisten Chancen und Möglichkeiten bietet. Eine bilinguale Erziehung mit Mandarin als Zweitsprache wäre damit der größte Vorteil für Ausbildung und Beruf, den Eltern heute ihren Kindern mit auf den Weg geben könnten.

Merke

Die Top Ten der am weitesten verbreiteten Sprachen der Welt (prozentual zur Weltbevölkerung)

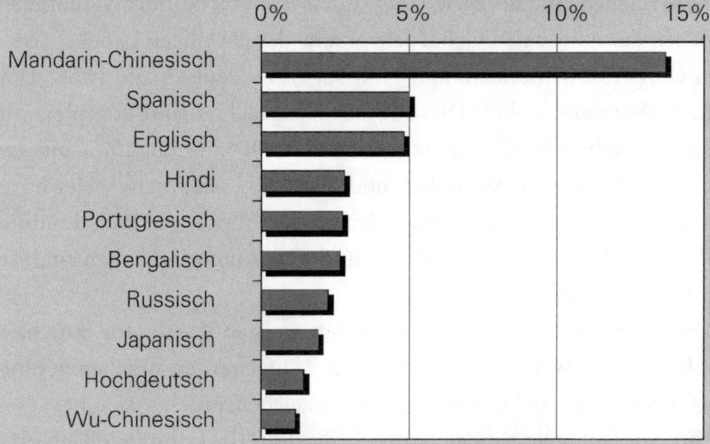

Quelle: CIA World Factbook, Schätzung von 2004

Eignet sich Babyzeichensprache als Zweitsprache?

Kurse, in denen Eltern und Kinder lernen sollen, in der sogenannten Babyzeichensprache zu kommunizieren, sind in den USA bereits weit verbreitet. Aber auch in anderen Ländern wie Australien, Kanada, der Tschechischen Republik, Deutschland, Japan, Neuseeland, Südafrika und Großbritannien werden Babyhandzeichen immer beliebter. Die Babyzeichensprache ist eine Zeichensprache zur frühen Kommunikation sowohl mit hörenden als auch mit hörgeschädigten Babys. Die Idee dahinter ist faszinierend: Schon Monate bevor die Muskeln und motorischen Fähigkeiten ihrer Stimmbänder ausreichend ausgebildet sind, um die ersten Wörter zu artikulieren, sind Babys in der Lage, mit ihren Fingern und Händen Zeichen zu bilden. Befürworter der Babyzeichensprache, unter ihnen auch viele Eltern, werden bestätigen, dass Babys sich mit ihren Bezugspersonen mithilfe der Zeichensprache verständigen können, lange bevor sie die ersten Wörter sprechen. Das hat ohne Zweifel einige Vorteile. Wer fände es nicht schöner, wenn sein acht Monate altes Kind niedliche Zeichen verwendet, um das Wort *Milch* zu artikulieren, anstatt sich die Lungen aus dem Hals zu brüllen?

Babyzeichensprache verwendet zumeist einfache oder vereinfachte Zeichen der nationalen Gebärdensprache des jeweiligen Landes, also in den USA ASL (American Sign Language), in Deutschland DGS (Deutsche Gebärdensprache). Diese Gebärdensprachen sind komplexe, linguistisch selbstständige Sprachsysteme zur Kommunikation mit und zwischen gehörlosen Menschen und auch die Erstsprache vieler hörender Babys, die als Kinder hörgeschädigter Eltern zur Welt kommen. ASL und DGS sind eigenständige und anerkannte Sprachen und Teil der Gehörlosenkultur.

Doch obwohl die Zeichen, die in den meisten Kursen für Babyhandzeichen gelehrt werden, auf den nationalen Gebärdensprachen beruhen, darf man eines nicht vergessen: Babyzeichensprache ist eine vereinfachte Sprache. Die Kinder lernen *keinesfalls* die komplette Gebärdensprache, sondern lediglich Auszüge. Die Zeichen, die unterrichtet und von Eltern und Babys gelernt werden, sind auf die spezifischen Bedürfnisse von Babys ausgerichtet (zum Beispiel die Zeichen für *mehr*, *Milch*, *Hunger*, *Durst*, *müde*, *Keks*, und so weiter). Die Grammatik, mit deren Hilfe man diese Zeichen zu kompletten linguistischen Äußerungen oder Sätzen verbinden könnte, wird jedoch vollkommen außer Acht gelassen. Babyzeichensprache ist also keine vollwertige Zweitsprache. Es würde ja auch niemand von sich behaupten, Französisch sprechen zu können, wenn er in der Lage ist, auf Französisch bis zehn zu zählen, oder die französischen Bezeichnungen für seine fünf Lieblingsgerichte kennt.

Das bedeutet natürlich nicht, dass Babyzeichensprache schädlich für Babys wäre. Viele Eltern empfinden sie als eine sinnvolle Möglichkeit, mit ihren (hörenden) Babys zu kommunizieren und eine Bindung zu ihnen aufzubauen. Babyhandzeichen können aber keinesfalls mit offiziellen Gebärdensprachen verglichen werden, und entsprechend hören die meisten Kinder und Eltern auf, in Zeichen zu kommunizieren, sobald das Kind anfängt zu sprechen. Nur in seltenen Fällen (zumeist auch nur unter besonderen Bedingungen, wenn etwa das Kind häufig viel Zeit mit einem gehörlosen, Gebärdensprache sprechenden Betreuer verbringt) entwickeln Kinder, auch nachdem sie angefangen haben zu sprechen, ihre Fähigkeiten in der Gebärdensprache weiter.

Aus der Forschung

Werden Babys durch die Babyzeichensprache „schlauer"?

Um herauszufinden, ob das Erlernen und Verwenden von Babyzeichensprache die raschere Entwicklung der kognitiven Fähigkeiten eines Säuglings fördert, hat der Forscher J. C. Johnston im Jahr 2003 gemeinsam mit Kollegen 17 Studien zu dem Thema genauer untersucht. Johnston fand heraus, dass diese Studien weder bestätigen, dass Babys durch das Erlernen der Babyzeichensprache „schlauer" werden, noch, dass Babyhandzeichen den späteren Spracherwerb fördern. Die meisten der Studien waren darüber hinaus unzureichend: Die Anzahl der untersuchten Kinder war zu gering, der Beobachtungszeitraum zu kurz (die langfristige Sprachentwicklung wurde nicht berücksichtigt). Es wurde zu wenig ins Detail gegangen (zum Beispiel blieb außen vor, wie häufig Eltern und Kinder Zeichen verwenden). Darüber hinaus stellte Johnston fest, dass viele Eltern nur deshalb Babyzeichen-Sprachkurse besuchten, weil sie sich schuldig fühlen würden, wenn sie nicht jedes Bildungsangebot für ihr Kind wahrnähmen. Dass dies neben den Belastungen durch Beruf, normalen Pflege- und Zeitaufwand für ein kleines Kind und anderen familiären und persönlichen Verpflichtungen enorme Stressgefühle auslösen kann, liegt auf der Hand. Johnston und Kollegen empfahlen den Eltern, zunächst genau in sich hineinzuhören und ihre eigene Situation zu analysieren, bevor sie sich für oder gegen die Verwendung der Babyzeichensprache entscheiden. Die Forscher halten fest, dass das Kind vor der Entwicklung der Sprachfähigkeit wichtige Entwicklungsphasen durchlebt, wie etwa die Muskeln kontrolliert zu bewegen und mit anderen Lebewesen nonverbal zu kommunizieren. In diesem wichtigen Stadium eine weitere Fähigkeit hinzuzufügen beziehungsweise zu trainieren ist nicht notwendig – insbesondere, wenn die Vorteile wissenschaftlich nicht belegbar sind. Früher oder später beginnen Kinder damit, Sprache zu verwenden. Und zwar genau dann, wenn sie bereit dazu sind.

Wenn Sie für Ihren Säugling die Babyzeichensprache in Erwägung ziehen oder bereits damit begonnen haben, sind Sie eventuell auch an den Möglichkeiten des Spracherwerbs nach dem ersten Geburtstag Ihres Kindes interessiert. So könnte Ihr Kind seine Kenntnisse der Zeichensprache intensivieren und eine vollständige Gebärdensprache erlernen, falls es entsprechende Lehrangebote und Aktivitäten in Ihrer Umgebung gibt. Sie könnten aber auch über eine weitere gesprochene Sprache nachdenken, wie etwa Englisch oder Chinesisch. Sie sollten sich aber keinesfalls ausschließlich auf die Babyzeichensprache verlassen, wenn Sie möchten, dass Ihr Kind eine Zweitsprache erlernt.

Treffen Sie die beste Wahl für Ihre Familie

Um zu entscheiden, welche Zweitsprache Ihre Kinder lernen sollen, müssen Sie Ihre persönlichen sowie die lokalen und weltweiten Gegebenheiten genau abwägen (wobei nicht in jedem Falle alle Faktoren den gleichen Stellenwert haben – das ist individuell unterschiedlich). In den USA zum Beispiel entscheiden sich viele Eltern für Spanisch. Auf den europäischen Raum lässt sich das nicht ohne Weiteres übertragen, da hier auf vergleichsweise geringem Raum eine große Anzahl unterschiedlicher Sprachen gesprochen wird. In den USA wird Spanisch aufgrund der Millionen spanischsprachiger Einwanderer oft als die inoffizielle zweite Landessprache angesehen. Deshalb gibt es unzählige Möglichkeiten wie bilinguale Eltern-Kind-Gruppen, sprachbasierten Nachbarschaftsaustausch, spanischsprachige Babysitter oder den Besuch spanischsprachiger Kulturveranstaltungen. Auch sind die meisten der bilingualen Lernangebote und Schulen spanisch-englisch. Die Nachfrage auf dem Arbeitsmarkt nach spanisch-englischen bilingualen Mitarbeitern ist extrem hoch, was sich sogar bereits bei bilingualen Schülern der Highschools bemerkbar macht, die enorme Vorteile haben, wenn sie einen Job für die Sommerferien suchen.

Aber selbst unter diesen günstigen Bedingungen für die spanische Sprache in den USA gibt es dort auch Eltern, die ihre Entscheidung von anderen Faktoren abhängig machen – was in Europa eher die Norm ist. Die beiden New Yorker Ari und Diana zum Beispiel hatten sich nie viele

Gedanken über bilinguale Erziehung gemacht, bis ihr Sohn Sammy sechs Monate alt geworden war und Diana darüber nachdachte, wieder zu arbeiten. Sie diskutierten die Pros und Contras einer Kindertagesstätte im Vergleich zu einem Kindermädchen. Letztendlich entschieden sie, dass die Sprachförderung, die ihr Kind durch ein chinesisches Kindermädchen erhalten würde, am sinnvollsten sei und die höheren Ausgaben im Vergleich zur Kita rechtfertigen würde. Sie entschieden sich sogar, sich in anderen Bereichen finanziell einzuschränken, um in der Lage zu sein, ein chinesisches Kindermädchen einzustellen. Sie sind der Überzeugung, dass Chinesisch die Sprache der Zukunft ist, und da es in New York viele chinesische Muttersprachler gibt, fanden sie ohne große Schwierigkeiten mehrere geeignete Kindermädchen sowie bilinguale Schulen und Freizeitangebote, die Sammy wahrnehmen konnte, als er älter wurde.

Merke

Die Vorteile der Bilingualität beziehen sich auf jede mögliche und denkbare Sprachkombination.

Jede Familie und familiäre Situation ist einzigartig, daher gibt es keine Universallösung für die Frage nach der besten Sprache. Und für welche Sprache auch immer Sie sich entschieden haben oder noch entscheiden werden: Ihr Kind wird aus jeder Form der Bilingualität erhebliche Vorteile ziehen. Es ist völlig gleichgültig, ob es sich bei der gewählten Sprachkombination um Spanisch-Englisch, Kroatisch-Japanisch, Arabisch-Französisch oder Polnisch-Deutsch handelt. Unter der Voraussetzung, dass Ihr Kind eine hohe Sprachkompetenz in zwei Sprachen entwickelt, kommen die kognitiven Vorteile der Bilingualität zum Tragen. Die Forschung hat jedoch auch herausgefunden, dass die Vorteile umso größer werden, je unterschiedlicher die beiden Sprachen sind. Russisch, Mandarin oder Griechisch zum Beispiel haben gegenüber dem Englischen oder Deutschen ein komplett anderes Schriftsystem und Alphabet. Die Herausforderung an das bilingual aufwachsende Kind ist im Vergleich zum Erlernen einer Sprache mit lateinischer Schrift höher, und die kognitiven Vorteile sind entsprechend größer.

Wir fassen zusammen

Die Wahl der Zweitsprache für Ihr Kind ist eine sehr persönliche und gleichzeitig wichtige Entscheidung. Eine Universallösung gibt es nicht. Bevor Sie also Zeit, Energie und Aufwand in das Erlernen einer Sprache investieren, sollten Sie alle verfügbaren sprachlichen Gegebenheiten und Möglichkeiten in Ihrer Familie, Nachbarschaft, Stadt oder Gemeinde genau untersuchen und bewerten. Jede Familie und jede Entscheidung ist einzigartig. Wenn Sie alle Faktoren sorgsam abwägen, sowohl die persönlichen (wie wohl fühle ich mich beim Sprechen dieser Sprache?), die lokalen und regionalen (welche Möglichkeiten sprachlicher Aktivitäten gibt es in meiner Umgebung?) als auch die globalen (welchen beruflichen Chancen bietet eine Sprache?), werden Sie in der Lage sein, die beste Entscheidung für Ihre Familie und Ihr Kind zu treffen.

Zur Erinnerung

- Entscheidend für die Sprachwahl ist einerseits die Familie (welche Sprachkenntnisse haben die Eltern und wie fühlen sie sich, wenn sie diese Sprache sprechen?) und andererseits die unmittelbare und mittelbare Umgebung (welche Sprache bietet die meisten Möglichkeiten sprachlicher Aktivität und die besten beruflichen Chancen?)
- Die meisten Kurse für Babyzeichensprache lassen die Grammatik völlig außer Acht. Wenn Ihr Kind keinen unmittelbaren und regelmäßigen Kontakt zu einer Person hat, die Gebärdensprache mit ihm spricht, kann die Babyzeichensprache auf keinen Fall mit einer Zweitsprache verglichen werden.
- Welche Sprache für Ihr Kind die beste ist, ist eine individuelle und persönliche Entscheidung. Als Eltern sollten Sie Ihre eigenen Gefühle ernst nehmen und alle die Sprache betreffenden Fragen offen mit sämtlichen an der Erziehung Ihres Kindes Beteiligten diskutieren.
- Die Wahl der Sprache an sich ist weniger wichtig als der lange Atem, den Sie benötigen werden. Vergessen Sie nie: Einige Sprachfetzen werden Ihrem Kind nicht helfen. Die Vorteile der Bilingualität hat nur der, der in beiden Sprachen ein hohes Niveau erreicht.

4
Wann sollte Ihr Kind damit beginnen, eine zweite Sprache zu lernen?

Die Frage danach, wann Ihr Kind damit beginnen sollte, eine zweite Sprache zu lernen – von Geburt an, in der frühen Kindheit oder erst später –, ist nicht leicht zu beantworten. Es gibt etliches Informationsmaterial zu diesem Thema, vieles davon ist hilfreich, vieles weniger. Die Frage nach dem Alter ist ebenso individuell und abhängig von der jeweiligen Familiensituation wie die nach der Sprache. Eines der Vorurteile, die wir bereits in Kapitel 2 untersucht haben, behauptet, jünger sei in jedem Falle besser, kleine Kinder saugten neue Sprachen ähnlich einem trockenen Schwamm auf und ältere Kinder würden diese Fähigkeit mehr und mehr verlieren. Wir erwähnten es schon: Natürlich fällt es jüngeren Kindern im Vergleich zu Kindern im schulpflichtigen Alter leichter, Aussprache und Satzmelodie einer Fremdsprache perfekt anzunehmen. Dennoch haben kleinere Kinder es nicht grundsätzlich in allen Aspekten des Spracherwerbs viel leichter als ältere.

Wir sind der festen Überzeugung – und zahlreiche wissenschaftliche Studien haben das bestätigt –, dass es nie zu früh oder zu spät sein kann, um eine Fremdsprache zu erlernen. Der richtige Zeitpunkt ist *jetzt*! Und dabei ist völlig nebensächlich, wie alt Ihr Kind gerade ist. Dennoch sollten sich Eltern darüber im Klaren sein, dass das Alter durchaus Einfluss auf den Prozess des Spracherwerbs hat. Manches beim Sprachenlernen fällt kleineren Kindern leichter, anderes wiederum älteren. In diesem Kapitel informieren wir Sie darüber, wie sich die Lernfähigkeit von Kindern im Laufe ihrer Entwicklung verändert und über welche spezifischen Möglichkeiten zum Spracherwerb Kinder in den jeweiligen Altersstufen verfügen. Diese Informationen sind für Sie als Eltern grundlegend. Dennoch hat jedes Kind, unabhängig von seinem Alter, eine völlig eigene Herangehensweise an den Fremdsprachenerwerb. Die Gründe hierfür liegen sowohl in der individuellen Persönlichkeit und Sprachbegabung als auch in der sozialen und emotionalen Entwicklungsstufe. Viele der Faktoren liegen außerhalb des Einflussbereichs der Eltern. Aber wenn Sie sich dieser Punkte bewusst sind, kann Ihnen das helfen, von vornherein die richtigen Entscheidungen für Ihr Kind zu treffen und erreichbare Ziele zu stecken. Sie werden so in der Lage sein, Ihr Kind einfühlsam und seinen individuellen Bedürfnissen entsprechend zu motivieren und zu ermutigen. Mehr dazu finden Sie im nächsten Kapitel, in dem wir über individuelle Merkmale und Faktoren sprechen werden, die den Prozess des Sprachenlernens beeinflussen. Wir empfehlen Ihnen, die Inhalte beider Kapitel zu berücksichtigen, wenn Sie darüber entscheiden, wann Ihr Kind damit beginnen sollte, eine Zweitsprache zu erlernen. Denn der richtige Zeitpunkt richtet sich nach all diesen Punkten und ist daher von Kind zu Kind unterschiedlich. Lassen Sie uns zu Beginn die entscheidenden sozialen, kognitiven und emotionalen Unterschiede zwischen dem Sprachlernprozess von Kindern und Erwachsenen diskutieren. Im Anschluss werden wir dann erläutern, wie Sie Ihr Kind in jedem Lebensalter – Klein-, Kindergarten-, Vorschul- oder Schulkind – optimal fördern können, um das bestmögliche Lernergebnis zu erreichen.

Lernen Kinder Fremdsprachen anders als Erwachsene?

Soziale und emotionale Unterschiede

Kinder sprechen anders und werden grundsätzlich anders angesprochen als Erwachsene. Das gilt in der Erst- ebenso wie in der Zweitsprache. Vergleichen Sie zum Beispiel die Sprache von Gute-Nacht-Geschichten oder Sandkastenspielen mit der von Erwachsenen in einem Arbeitsmeeting. Sie werden große Unterschiede in der Komplexität und Dichte der Sprache finden. Kleine Kinder leben mit einer Sprache, die viel leichter zu verarbeiten ist und wesentlich mehr Hinweise darauf enthält, welche inhaltlichen Aussagen getroffen werden (etwa die Bilder in Kinderbüchern oder das Kuchenbacken mit den Sandförmchen).

Während Erwachsene in der Lage sein müssen, neben der direkten sprachlichen Aussage auch die feinen Untertöne mitzuverstehen, benötigen Kinder eine weitaus geringere Sprachkompetenz, um mithilfe von Wörtern die für sie wichtigen Inhalte auszudrücken (vergleichen Sie zum Beispiel eine Diskussion mit Ihrem Arbeitgeber oder Ihrer Abteilungsleitung mit der Spielsituation im Sandkasten, wenn etwa ein Kind als Reaktion auf den Satz „Das ist mein Bagger“ gar keine Wörter verwenden muss, sondern einfach das Spielzeug zurückgibt). Man könnte auch sagen: Je früher Kinder mit dem Erlernen einer Zweitsprache beginnen, desto häufiger befinden sie sich in Situationen, die Hilfestellungen zum Verständnis und Gebrauch der Sprache bieten (etwa durch visuelle Hinweise auf die Bedeutung des Gesagten).

Außerdem verspüren kleine Kinder beim Erlernen einer Fremdsprache im Normalfall nicht den emotionalen Druck, dem sich Erwachsene häufig ausgesetzt fühlen. Im Gegensatz zu Erwachsenen schämen sie sich meist weder, Fehler zu machen, noch, eventuell albern zu klingen. Die Erwartungen Erwachsener (sowohl ihre eigenen als auch die ihrer Umgebung) dagegen sind häufig höher. Diese sozialen und emotionalen Faktoren beeinflussen den Lernprozess in hohem Maße. In der Hinsicht haben kleine Kinder einen erheblichen Vorteil beim Sprachenlernen, nicht nur im Vergleich zu Erwachsenen, sondern auch zu größeren Kindern.

Merke
Wenn ein Kind schon früh damit beginnt, eine Zweitsprache zu lernen, erfolgt der Spracherwerb noch spielerisch und unbelastet von Erwartungen und Emotionen. Im Vergleich dazu sehen sich ältere Kinder, Teenager und Erwachsene beim Erlernen einer Fremdsprache mit einer komplexeren Sprachstruktur, höherem Erwartungsdruck und komplizierteren sozialen Situationen konfrontiert.

Gehirnphysiologische Unterschiede: kritische oder sensible Phasen?

Die Gehirne von Erwachsenen und Kindern funktionieren unterschiedlich. Diese gehirnphysiologischen Unterschiede sind wahrscheinlich der Grund dafür, dass die Annahme „je jünger, desto besser" bei Eltern so weit verbreitet ist. In den 1960er und 70er Jahren wurde viel über eine sogenannte „kritische Phase" des Spracherwerbs diskutiert. Bei Tieren waren diese kritischen Phasen beobachtet worden (etwa bei Jungvögeln, die die Pfeiftöne ihrer Eltern nachahmen). Und so setzte sich die Annahme durch, dass es nach dem Erreichen eines bestimmten Entwicklungsstands schlicht nicht mehr möglich sei, bestimmte Dinge zu lernen. Man vermutete, dass das bei Kindern ebenso sei: Wenn sie nicht bis zu einem gewissen Alter den notwendigen Zugang zu einer Zweitsprache erhielten, würde sich das Sprachfenster schließen und es wäre ihnen danach nicht mehr möglich, das komplizierte System einer Sprache einzig und allein dadurch vollständig auf- und anzunehmen, dass sie die Sprache in ihrem Alltag hören und erleben.

Im Laufe der Jahre haben zahlreiche Studien versucht, die Frage zu klären, und noch immer ist es der Forschung nicht komplett gelungen, das Rätsel zu lösen. Aktuelle Untersuchungsergebnisse geben Grund zum Optimismus, denn sie lassen vermuten, dass es während der gesamten Kindheit möglich ist, eine Zweitsprache zu lernen. Inzwischen sprechen Forscher von mehreren „sensiblen" Phasen für unterschiedliche Spracherwerbsfähigkeiten, wie die für Sprachmelodie und -akzent, Wortverbindungen, Morphologie und Syntax. Manche dieser sensiblen Phasen enden mit sechs Jahren, andere erst im Teenageralter. Die Forschungsergebnisse belegen, dass sich das Gehirn zwar im Laufe der Kindheit verändert, dass sich dabei aber die Fähigkeit, eine Sprache zu erlernen, nur graduell verringert. Es ist eindeutig widerlegt, dass sie im Laufe der Kindheit vollständig verloren geht. Sie ändert sich lediglich. Anders ausgedrückt: Es gibt keinen definitiven Endpunkt für das Erlernen einer Zweitsprache (und das gibt Hoffnung für alle). Insbesondere dann, wenn sie motiviert sind und eine positive Einstellung zu der Zweitsprache haben, können ältere Kinder und Erwachsene große Lernfortschritte machen. Und ihr Lerntempo ist dabei im Vergleich zu jüngeren Kindern häufig sehr viel höher.

Merke
Die Fähigkeit, eine Zweitsprache zu erlernen, verändert sich zwar im Laufe der Kindheit, aber sie geht nicht in einem bestimmten Alter vollständig verloren.

Was Kinder mit Sprache machen und zu welchem Zeitpunkt dies geschieht

Wir wissen nun also, dass das Erlernen einer Zweitsprache bei Kindern anders vor sich geht als bei Erwachsenen. Aber auch beim Erstsprachenerwerb gibt es große Unterschiede, und zwar von Kind zu Kind. Kein Kind gleicht dem anderen. Forscher sprechen häufig von Meilensteinen in der Sprachentwicklung und sagen uns damit, was wir von unseren Kindern erwarten können und sollten, wenn sie anfangen zu sprechen. Die grundlegendsten Entwicklungsschritte sind das Brabbeln (vor dem Erreichen des ersten Lebensjahres), das Erreichen des Ein-Wort-Stadiums (etwa um den ersten Geburtstag) und des Zwei-Wort-Stadiums (im Alter von anderthalb oder zwei Jahren). Zwei Punkte sind dabei besonders von Bedeutung: Erstens verstehen Kinder bei Weitem mehr, als sie in der Lage sind zu artikulieren. Zum Beispiel kann ein typisches einjähriges Kind durchschnittlich 70 Wörter verstehen, selbst aber nur etwa sechs sprechen. Zweitens gibt es zwischen den einzelnen Kindern erhebliche Abweichungen. Manche erreichen den ersten Meilenstein früher (sagen wir, mit neun Monaten), andere erst viel später (sagen wir, mit 18 Monaten).

Aus der Forschung

Was können wir von unseren Kindern erwarten, wenn sie anfangen zu sprechen?

Hunderte von Forschungsstudien im Laufe des letzten Jahrzehnts liefern uns Anhaltspunkte darüber, was wir wann in sprachlicher Hinsicht von unseren Kindern erwarten können. Die Sprachentwicklung eines Kindes beginnt mit dem Herumexperimentieren mit Lauten und Klängen, die zunächst keine bestimmte Bedeutung haben. So sind die Schreie eines noch kleinen Babys kein bewusster Versuch zu kommunizieren – wenn auch viele Eltern das gerne glauben möchten. Später, etwa zwischen dem zweiten und fünften Lebensmonat, fangen die Säuglinge an zu gurren. Eltern interpretieren dies oft als Äußerungen der Freude, und das könnte auch tatsächlich zutreffen. Nach dem Gurren fangen die Babys an zu brabbeln, indem sie Vokallaute von sich geben („aaa-iiiii-ooooo"), danach äußern sie sich wiederholende Klänge aus Konsonant-Vokal-Folgen wie „ma ma" oder „ga ga", dann variieren sie diese Sequenzen, zum Beispiel als „ba ka du gu". Die stolzen Eltern sehen in dem Brabbeln häufig einen ersten Versuch zu sprechen, vielleicht in einer eigenen Sprache. Säuglinge nutzen die Klangspiele zwar für soziale Interaktion (indem sie etwa die albernen Laute nachahmen, die ihr Babysitter oder die Eltern in der Kommunikation mit ihnen verwenden). Es ist aber wahrscheinlicher, dass es sich eher um reines Spielen handelt als um tatsächliche Kommunikationsversuche über bestimmte Dinge oder Menschen.

Etwa zur Zeit seines ersten Geburtstags beginnt das Kind Klänge zu artikulieren, die mit bestimmten Bedeutungen in Zusammenhang stehen. Bei englisch- und deutschsprachigen Kindern sind das oft Substantive, die Gegenstände aus ihrer alltäglichen Umgebung bezeichnen (zum Beispiel englisch *doggie* oder deutsch *Nuggie*). Wenn das Kleinkind ungefähr anderthalb Jahre alt ist, beginnt die Phase der sogenannten Zwei-Wort-Sätze, in der das Kind anfängt Wörter zusammenzufügen, wie etwa „Papa Auto" oder „Essen haben".

Um den zweiten Geburtstag herum legen Kinder dann den berühmten Vokabelspurt hin, in dem sie ihrem aktiven Vokabular bis zu 200 Wörter pro Monat hinzufügen. Für Eltern ist das meist eine aufregende Zeit, denn es scheint, als hätte ihr Kind plötzlich Wörter für einfach alles. Im Alter von etwa zweieinhalb Jahren beginnen Kinder Sätze aus drei bis vier Wörtern zu bilden, wie etwa „will das haben" oder „mag keine Möhren" (beides beliebte Sätze). Von diesem Zeitpunkt an fangen Kleinkinder an, die grammatischen Regeln ihrer Sprache zu begreifen und Verben zu beugen, den Plural zu bilden. Im Alter von etwa fünf Jahren beherrschen die meisten Kinder die Grammatik ihrer Muttersprache schon recht gut, zumindest die der Äußerungen, die sie täglich hören. Natürlich unterlaufen ihnen hin und wieder noch ein paar Fehler (zum Beispiel, indem sie Wörter verwechseln und Eidechsen als Dinosaurier bezeichnen oder umgekehrt, oder indem sie die Sprache wörtlich nehmen und etwa unter einem „Luftschloss" tatsächlich ein Schloss im Himmel verstehen). Aber das ist ein normaler Teil des Sprachlernprozesses.

Wenden wir uns nun dem Punkt zu, was Eltern berücksichtigen sollten, wenn sie darüber nachdenken, in welchem Alter sie ihr Kind mit einer Zweitsprache in Berührung bringen. Dabei sollten Sie jedoch stets im Blick behalten, dass es niemals zu früh oder zu spät ist – für jedes Alter gibt es Pro- und Contra-Argumente.

Zweisprachige Erziehung von Geburt an: Babys und Kleinkinder

Wenn Kinder von Geburt an mit zwei Sprachen in Berührung kommen, werden sie beide als natürliche Kommunikationsmittel verstehen. Dennoch, wenn Sie selbst nicht zweisprachig aufgewachsen sind, wird Sie die Vorstellung, Ihr Baby an eine weitere Sprache heranzuführen, vielleicht ein wenig nervös werden lassen. Womöglich stellen Sie sich Fragen wie „Wird mein Baby durch die beiden Sprachen verwirrt?" oder „Wird mein Baby durch die zwei Sprachen erst später anfangen zu sprechen als monolinguale Kinder?". Leila und Ilya machten sich genau diese Sorgen, als sie ein Baby bekamen. Leila wuchs in den Vereinigten Staaten auf, ihre Muttersprache ist Englisch. Sie ist mit Ilya, einem Ukrainer, verheiratet, der in der Ukraine aufwuchs und Ukrainisch als Muttersprache hat. Er lebte zum Zeitpunkt der Geburt ihres Babys seit zwölf Jahren in den USA und sprach fließend Englisch, jedoch mit einem starken Akzent. Das Paar lebt nun in Südkalifornien. Als wir zum ersten Mal mit ihnen in Kontakt kamen, erwarteten die beiden ihr erstes Kind und diskutierten darüber, ob sie es von Anfang an zweisprachig erziehen sollten oder nicht. Sie hatten in Erwägung gezogen, ausschließlich Englisch mit ihrem Baby zu sprechen, weil eine mit ihnen befreundete Lehrerin gesagt hatte, für sehr kleine Kinder sei das Erlernen einer Zweitsprache noch zu früh. Sie hatte ihnen geraten, abzuwarten, bis das Kind ein wenig älter und sein Englisch schon gefestigt sei. Das klang für Leila und Ilya zwar plausibel, aber gleichzeitig wünschten sie sich, dass ihr Kind möglichst rasch in der Lage sein würde, mit Ilyas Verwandten zu kommunizieren (insbesondere mit denjenigen, die ausschließlich ukrainisch sprechen). Und sie wollten zudem die ukrainischen Wurzeln des Kindes nicht verleugnen. Ilya selbst hätte es vorgezogen, mit dem Kind in seiner eigenen Muttersprache zu sprechen, aber er wollte auch vermeiden, Leila auszuschließen (sie verfügt nur über minimale ukrainische Sprachkenntnisse). Im Grunde wollten beide nur das Beste für ihr Kind tun, waren sich aber unsicher darüber, was letztendlich das Richtige sein würde.

Leila und Ilya waren sich darüber einig, es wäre für ihr Kind am besten, wenn es sowohl Englisch als auch Ukrainisch sprechen könnte. Damit hatten sie zumindest die erste wichtige Frage geklärt (nämlich die, welche Sprache das Kind lernen sollte). Aber sie waren sich nicht sicher, in welchem Alter ihr Kind damit beginnen sollte. Betrachten wir ihre Sorgen ein wenig genauer. Manche ihrer Fragen kommen sicher auch Ihnen bekannt vor: Was, wenn unser Kind später anfängt zu sprechen als andere, weil es zwei Sprachen lernen muss? Was, wenn unser Kind letztendlich weder die eine noch die andere Sprache beherrscht? Was, wenn unser Kind in der einen Sprache Fehler macht, die offensichtlich von der Grammatik und dem Vokabular der anderen Sprache herrühren?

Durch unsere zahlreichen Gespräche mit jungen Eltern wissen wir, dass die Befürchtung, ein Kind könnte durch den Kontakt mit einer Zweitsprache erst später anfangen zu sprechen, ganz oben auf der Liste der elterlichen Sorgen steht – und dass der Punkt manchmal ausreicht, um den Gedanken an eine bilinguale Erziehung zu verwerfen. Und es sind nicht nur Eltern, die diese Bedenken hegen. Wir selbst und auch andere Eltern haben dasselbe Argument von zahlreichen Ärzten und Lehrern gehört. Umso wichtiger ist es für uns, das Folgende hervorzuheben: Es gibt keinerlei Beleg dafür, dass sich die Sprachentwicklung eines Kindes durch das Erlernen von zwei Sprachen verzögert. Kinder, die von klein auf zwei Sprachen lernen, durchlaufen die sprachlichen Entwicklungsstadien – Brabbeln, erste Wörter und Verknüpfen dieser Wörter zu Zwei- und Drei-Wort-Sätzen – zur selben Zeit wie monolinguale Kinder. Generell entwickeln sich Kinder unterschiedlich, und es ist völlig normal, dass manche Kinder früher und manche später anfangen zu sprechen. Es liegen keinerlei wissenschaftliche Beweise vor, die darauf hinweisen, dass es einem Baby in irgendeiner Art schaden könnte, in zwei Sprachen mit ihm zu sprechen. Anders ausgedrückt: Es ist nie zu früh, mit zwei Sprachen anzufangen.

Wozu haben sich also Leila und Ilya letztendlich entschlossen? Nach der Geburt ihres Sohnes Nicholas im Jahr 2001 haben sie von Anfang an beide Sprachen mit ihm gesprochen. Leila sprach Englisch und Ilya meist Ukrainisch. Untereinander haben sie weiterhin in der Hauptsache Englisch gesprochen, aber sie stellten fest, dass sich im Laufe der Zeit auch mehr und mehr Ukrainisch in ihre Sprache mischte. Nicholas machte alle möglichen Fehler in beiden Sprachen, und als er zwei und drei Jahre alt war, vermischte er beide Sprachen häufig. Dennoch lernten Leila und Ilya, dass das eine normale Phase des Sprachlernprozesses war, und als die Familie schließlich auf Besuch in die Ukraine fuhr, stellten sie fest, dass sich Nicholas ziemlich sicher und fließend auf Ukrainisch mit seinen Verwandten unterhalten konnte und unmittelbar danach mit Leichtigkeit ins Englische zurückwechselte, um mit seiner Mutter zu sprechen. Mit fünf Jahren kam er in den USA in einen Kindergarten und hatte keinerlei Probleme, weder mit dem Englischen noch mit dem Ukrainischen. Leila und Ilya sind froh über ihre Entscheidung, denn sie ermöglichte Nicholas, die Muttersprachen seiner beiden Elternteile zu erlernen.

Merke

Es ist nie zu früh für Ihr Baby, um mit dem Erlernen einer zweiten Sprache anzufangen. Und: Das Erlernen einer Zweitsprache von Geburt an führt nicht zur Verwirrung Ihres Kindes. Bilinguale Kinder durchlaufen in etwa dieselben sprachlichen Entwicklungsstadien wie monolinguale Kinder.

Was ist also der beste Weg, Ihr Baby oder Ihren Säugling an eine weitere Sprache heranzuführen? Im Folgenden geben wir Ihnen eine Reihe von Tipps für den Umgang mit der Zweitsprache.

Tipps

So schaffen Sie für Ihr Kleinkind (0–2 Jahre) eine gute Umgebung für den Spracherwerb

- Sprechen Sie Ihr Kind von Geburt an so oft wie möglich mit sinnvollen, aussagekräftigen Sätzen an.
- Ermutigen Sie Freunde, Verwandte, Babysitter, Geschwister und Besucher, mit Ihrem Kind in der Zweitsprache zu sprechen und zu spielen.
- Beschäftigen Sie sich und Ihr Kind mit Dingen, die das Interesse Ihres Kindes wecken, zum Beispiel, indem Sie aufmerksamkeitsstarkes Spielzeug, Bilderbücher oder andere Hilfsmittel verwenden, wenn Sie die Zweitsprache sprechen.
- Unterstützen Sie die Bildung positiver Assoziationen, indem Sie in der Fremdsprache singen oder zu lustigen Kinderliedern tanzen, Musik hören oder Spiele spielen.
- Lesen Sie Ihrem Kind Geschichten vor und gehen Sie dabei sowohl auf das Buch als auch auf Ihr Kind ein (zum Beispiel, indem Sie die Geschichten nachspielen, lustige Grimassen ziehen oder die Stimme verstellen). Achten Sie darauf, dabei locker und fröhlich zu bleiben.
- Wenn Sie eine Betreuung für Ihr Kind suchen, stellen Sie jemanden ein, der die Zweitsprache spricht (mehr dazu in Kapitel 6).
- Zeigen Sie Begeisterung und haben Sie Spaß an der Sprache!

Das Heranführen eines Kindergartenkinds an eine Zweitsprache (Kindergarten- und Vorschulalter)

Kinder im Vorschulalter lernen täglich neue Dinge und machen dabei unzählige Fehler. Und glücklicherweise akzeptieren fast alle in ihrem Umfeld die Fehler als Teil ihres Lebens. Abläufe und Handlungsweisen erlernen Kinder in diesem Alter durch wiederholtes Ausprobieren: wie ein Spielzeug funktioniert, wie sie ihre Eltern dazu bringen, ihnen ein bestimmtes Müsli oder Cornflakes zu geben, wozu man die Abstellkammer verwendet, wie man Schnürsenkel bindet, und so weiter.

Merke
Im Vergleich zu älteren sind kleinere Kinder meist weniger ängstlich oder zurückhaltend beim Erlernen einer Zweitsprache. Sie plappern einfach drauflos, ohne sich um eventuelle Fehler zu kümmern.

Kleine Kinder sind daran gewöhnt, nicht alles zu verstehen, was um sie herum passiert. Das gilt für Handlungen und Ereignisse ebenso wie für Sprache, unabhängig davon, ob es sich um die Erst- oder Zweitsprache handelt. Kinder im Kindergartenalter finden es im Allgemeinen nicht ungewöhnlich, wenn sie nicht alles verstehen, was sie hören. Für sie ist es völlig normal, dass sie Fehler machen, wenn sie versuchen, etwas auszudrücken oder nach etwas zu fragen. Sie gehen ohne jede Scheu sprachliche Risiken ein und probieren einfach aus, ob ihre Umgebung versteht, was sie sagen wollen. Denken Sie nur an all die Babyalben, in denen Eltern neben den Fotos die ersten Äußerungen ihrer Kinder festgehalten haben und in denen sich Sätze finden wie „Ich habe einen Keks geesst".

Dennoch fragen Sie sich als Eltern vielleicht, ob es Ihr Kind verwirren würde, wenn es bereits im Vorschulalter an eine Fremdsprache herangeführt wird. Kurz gesagt: nein. Wenn Kinder viele und qualitativ gute Möglichkeiten bekommen, die Zweitsprache zu hören und zu sprechen, wird das für sie völlig unproblematisch sein. Das Kindergartenalter ist ideal, um mit dem Erlernen einer Zweitsprache anzufangen.

Eltern wie Daniel und Larissa haben das selbst herausgefunden. Beide sind englische Muttersprachler, geboren und aufgewachsen in den USA. Daniel ist Ingenieur und wurde vor Kurzem nach Saudi-Arabien versetzt. Er und seine Frau haben eine dreijährige Tochter, Mary. Bevor sie Amerika verließen, fragten sie sich: „Sollen wir versuchen, Mary Arabisch beizubringen, während wir im Ausland sind?" Daniel und Larissa hatten nicht vor, länger als fünf Jahre in Saudi-Arabien zu bleiben, aber dennoch wünschten sie sich, dass Mary in der Lage sein würde, mit den arabischen Kindern zu sprechen und zu spielen und dabei gleichzeitig eine Fremdsprache zu lernen. Sollten sie das Geld in Arabischunterricht für Mary investieren? Oder sollten sie sich stattdessen darauf konzentrieren, sich vor Ort gut einzuleben und sich mit den Briten und Amerikanern anzufreunden?

Ihre Nachbarn und Arbeitskollegen waren der Meinung, für das Erlernen einer Fremdsprache gelte in jedem Falle „je früher, desto besser". Einer von Daniels Kollegen meinte, man müsse eine Sprache unbedingt vor dem sechsten Lebensjahr anfangen zu lernen, um sie wirklich beherrschen zu können. Als Beispiel dafür führte er sich selbst an: Er habe erst im Alter von 30 Jahren angefangen, Arabisch zu lernen, und noch heute, zehn Jahre später, tue er sich äußerst schwer mit dieser Sprache.

Hatte Daniels Kollege recht? Nun, völlig unbegründet ist die These nicht. Wie wir schon erwähnten, gibt es zwar keine Altersgrenze, vor deren Erreichen man mit dem Sprachenlernen beginnen muss, um die Sprache flüssig sprechen zu können. Aber wenn man die Zweitsprache akzentfrei sprechen will, ist es sicher hilfreich, sie so früh wie möglich zu hören. Auch die Forschung bestätigt im Allgemeinen, dass – was den Akzent betrifft – jünger generell besser ist. Dennoch gab es im Falle von Daniels Kollegen mit großer Wahrscheinlichkeit noch andere Ursachen, die dazu führten, dass er das Arabische nicht perfekt beherrschte. Das Alter war sicher nicht der einzige Grund. Neigung oder Talent spielen beim Spracherwerb ebenfalls eine große Rolle. Über diese Punkte werden wir noch an späterer Stelle im Buch sprechen. Lassen Sie uns zunächst schauen, was die Wissenschaft sagt: Ist jünger generell besser?

Aus der Forschung

Je jünger, desto besser?

1978 führten die Forscher Snow und Hoefnagel-Höhle eine Studie an englischen Muttersprachlern durch, die in Holland Niederländisch lernten. Sie verfolgten über den Zeitraum etwa eines Jahres die Lernerfolge von Sprachschülern unterschiedlicher Altersklassen (Vorschüler, Jugendliche und Erwachsene) und testeten regelmäßig alle vier oder fünf Monate auf verschiedene Fähigkeiten (zum Beispiel Aussprache, die Fähigkeit, unterschiedliche Arten von Sprachklängen zu unterscheiden, Vokabular und Grammatik). Interessanterweise fanden die Forscher heraus, dass der Lernerfolg bei den Schülern im Teenageralter am höchsten war. Im Vergleich sowohl zu den kleinen Kindern als auch zu den Erwachsenen lernten die Jugendlichen schneller Niederländisch.

Kurz gesagt: Die Forscher kamen zu dem Schluss, dass es im Hinblick auf den Akzent in der Tat besser sei, wenn man eine Sprache möglichst früh anfängt zu lernen. Aber für manche der anderen Aspekte, die letztendlich beim Beherrschen einer Sprache eine Rolle spielen, wie etwa Vokabular und Grammatik, spielt das Alter nicht notwendigerweise eine Rolle. Warum ist es für den Akzent besser, wenn man die Sprache schon im Vorschulalter lernt? Wahrscheinlich ist das so, weil kleinere Kinder – wie wir weiter oben beschrieben haben – noch über die Fähigkeit verfügen, viele neue Klänge wahrzunehmen und zu unterscheiden. Das gilt für die Erst- ebenso wie für die Zweitsprache. Ältere Sprachschüler dagegen haben häufig Schwierigkeiten, neue Sprachklänge überhaupt erst wahrzunehmen. Sie identifizieren nur die Laute, die sie aus ihrer Muttersprache kennen (und seit Jahren verwendet haben), und übertragen sie auf die Fremdsprache. Im Ungarischen zum Beispiel gibt es einen Laut, der für einen englischen Muttersprachler etwa wie ein „guh“ klingt. Es ist nicht wirklich exakt dieser Laut (er wird weiter vorne im Mund gebildet), aber englische Muttersprachler, die Ungarisch lernen, neigen dazu, den unbekannten Laut so auszusprechen, als würden sie in ihrer Muttersprache „guh“ sagen. Anders ausgedrückt: Sie ordnen den neuen Laut in das ihnen bekannte Lautsystem ein, indem sie ihn mithilfe eines ihnen vertrauten Lauts nachahmen und entsprechend aussprechen.

Der Einfluss der Muttersprache auf die Artikulation der Fremdsprache wird von der Wissenschaft als lautliche Interferenz bezeichnet, und sie betrifft sowohl die Aussprache einzelner Vokale und Konsonanten als auch die Melodie ganzer Sätze. Um diese Interferenz zu überwinden, müssen ältere Sprachschüler ihr gesamtes Lautsystem neu ordnen. Das ist keine leichte Aufgabe, und im Allgemeinen benötigen ältere Sprachschüler ein gezieltes Training, um zu lernen, die Lautunterschiede im Vergleich zu ihrer Muttersprache zu erkennen und auszusprechen. Babys und jüngere Sprachschüler benötigen ein solches Training normalerweise nicht. Ihre Gehirne und Lautsysteme sind noch flexibel genug, um die neuen Laute richtig hören und wie ein Muttersprachler bilden und aussprechen zu können. Natürlich spielen aber auch der Umfang und die Intensität der Interaktion in der Zweitsprache eine wichtige Rolle.

Merke

Jüngere Kinder besitzen häufig noch die Fähigkeit, viele neue Laute und Klänge in der Zweitsprache wahrzunehmen und zu unterscheiden, während ältere Sprachschüler in der Regel versuchen, die neuen Laute der Fremdsprache mithilfe der ihnen aus der eigenen Muttersprache bekannten Laute nachzuahmen.

Was passierte also mit Daniel, Larissa und Mary? Sie zogen nach Saudi-Arabien um und blieben dort für zwei Jahre. Während sie zu Hause weiterhin Englisch sprachen, lernte die ganze Familie mithilfe eines Privatlehrers Arabisch, und sie versuchten auch im Alltag ein wenig Arabisch zu sprechen. Darüber hinaus bemühten sie sich, Menschen außerhalb des englischsprachigen Kreises kennenzulernen. Sie bemerkten, dass Mary ziemlich schnell damit anfing, Laute, Klänge und Wörter aufzuschnappen, und großen Spaß hatte, spielerisch mit der neuen Sprache herumzuexperimentieren. Mary vergisst das Englische nicht und spielt gerne sowohl mit englisch- als auch mit arabischsprachigen gleichaltrigen oder etwas älteren Mädchen aus dem Frauen-Sprachzirkel, den ihre Mutter besucht. Larissa kämpft noch ein wenig mit der Aussprache (das Arabische hat einige Laute, die es im Englischen nicht gibt), aber sie macht Fortschritte. Daniel ist motiviert, die Sprache zu lernen, und genießt es, Arabisch zu sprechen und sogar manchmal in der Lage zu sein, die Witze seiner arabischen Kollegen zu verstehen. Daniel und Larissa sind glücklich, dass ihre Tochter Arabisch lernt, und diese Tatsache machte für sie den Auslandsaufenthalt noch interessanter und sinnvoller.

Es gibt noch einen weiteren großen Vorteil, wenn Kinder bereits im Vorschulalter beginnen, eine Zweitsprache zu lernen. In dem Alter fangen viele Kinder an, sich auch für Bücher zu interessieren. Heutzutage sind sich Eltern bewusst, wie wichtig es ist, ihren Kindern Geschichten und Bücher vorzulesen. Sie wissen, dass Vorlesen den Sprachschatz und die Lese- und Schreibfähigkeit ihrer Kinder fördert und damit auch eine Grundlage des späteren schulischen Erfolgs bildet. Wenn Sie Ihrem Kind in der Zweitsprache regelmäßig vorlesen, erzielen Sie damit dieselben Vorteile. Durch die vielen Online-Buchhändler, die es inzwischen gibt, wird es immer einfacher, ansprechende, interessante und sinnvolle Bücher in ganz verschiedenen Fremdsprachen zu finden (siehe dazu auch die Empfehlungen und Bezugsquellen im Anhang dieses Buches).

Tipps

So schaffen Sie für Ihr Kindergarten- oder Vorschulkind eine gute Umgebung für den Spracherwerb

- Integrieren Sie die Sprache spielerisch in Ihr tägliches Leben. Singen Sie zum Beispiel morgens Lieder in der Fremdsprache, spielen Sie Buchstaben-, Zahlen- und Ratespiele und küren Sie jeden Tag ein neues „Wort des Tages".
- Lesen Sie Ihrem Kind in der Fremdsprache Geschichten vor. Halten Sie auch das Vorlesen spielerisch, lustig und kurz. Ermutigen Sie Ihr Kind, mit dem Buch und Ihnen zu interagieren (Sie können gemeinsam die Geschichten nachspielen, lustige Grimassen ziehen, den Figuren unterschiedliche Stimmen geben).
- Suchen Sie Spielkameraden für ihr Kind, deren Muttersprache die von Ihnen gewählte Zweitsprache ist. Sorgen Sie dafür, dass diese Sprachtreffen Ihrem Kind Spaß machen, indem Sie dafür geeignete „Hilfsmittel" zur Verfügung stellen (Süßigkeiten, Spielzeuge oder Musikinstrumente, oder organisieren Sie eine Schnitzeljagd). Kinder lernen viel voneinander. Etwas ältere Kinder können gute Vorbilder für Ihr Kind sein.

- Suchen Sie nach Spielen in der Zielsprache, wie etwa Brett- oder Kartenspiele, die die Interaktion unter den Kindern fördern.
- Suchen Sie lustige Zeichentrickfilme oder Figuren, die die Fremdsprache sprechen.
- Basteln Sie gemeinsam mit Ihrem Kind und sprechen Sie dabei mit ihm in der Zweitsprache. Vielleicht können Sie auch andere kulturelle Aktivitäten gemeinsam mit ihrem Kind wahrnehmen, bei denen es mit der Zweitsprache in Berührung kommt (zum Beispiel eine fremdsprachige Führung durch ein für Kinder interessantes Museum).
- Spielen Sie Ihrem Kind Lieder in der Zweitsprache vor, etwa auf Autofahrten oder mit Kopfhörern in der Straßenbahn oder im Bus.
- Bleiben Sie immer enthusiastisch und positiv im Umgang mit der Zweitsprache und dem Lernprozess.
- Bleiben Sie bei Fehlern gelassen und werden Sie auf keinen Fall zu perfektionistisch. Korrigieren Sie Ihr Kind nicht ständig, sondern konzentrieren Sie sich stattdessen auf die Fortschritte, die es bereits erzielt hat.

Der Fremdsprachenerwerb des Schulkinds

Während kleinere Kinder häufig scheinbar mühelos Sprachen regelrecht aufsaugen (einschließlich solch lästiger Dinge wie Verbenkonjugation), scheinen ältere Schüler die Fähigkeit zu haben, schneller zu lernen. Diese Unterschiede in der Lerngeschwindigkeit scheinen sich jedoch letztendlich auszugleichen. Im Vergleich zu kleineren Kindern spielt bei älteren jedoch die Sprachbegabung eine größere Rolle (obwohl das nicht objektiv gesagt werden kann, denn die Begabung lässt sich besser messen, je älter Kinder werden). Wenn zwei ältere Kinder, die im selben Alter damit beginnen, eine Sprache zu lernen, nach fünf Jahren völlig unterschiedliche Ergebnisse erzielt haben, liegt das wahrscheinlich zumindest zum Teil an der jeweiligen Begabung. Bei Schulkindern ist es daher wichtig, die individuellen Stärken jedes einzelnen Kindes zu nutzen. So sind ältere Kinder im Vergleich zu jüngeren häufig in der Lage, manche grammatischen Regeln zu verstehen oder sogar darüber zu sprechen. Diese Fähigkeit können Eltern und Lehrer gezielt nutzen, um ihrem Kind den Erwerb der Fremdsprache zu erleichtern. Generell lässt sich festhalten, dass viele Menschen, die erst nach der frühen Kindheit damit angefangen haben, eine Fremdsprache zu lernen, zufrieden mit ihrem Lernerfolg sind und ihre Zweitsprache gut beherrschen.

Schulkinder erwerben innerhalb kürzester Zeit viele akademische Fähigkeiten, die ihnen beim Erlernen einer Zweitsprache helfen können. Zum Beispiel begünstigt die Fähigkeit, lesen und schreiben zu können, nicht nur die Entwicklung eines Bewusstseins für die Grammatik der Zweitsprache, sie eröffnet auch eine zusätzliche Möglichkeit, die Wörter der Zweitsprache zu verstehen und im Gedächtnis zu behalten. Schulkinder haben den großen Vorteil, dass ihre Gehirne neue Informationen noch ähnlich wie ein Schwamm aufsaugen und gleichzeitig schon in der Lage sind, einige der mentalen Werkzeuge zu nutzen, die zu handhaben sie bereits erlernt haben. Von Eltern wurden wir häufig nach dem Zusammenhang zwischen sprachlichem Können und der Fähigkeit, lesen und schreiben zu lernen, gefragt. Zum Beispiel fragen sich Eltern, ob das Erlernen einer Zweitsprache in der Grundschule das Lernen von Lesen und Schreiben beeinträchtigen könnte. Genau das Gegenteil ist jedoch der Fall. Bilingualität, Sprachbewusstsein und Lesen und Schreiben beeinflussen sich gegenseitig positiv. Ist es also zu früh oder zu spät, wenn Kinder in der Grundschule eine Fremdsprache lernen? Nein, auf keinen Fall!

Nach Abschluss der Grundschule, wenn sie weiterführende Schulen besuchen, haben Kinder bereits beeindruckende kognitive Fähigkeiten entwickelt. Sie fangen an, Dinge wie Algebra und Computersprachen zu lernen, und manche dieser analytischen Fähigkeiten sind hilfreich beim Erlernen der Grammatik einer zweiten Sprache.

In Deutschland beginnt der Fremdsprachenunterricht in der Schule heute häufig bereits in der dritten Jahrgangsstufe der Grundschule, spätestens jedoch in der weiterführenden Schule. Ab der fünften Klasse ist eine Fremdsprache verpflichtend, unabhängig davon, ob es sich um eine Haupt- oder Realschule oder um ein Gymnasium handelt. In Realschulen kann ab der siebten Klasse eine zweite Sprache hinzugewählt werden, in Gymnasien umfasst der Unterricht in den Jahrgangsstufen fünf bis zehn sogar verpflichtend mindestens zwei Fremdsprachen. Die erste Fremdsprache in der Schule ist meist Englisch oder Französisch, manchmal eine andere moderne Fremdsprache, wie etwa Russisch oder in Grenzregionen die Sprache des Nachbarlandes. Bei altphilologisch orientierten Gymnasien können die Schüler auch Latein oder Altgriechisch wählen. Die zweite Fremdsprache wird ab der siebten Jahrgangsstufe unterrichtet und ist meist je nach Lehrangebot der Schule frei wählbar.

Das wirft für Eltern, die sich wünschen, dass ihr Kind mehr als nur das übliche Schulniveau in einer Fremdsprache erreicht, Fragen auf. Ist ein Kind in diesem Alter überhaupt noch in der Lage, eine Fremdsprache so gut zu lernen, dass es sie später flüssig sprechen kann? Sollte als Zweitsprache eine der Sprachen gewählt werden, die das Kind sowieso in der Schule lernt? Oder kann das Kind als Zweitsprache eine zusätzliche Sprache erlernen, die nicht Teil des regulären Schulunterrichts ist? Und wird die Konzentration auf eine Fremdsprache als Zweitsprache das Kind nicht überfordern und die weiteren schulischen Leistungen beeinträchtigen? Sind die schulischen Belastungen für Kinder heute nicht ohnehin groß genug?

Zugegeben: Wir können mit diesem Buch nicht alle Ängste von Eltern beseitigen. Wir wünschten uns, dass alle Kinder bereits vor dem Besuch einer weiterführenden Schule an eine Fremdsprache herangeführt werden könnten, zum Beispiel durch sprachorientierte Ferienlager oder andere außerschulische Aktivitäten. Wenn Eltern die Einstellung ihrer Kinder zu Fremdsprachen und zum Sprachenlernen positiv fördern, kann das auf lange Sicht zu einer extrem bereichernden Erfahrung für die Kinder werden. Obwohl also ältere Kinder Sprachen nicht mehr so mühelos lernen wie kleinere Kinder, heißt das noch lange nicht, dass es für ältere Kinder schon zu spät sein muss. Es sollten jedoch andere Formen der Herangehensweise gewählt und das Kind strategisch unterstützt werden. Ist es also zu spät, wenn Kinder erst in der weiterführenden Schule mit dem Lernen einer Zweitsprache anfangen? Sie haben es erraten: Nein!

Wie unterstützt man ein Kind strategisch sinnvoll beim Erlernen einer Fremdsprache? Die meisten größeren Kinder profitieren davon, wenn man auf Grammatik und Vokabular besonderen Wert legt. Das heißt jedoch nicht – und wir werden nicht müde, es zu wiederholen –, dass ältere Kinder eine Fremdsprache am besten lernen, wenn sie unentwegt endlose langweilige Vokabellisten und Listen mit Grammatikregeln pauken. Auch bei älteren Kindern gilt: Sprache lernt man am besten, wenn man sie in den Alltag integriert und sie aktiv lebt, also spricht. Sinn- und inhaltsvolle sprachliche Interaktion ist grundlegend für Sprachschüler jeden Alters. Ältere Kinder sollten jedoch darüber hinaus gezielt, ihrem eigenen Lernstil und ihren persönlichen Fähigkeiten entsprechend, gefördert werden. Manche Kinder können großen Nutzen aus einem wöchentlichen privaten Sprachaustausch mit anderen Kindern ziehen, durch den sie regelmäßig die Möglichkeit erhalten, ihre Ausdrucks- und Sprechfähigkeit zu trainieren und zu kontrollieren. Auch Fehlerkorrekturen, die – wie schon erwähnt – bei kleineren Kindern sinnlos oder entmutigend sein können, können bei älteren Kindern effektiv sein, insbesondere, wenn man gezielt und behutsam vorgeht und Lob und Korrektur ausgewogen einsetzt. Aufgrund ihrer größeren analytischen Fähigkeiten empfinden ältere Kinder Korrekturen oft als hilfreich.

Jüngere Kinder lernen linguistische Details häufig automatisch, ebenso wie Muttersprachler. Im Gegensatz dazu vernachlässigen ältere Kinder oft sprachliche Details, selbst wenn sie ernsthaft versuchen, wie ein Muttersprachler zu klingen. Das betrifft insbesondere linguistische Elemente, die die Bedeutung des Gesagten nicht sehr verändern, wie zum Beispiel im Englischen das -s am Ende der Verben in der dritten Person Singular oder im Deutschen die korrekte Verwendung der Vergangenheitsformen Perfekt oder Imperfekt (die im Übrigen auch nur wenige deutsche Muttersprachler korrekt beherrschen oder anwenden). Diese Art von Fehlern passiert nicht zwangsläufig jedem älteren Schüler, aber Sie als Eltern sollten sich darüber bewusst sein, dass ältere Sprachschüler im Gegensatz zu jüngeren häufiger mit solchen Fehlern zu kämpfen haben.

Merke

Ältere Kinder benötigen häufig ein wenig mehr Unterstützung und Ermutigung und ziehen größeren Nutzen aus klaren Anweisungen.

Wir können es nicht oft genug wiederholen: Idealerweise sollten Sie Ihrem Kind, so oft es geht, die Möglichkeit bieten, eine Zweitsprache zu sprechen und zu hören, unabhängig davon, wie alt Ihr Kind ist. Aber wenn Sie sich entscheiden, Ihr Kind erst dann an eine Fremdsprache heranzuführen, wenn es schon ein wenig älter ist, benötigt es zusätzliche Unterstützung, um die Grammatik der Sprache korrekt lernen zu können. Während also bei Kleinkindern der Spielplatz und möglichst viel sprachliche Zuwendung ausreichend sein können, kann es sein, dass Ihr Schulkind – insbesondere, wenn es bereits eine weiterführende Schule besucht – auch großen Nutzen aus formalem Sprachunterricht zieht.

Aus der Forschung

Wird mein Schulkind jemals so wie ein Muttersprachler klingen?

Die meisten Forscher sind sich einig, dass es auch dann möglich ist, eine Sprache ohne merkbaren Akzent zu sprechen, wenn man sie erst nach dem Kleinkindalter anfängt zu erlernen. Aber das ist wahrscheinlich eher die Ausnahme als die Regel. Zum Beispiel testeten 1999 Flege, Yeni-Komshian und Liu das Englisch von 240 koreanischen Immigranten in den USA. Ziel der Studie war es, herauszufinden, wie stark ihr Akzent im Englischen war, beziehungsweise, ob ihr Englisch wie das eines Muttersprachlers klänge. Alle 240 Testteilnehmer lebten seit mindestens acht Jahren in den USA und besuchten dort seit durchschnittlich zehn Jahren eine Bildungseinrichtung (Schule oder Universität). Der jüngste Teilnehmer war bereits im Alter von drei Jahren in die USA eingewandert, der älteste erst mit 21.

Insgesamt fanden die Forscher heraus, dass der koreanische Akzent stärker war, je später die Immigranten in den Vereinigten Staaten angekommen waren. Das klingt nicht allzu ermutigend, mögen Sie denken. So schlimm ist es aber wieder nicht. Wenn auch nur wenige, so klangen doch auch von den älteren Koreanern einige so wie Muttersprachler. Es ist also durchaus möglich, dass ältere Sprachschüler lernen, eine Fremdsprache akzentfrei zu sprechen. Und zwar unabhängig davon, in welchem Alter sie mit dem Sprachenlernen begonnen haben.

Merke
Die „Superstars" unter den Sprachschülern haben die Zweitsprache häufig unter besonders idealen Bedingungen erworben: mit intensivem Training und regelmäßigem, lebendigem sprachlichem Austausch. Und sie waren meist besonders motiviert.

Warum also schaffen es manche Schüler, die erst später mit dem Spracherwerb begonnen haben, eine solch hervorragende Aussprache zu erlangen? Forschungsergebnisse lassen vermuten, dass diese „Stars" unter den Sprachschülern (die erst spät mit dem Spracherwerb angefangen haben und dennoch wie ein Muttersprachler klingen) ihr Ausspracheniveau nur durch eine Kombination mehrerer Faktoren erreichen konnten: 1. häufige Interaktion in der Fremdsprache, 2. hohe Motivation, 3. natürliche Begabung und 4. intensives Training. Punkte wie Motivation und Begabung diskutieren wir an späterer Stelle im Kapitel über individuelle Merkmale und Faktoren; im Kapitel über Sprachprogramme und Lehrer erfahren Sie mehr über das intensive Training. Der maßgebliche Punkt dieses Kapitels ist es, dass Ihr Kind auch dann noch lernen kann, akzentfrei eine Zweitsprache zu sprechen, wenn Sie entscheiden, es erst im Schulalter an die Sprache heranzuführen. Aber: Wenn Sie großen Wert auf die Aussprache legen, wird Ihr Kind auch entsprechend viel qualitativ hochwertige sprachliche Zuwendung benötigen. Und zwar mit Sicherheit mehr als die ein bis zwei Stunden Sprachunterricht, die im Normalfall in den Schulen angeboten werden.

„Wie wichtig ist der Akzent denn überhaupt?"

Unter Berücksichtigung dieser Forschungsergebnisse sollten Sie sich fragen, wie wichtig es für Ihr Kind ist, wie ein Muttersprachler zu klingen. Eine bestimmte Sprache zu sprechen wird häufig auch mit einer bestimmten Identität in Verbindung gebracht. Und alle Kinder werden im Laufe der Zeit ein eigenes Gefühl dafür entwickeln, ob und wie viel dieser Identität sie annehmen wollen. Ein Akzent kann als Merkmal für die Herkunft einer Person wahrgenommen werden, und manche Menschen finden heraus, dass sie gerade das mögen und darauf Wert legen.

Das Erlernen einer Fremdsprache kann ein Baustein für die Bildung der eigenen Persönlichkeit sein, und Eltern können das Sprachenlernen als einen Weg nutzen, auf dem ihre älteren Kinder ihre eigene Identität erforschen und herausbilden können. Manche Kinder werden sich vielleicht wünschen, sich als vollwertiges Mitglied einer bestimmten Gruppe vollständig zu assimilieren, während andere ihre unverwechselbare eigene Identität aufrechterhalten wollen und es vorziehen, sich zwischen beiden Gruppen hin- und herzubewegen. Sie werden fasziniert sein zu beobachten, wie sich der Akzent Ihres Kindes entwickeln wird und wie er sich ebenso rasch verändern kann, je nachdem wo ihr Kind sich gerade aufhält und mit wem es zu tun hat.

Merke

In der gewählten Fremdsprache exakt wie ein Muttersprachler zu klingen ist weniger wichtig als die Fähigkeit, in der Sprache zu kommunizieren und Spaß beim Sprechen der Sprache zu haben.

Auch sollten Sie keinesfalls die allgemeinen Grundlagen der sozialen und emotionalen Entwicklung Ihres Kindes außer Acht lassen, denn diese Faktoren sind in dem Alter besonders wichtig. Die meisten Psychologen würden sagen, dass Kinder im Normalfall vor dem Erreichen des etwa achten Lebensjahres noch keinen ausgeprägten Sinn für Selbsteinschätzung entwickelt haben. Anders ausgedrückt: Weder bewerten sie sich selbst und ihr Verhalten, noch kritisieren sich selbst nachträglich für etwas. Je mehr sie jedoch lernen, die Standpunkte und Sichtweisen anderer Menschen mit einzubeziehen, desto mehr beginnen sie auch, sich Gedanken darüber zu machen, wie sie von anderen wahrgenommen werden. Etwa im elften oder zwölften Lebensjahr kann manchmal das Selbstwertgefühl abnehmen, weil die Kinder dann beginnen, sich selbst kritischer zu betrachten. Diese Veränderung in der Meinung über sich selbst kann auch die Motivation für das Erlernen einer Fremdsprache beeinflussen. Zum Beispiel scheinen jüngere Schüler furchtloser in eine zweite Sprache einzutauchen (etwa beim Immersionsunterricht im Kindergarten): Sie haben Spaß an der sozialen Interaktion und lassen sich regelrecht in die Sprache hineinfallen. Und das, selbst wenn sie viele Fehler machen. Im Gegensatz dazu könnte ein zwölfjähriger Sprachschüler auf eine solche Erfahrung viel schüchterner reagieren oder sich sogar komplett eingeschüchtert fühlen. Ein solches Kind könnte von Anfang an von gezielter Anleitung und bestimmten Strategien profitieren, um sich so ein wenig sicherer zu fühlen.

Tipps

So schaffen Sie für Ihr Schulkind eine optimale Umgebung für den Spracherwerb

- Haben Sie Spaß an der Sprache und vermitteln Sie diesen Ihrem Kind durch Wortspiele, Rätsel, Witze und Cartoons in der Zweitsprache.
- Lesen Sie gemeinsam mit Ihrem Kind in der Zweitsprache. Noch besser ist es, wenn Ihr Kind Ihnen vorliest. Ermutigen Sie Ihr Kind, sich Lieblingsbücher auszusuchen, und lesen und diskutieren Sie diese gemeinsam.
- Suchen Sie andere Kinder, die die gewählte Sprache sprechen, und lassen Sie Ihr Kind mit ihnen spielen und interagieren. Sorgen Sie dafür, dass diese Sprach-Verabredungen Spaß machen. Sie könnten zum Beispiel eine Sammlung an Karten- und Brettspielen zur Verfügung stellen.
- Besorgen Sie sich eine Zeitung in der Fremdsprache, schneiden Sie die Überschriften aus und diskutieren Sie darüber mit Ihrem Kind.
- Organisieren Sie eine regelmäßige Aktivität in der gewählten Sprache. Sie könnten gemeinsam ein bestimmtes Gericht aus dem Herkunftsland der Sprache kochen und währenddessen ausschließlich in der Zweitsprache sprechen.
- Suchen Sie gemeinsam Musik oder Musiker aus, die Sie beide mögen, kaufen Sie eine CD oder laden Sie sie im Internet von einem Download-Shop herunter. Hören Sie die Musik regelmäßig zusammen und diskutieren Sie darüber, was der Text aussagt. Es gibt viel fremd- oder zweisprachige Musik, die Schulkinder gerne hören.

- Versuchen Sie das Interesse und Engagement Ihres Kindes zu fördern und aufrechtzuerhalten, indem Sie immer neue Aktivitäten finden oder häufig variieren. Machen Sie jede Woche etwas Neues in der Fremdsprache, das kann zum Beispiel ein Kinofilm in Originalsprache sein.
- Ermutigen Sie Ihr Kind, sich einen Brieffreund zu suchen, der Muttersprachler in der gewählten Sprache ist. Es gibt im Internet viele Websites, die Ihnen beim Finden eines ausländischen Brieffreundes helfen können.
- Sollten Sie Familienangehörige in dem Land haben, in dem die Zweitsprache gesprochen wird, versuchen Sie entweder einen gemeinsamen Besuch des Landes zu organisieren oder alles über das Land zu lernen, indem Sie gemeinsam im Internet surfen. Sammeln Sie die Informationen in einem Ordner und ergänzen Sie diese regelmäßig. Nichts motiviert einen Sprachschüler mehr als eine Reise, und die Erfahrung, eine Sprache im Alltag zu erleben, ist unbezahlbar.
- Bleiben Sie optimistisch und positiv. Minimieren Sie den Stress.
- Legen Sie keinen übermäßig großen Wert auf perfekte Ergebnisse.

Wir fassen zusammen

Viele Eltern machen sich Gedanken darüber, welcher der richtige Zeitpunkt ist, zu dem sie ihr Kind an eine Zweitsprache heranführen sollten. Die Quintessenz dieses Kapitels lautet, dass es nie zu früh oder zu spät ist, um mit dem Erlernen einer neuen Sprache anzufangen. Der beste Zeitpunkt ist genau jetzt!

Die vielleicht wichtigste Aufgabe der Eltern ist es, für ihr Kind eine maßgeschneiderte Lernumgebung zu schaffen und die Lernstrategien dem Alter des Kindes entsprechend auszuwählen. Kleine Kinder lernen am erfolgreichsten, wenn sie viel sprachliche Zuwendung bekommen und mit der fremden Sprache herumspielen können. Sie müssen sich also bei Dreijährigen keine Sorgen um Grammatik machen. Es ist viel wichtiger, sie regelmäßig mit lustigen und interessanten Dingen zu beschäftigen.

Ältere Kinder dagegen lernen am besten, wenn ihre möglichst häufige Interaktion in der Fremdsprache gleichzeitig durch explizite Lerninhalte unterstützt wird, die sich auf bestimmte Merkmale der Sprache konzentrieren. Diese Kinder haben bereits hoch entwickelte abstrakte und analytische Denkfähigkeiten und können sie nutzen. Sie sollten jedoch beachten, dass der Kontext stets aussagekräftig sein muss. Es könnte auch sein, dass Sie unterschiedliche Methoden zur Steigerung und Aufrechterhaltung der Motivation Ihres Kindes einsetzen müssen. In der Praxis bedeutet das, dass alle Beteiligten sich darauf konzentrieren sollten, den Sprachlernprozess so positiv, lustig, interaktiv und verbindlich zu gestalten wie möglich, und sich weniger Sorgen darum zu machen, welche sprachlichen Fähigkeiten und Möglichkeiten Kinder in einem bestimmten Alter angeblich haben oder nicht.

Übung
Ideen, wie Sie für Ihr Kind eine positive Umgebung für den Spracherwerb schaffen können

Wir haben in diesem Kapitel darüber gesprochen, wie wichtig es ist, Ihrem Kind dabei zu helfen, eine positive Einstellung und eine hohe Motivation zum Erlernen der neuen Sprache zu entwickeln – unabhängig vom Alter Ihres Kindes. Nehmen Sie sich ein paar Minuten Zeit, um Ideen zu sammeln, wie Sie das umsetzen können. Am Ende des Buches finden Sie eine Auswahl möglicher Antworten (siehe Quellenangaben).

5
Wie beeinflussen individuelle Merkmale und Faktoren den Lernprozess Ihres Kindes: Position in der Geburtsreihenfolge, Geschlecht, Persönlichkeit und bevorzugte Lernmethoden?

In diesem Kapitel sprechen wir über die Rolle von vier Faktoren, die sich auf den Zweitsprachenerwerb Ihres Kindes auswirken können: die Geburtsreihenfolge, das Geschlecht, die Persönlichkeit und die Sprachbegabung. Nachdem wir gezeigt haben, wie diese Merkmale den Spracherwerb beeinflussen können, werden wir Ihnen praktische Tipps geben, die Ihnen dabei helfen, diese Faktoren zu nutzen beziehungsweise auszugleichen.

Am Ende des Kapitels werden Sie wissen, wie sich die individuellen Eigenschaften Ihres Kindes auf den Fremdsprachenerwerb auswirken und wie Sie ihm dabei helfen können, genau diese zu nutzen, um den Lernprozess zu optimieren.

Die Position in der Geburtsreihenfolge

Nehmen wir einmal an, das jüngere Kind einer Familie lernt scheinbar langsamer als seine älteren Geschwister oder umgekehrt. Ist das normal oder muss man sich Sorgen darüber machen? Fragen, die sich im Zusammenhang mit der Geburtsreihenfolge stellen, beschäftigen monolinguale Familien ebenso wie bilinguale. Jakob und Magdalena stammen aus Deutschland und leben seit vielen Jahren in den USA. Sie haben zwei Söhne, Zack und Hans, die sie zweisprachig deutsch und englisch erziehen. Sie glauben, dass das ihren Söhnen in ihrem späteren Leben einen Vorteil verschaffen wird. Allerdings sind ihnen einige erstaunliche Dinge aufgefallen. Zack, ihr älterer Sohn (er ist jetzt dreieinhalb Jahre alt), fing mit zwölf Monaten an zu sprechen und verfügte im Alter von zwei Jahren sowohl auf Deutsch als auch auf Englisch über ein recht umfangreiches Vokabular. Hans (der gerade zwei geworden ist) scheint eher ein Spätentwickler zu sein, sein Vokabular in beiden Sprachen ist vergleichsweise gering. Jakob und Magdalena machen sich Sorgen: Warum besteht zwischen ihren Kindern ein so großer Unterschied in der Sprachentwicklung? Wird Hans jemals aufholen? Und was können sie tun, um ihm zu helfen?

Forscher haben herausgefunden, dass Erstgeborene beim Erwerb der Erstsprache, also der Muttersprache, einen Vorteil gegenüber ihren jüngeren Geschwistern haben. Die nachfolgenden Kinder haben häufig ein unbedeutend geringeres Vokabular, als ihre größeren Brüder und Schwestern im selben Alter hatten, und sie fügen ihrem Vokabular im Vergleich zu ihren älteren Geschwistern seltener neue Wörter hinzu. Warum entwickeln sich Erstgeborene in dieser Hinsicht schneller als ihre Geschwister? Erstens haben sie mehr Zeit. Einfach ausgedrückt: Je mehr Kinder in einer Familie leben, desto weniger Zeit haben die Eltern für jedes einzelne Kind. Die jeweils ältesten Kinder kommen für eine gewisse Zeit lang in den Genuss der ungeteilten Aufmerksamkeit ihrer Eltern (und wenn sie Einzelkinder sind, enden diese goldenen Jahre niemals). Später geborene Kinder müssen sich das Rampenlicht mit ihren älteren Geschwistern von Anfang an teilen. Die Forschungsergebnisse weisen darauf hin, dass zwischen der Dauer der Zeit, die Kinder mit ihren Eltern verbringen, und dem Umfang ihres Vokabulars ein Zusammenhang besteht, der zwar nicht einzig ausschlaggebend, aber dennoch durchgängig nachgewiesen ist. Diese leichten Unterschiede zwischen älteren und jüngeren Geschwistern im Hinblick auf Zeitdauer und Lernerfolg sollten in der Familie kein Grund zur Besorgnis sein, denn sie sind leicht auszugleichen.

Eine andere Ursache ist die Art der Sprache, die Erstgeborene hören. Eltern spielen mit ihren Erstgeborenen und Einzelkindern im Normalfall viele Sprachspiele, mit denen die Kleinkinder lernen sollen, wie bestimmte Dinge heißen („Wo ist deine Nase?“, „Ist das ein Hündchen oder ein Schweinchen?“), und die dazu führen, dass sich deren Vokabular schnell um eine große Zahl von Substantiven erweitert. Jüngere Kinder dagegen hören von ihren Eltern und Geschwistern häufig auch völlig andere Dinge, wenn diese sich unterhalten: „Huhu“, „Lass mal gucken“ und „Lass das!“. Das ist völlig normal und unumgänglich. Es hat jedoch auch einen Vorteil. Da jüngere Geschwister häufig Gesprächen zwischen mehr als zwei Personen lauschen, entwickeln sie bestimmte Gesprächsfähigkeiten früher als ihre älteren Geschwister: zum Beispiel, wie man jemanden unterbricht und sich Aufmerksamkeit verschafft. Oder zu verstehen, von wem die Rede ist, wenn Pronomen wie „er" oder „sie" verwendet werden.

Die These, dass ältere Geschwister gegenüber ihren jüngeren Brüdern und Schwestern sprachlich im Vorteil sind, weil sie verstärkt in den Genuss der ungeteilten Aufmerksamkeit ihrer Eltern kommen, wurde für den Erstsprachenerwerb in Studien belegt. Wie aber ist es mit dem Zweitsprachenerwerb? In einer Untersuchung von 2002 untersuchte die Forscherin Sarah Shin in den USA lebende koreanische Einwandererfamilien mit mehr als einem Kind. Ziel ihrer Forschung war es, herauszufinden, wie in diesen Familien das Koreanische und das Englische verwendet wurden. Aus denselben Gründen wie oben bereits geschildert war die Sprachkompetenz in beiden Sprachen bei den Erstgeborenen höher als bei ihren jüngeren Geschwistern.

Aus der Forschung

Die Verwendung der Zweitsprache in Familien mit mehr als einem Kind

Shin untersuchte die sprachlichen Erfahrungen der zweiten Generation koreanisch-amerikanischer Einwandererkinder im Schulalter (vier bis 18 Jahre) aus 204 Familien. Sie fand große Unterschiede zwischen den einzelnen Geschwistern, abhängig davon, als wievieltes Kind diese zur Welt gekommen waren. 79 Prozent der erstgeborenen, 66 Prozent der zweitgeborenen, aber lediglich 43 Prozent der drittgeborenen Kinder sprachen mit ihren Eltern Koreanisch. Die Erstgeborenen erhielten von ihren Eltern deutlich mehr direkte sprachliche Zuwendung als ihre jüngeren Geschwister. Shin empfiehlt daher, dass ältere Kinder dazu motiviert werden sollten, ihren weniger erfahrenen und sprachkompetenten jüngeren Geschwistern beim Lernen und Sprechen der Zweitsprache zu helfen. Und die Eltern sollten ein Bewusstsein dafür entwickeln, dass sie eventuell mit den jüngeren Kindern sowohl im Allgemeinen als auch in der Zweitsprache weniger sprechen als mit den älteren, und entsprechend versuchen, dieses Verhalten zu korrigieren.

Was passiert, wenn die älteren Geschwister in die Schule kommen?

Sobald ein Kind in die Schule geht, tendiert es dazu, die Sprache dieser neuen und spannenden Umgebung anzunehmen. Viele Eltern, die versuchen, ihre Kinder zweisprachig zu erziehen, beschreiben das als eine wichtige Übergangsphase. Nasim etwa stammt aus dem Iran, lebt in den USA und ist Mutter zweier Kinder – Nika und Andisheh. Sie berichtet über ihre Versuche, das Persische als Familiensprache aufrechtzuerhalten. Während ihr das bei ihrer ersten Tochter noch gut gelang, wurde es viel schwieriger, als die jüngere Schwester zur Welt kam. Nasim erklärt das so: „Meine erste Tochter, Nika, habe ich erst im Alter von dreieinhalb Jahren in eine Kindertagesstätte gegeben. Sie war also dreieinhalb Jahre lang fast ausschließlich pures Persisch gewohnt, denn es gab bei uns zu Hause niemanden, der eine andere Sprache mit ihr sprach. Alles um sie herum war persisch. Meine jüngere Tochter Andisheh dagegen wächst anders auf. Nika bringt ihre Freunde mit nach Hause, diese sprechen Englisch, und Andisheh antwortet auf Englisch. Es ist alles irgendwie weniger klar organisiert bei Andisheh, als es bei Nika war."

Wenn ein älteres Geschwisterteil in die Schule kommt, wird es viel schwieriger, die Verwendung der Landessprache (im oben geschilderten Fall Englisch) zu Hause einzugrenzen. Schulaufgaben und Freizeitaktivitäten vermischen sich, und manchmal ist es schwierig, auch noch Zeit für diejenigen Aktivitäten zu finden, bei denen ursprünglich die Zweitsprache Verwendung fand. Weil die älteren Kinder in der Schule die Landessprache sprechen, verwenden sie diese auch verstärkt, wenn sie zu Hause sind. Sie beeinflussen damit automatisch auch die Sprachgewohnheiten ihrer jüngeren Geschwister.

Wie Sie erkennen, ob Ihr jüngeres Kind zusätzliche Hilfe benötigt

Jüngere Kinder neigen meist dazu, dem Vorbild ihrer älteren Geschwister zu folgen. Wenn Sie sich das Ziel gesetzt haben, dass Ihre Kinder eine Minderheitensprache erlernen sollen (darunter versteht man eine Sprache, die außerhalb der Familie im Allgemeinen nicht gesprochen wird), könnte es erforderlich werden, dass Sie selbst sich ein wenig mehr anstrengen, um sicherzustellen, dass auch Ihr jüngeres Kind ausreichende sprachliche Zuwendung bekommt. Nutzen Sie zum Beispiel ein wenig der Zeit, während der Ihr älteres Kind in der Schule ist, für sprachbasierte Aktivitäten, wie etwa zweisprachige Eltern-Kind-Gruppen oder gemeinsames Lesen und Vorlesen (siehe dazu auch Kapitel 6). Vielleicht erklären Sie Ihrem älteren Kind, dass es als „großer Junge“ oder „großes Mädchen“ eine wichtige Rolle für das Sprachenlernen seiner jüngeren Geschwister spielt, und regeln die Sprachverwendung zu Hause in einer Art „Familiengesetz“. Wenn Ihre Kinder ein gutes Verhältnis zueinander haben, könnten Sie auch versuchen, aus der Familiensprache eine „Geheimsprache“ zu machen, die die Geschwister untereinander sprechen können, wenn sie nicht möchten, dass andere Kinder sie verstehen. Möglich wäre es auch, die Zweitsprache als etwas Begehrenswertes darzustellen, das kleine Kinder unbedingt können wollen, vergleichbar damit, dass die ältere Schwester sich schon die Schuhe selbst zuschnüren kann. Als Eltern sind wir alle recht erfinderisch und haben ständig neue Ideen, wie wir unsere Kinder zu bestimmten Dingen motivieren können, wie etwa auf die Toilette zu gehen, statt in die Windel zu machen. Ähnliche „Tricks“ für das Sprachenlernen zu entwickeln erfordert vielleicht ein wenig mehr Aufwand und Erfindungsgabe, lohnt sich aber in jedem Fall.

Tipps

- Versuchen Sie so häufig wie möglich Zeit mit jedem Kind einzeln zu verbringen. Das kann so simple Dinge beinhalten, wie eine kurze Geschichte vorzulesen, ein Spiel zu spielen oder gemeinsam einkaufen zu gehen. Nutzen Sie diese Zeit, um mit Ihrem Kind die Zweitsprache zu sprechen. Wenn Ihre älteren Kinder bereits zur Schule gehen, legen Sie während der Zeit, die Sie mit Ihrem jüngeren Kind alleine verbringen, noch größeren Wert auf die Sprache.
- Versuchen Sie das Vokabular Ihrer Kinder zu fördern, indem Sie genaue Bezeichnungen und Verben verwenden anstatt allgemeiner Begriffe wie tun und Ding. Erklären Sie die Wörter Ihrem Kind (und üben und wiederholen Sie das öfter).

- Bleiben Sie gelassen, wenn Sie feststellen sollten, dass Ihre jüngeren Kinder nicht dasselbe Sprachniveau erreichen, das ihre älteren Geschwister in demselben Alter hatten. Wenn ein jüngeres Kind sich langsamer entwickeln sollte, holt es das im Normalfall später wieder auf.
- Manchmal gewöhnen sich ältere Kinder an, für ihre jüngeren Kinder zu übersetzen. Sollte das der Fall sein, sollten Sie die älteren Kinder auffordern, ihre Geschwister selbst reden zu lassen. Aber gleichzeitig sollten Sie sie in ihrer Rolle als Sprachlehrer bestätigen.
- Verlassen Sie sich auf Ihren Instinkt. Niemand kennt Ihre Kinder besser als Sie selbst. Wenn Sie den Eindruck haben, eines Ihrer Kinder hätte wirkliche Schwierigkeiten beim Erlernen der Zweitsprache, ziehen Sie einen Profi zurate (etwa einen Logopäden oder Sprachtherapeuten).

Mädchen und Jungen

Die meisten Eltern beobachten zwischen Mädchen und Jungen große Unterschiede. Wussten Sie etwa, dass es natürlich ist, dass sich schon um ihren ersten Geburtstag herum die meisten Jungen wie Magnete von Spielsachen wie Zügen oder Lastwagen angezogen fühlen, während Mädchen automatisch zu Puppen oder Kuscheltieren greifen? Ebensolche Unterschiede gibt es auch beim Sprechen und Sprachenlernen. Und Eltern sollten diese kennen und verstehen, um ihre Kinder entsprechend fördern zu können. Forscher haben herausgefunden, dass Mädchen im Allgemeinen ein wenig früher anfangen zu sprechen und dass sich ihr Vokabular schneller entwickelt als bei Jungen. Studien, die sich auf spezifischere sprachliche Details fokussieren, wie etwa die Komplexität der kindlichen Sprache (diese wird zum Beispiel gemessen, indem man die Anzahl der Wörter zählt und dann den Durchschnitt bildet: „Meines!" – ein Wort; „Ich will sofort meinen blauen Lastwagen haben" – sieben Wörter), haben auch hier Unterschiede belegt, und wieder sind Mädchen in der Regel den Jungen gegenüber im Vorteil. Auch das generelle

Sprachverständnis (das heißt, die Bedeutung des Gehörten zu erfassen) ist bei Mädchen im Normalfall besser entwickelt als bei Jungen.

Dass es solche Unterschiede in der sprachlichen Entwicklung gibt, könnte daran liegen, dass Mädchen sich im Allgemeinen schneller und früher entwickeln als Jungen. Zum Beispiel haben Studien nachgewiesen, dass die Gehirne der Mädchen schneller und leicht anders reifen. So haben etwa weibliche Säuglinge typischerweise längere Aufmerksamkeitsspannen als männliche. Im Vergleich zu Jungen sind Mädchen über einen längeren Zeitraum in der Lage, Gesprächen zu folgen oder sich zu konzentrieren. Diese Fähigkeit, Dingen in ihrer Umgebung Aufmerksamkeit zu schenken, ist grundlegend für die Entwicklung der Sprache. Denn wer nicht zuhört, kann schließlich auch nichts lernen. Ebenso haben Forscher herausgefunden, dass neugeborene Mädchen das Gesicht ihrer Mutter aufmerksamer betrachten als Jungen. Es könnte also sein, dass Mädchen ihre Mütter auch stärker beim Sprechen beobachten. Diese biologischen Unterschiede scheinen von Geburt an festgelegt zu sein. Als Eltern können wir diese Tatsachen nicht ändern, sondern sie uns nur bewusst machen.

Aus der Forschung

Geschlechtsspezifische Unterschiede bei der Entwicklung des Vokabulars in der Erstsprache

2002 untersuchte der Forscher Daniel Bauer gemeinsam mit Kollegen, ob es hinsichtlich der Verwendung und des Verständnisses von Vokabeln (der Wörter, die sie sprechen, und der Wörter, die sie verstehen können) zwischen Mädchen und Jungen einen Unterschied gibt. Die Wissenschaftler führten an 26 Kindern, die alle in englischsprachigen Familien aufwuchsen, monatliche Tests durch. Die Eltern füllten Vokabel-Checklisten aus, auf denen sie diejenigen Wörter ankreuzten, die ihre Kinder verstehen, sowie diejenigen, die die Kinder sowohl verstehen als auch selbst verwenden konnten. Insgesamt stellte sich heraus, dass die Mädchen in beiden Punkten den Jungen gegenüber leicht im Vorteil waren.

Allerdings sind die sprachlichen und allgemeinen Lernunterschiede bei Jungen und Mädchen in den ersten Lebensjahren nur geringfügig. Auf die spätere Entwicklung der Kinder wirken sie sich nur unerheblich aus. Selbst die individuellen Unterschiede innerhalb Gruppen desselben Geschlechts können größer sein als die zwischen bestimmten Mädchen und Jungen, denn neben dem Geschlecht spielen auch Faktoren wie die jeweilige Persönlichkeit, die Geburtsreihenfolge oder die Lernfähigkeit eine große Rolle. Und wenn man das Gesamtbild betrachtet, gibt es in der Sprachentwicklung von Mädchen und Jungen mehr Gemeinsamkeiten als Unterschiede. Wichtig ist es vor allem, dass wir uns als Eltern bewusst sind, dass jedes Kind ein Individuum ist und sein eigenes Lern- und Entwicklungstempo hat.

So schaffen Sie die idealen Bedingungen für den Zweitsprachenerwerb bei Mädchen und Jungen

Es gibt zahlreiche Möglichkeiten, wie Eltern die geschlechtsspezifischen Unterschiede ihrer Kinder ausgleichen und so optimale Lernbedingungen für Mädchen und Jungen schaffen können. Die Forschung berichtet über viele Unterschiede in der Erziehung und Behandlung von Mädchen und Jungen während der ersten Lebensjahre. Manche Untersuchungen haben zum Beispiel herausgefunden, dass weibliche Säuglinge mehr sprachliche Zuwendung von ihren Eltern erhalten als Jungen und dass Mütter tendenziell dazu neigen, mit ihren Töchtern im Vergleich zu ihren Söhnen in komplexeren Sätzen zu sprechen und ihnen mehr offene Fragen stellen (zum Beispiel: „Warum glaubst du das?“, „Worauf hast du heute Lust?“). Wenn Eltern glauben, dass ihre Töchter sozial und kooperativ sind, werden sie sich wahrscheinlich bemühen, Spielkameraden für sie zu finden, und sie ermutigen, gemeinsam zu spielen und zu interagieren. Das unterstützt die sprachliche Entwicklung der Mädchen.

Andere Forschungsergebnisse zeigen, dass sich Eltern mit ihren kleinen Söhnen eher in Spielsituationen unterhalten und sich dabei auf konkrete, im Moment stattfindende Dinge beziehen, während sie mit ihren kleinen Mädchen tendenziell mehr über abstrakte Dinge reden, die nicht gerade im Moment des Gespräches passieren. All das deutet darauf hin, dass einige der Unterschiede auch darauf zurückzuführen sind, dass wir von ihrer Geburt an Mädchen und Jungen unterschiedlich behandeln. Und das häufig aller guten Vorsätze zum Trotz. Dessen müssen wir uns bewusst werden, denn sobald wir begreifen, welchen Einfluss diese Tatsache auf die Umgebung hat, in der unser Kind eine Sprache erlernt, können wir daran arbeiten, uns anders zu verhalten und Jungen und Mädchen sprachlich gleichwertig zu behandeln – sowohl in der Erst- als auch in der Zweitsprache. Das bedeutet, dass Sie bei der Entwicklung von Strategien zum optimalen Zweitsprachenerwerb das Geschlecht Ihres Kindes ebenso berücksichtigen sollten wie seine individuellen Interessen. Zum Beispiel wollen wir, dass unsere Kinder beim Lernen einer Zweitsprache Spaß haben. Wir wollen Wege zur verbalen Interaktion mit unseren Kindern wählen, die ihr Interesse wecken. Mädchen und Jungen haben häufig völlig unterschiedliche Interessen.

Forscher haben herausgefunden, dass Mädchen lieber über persönliche Dinge sprechen, wie etwa über die letzte Übernachtung bei ihrer besten Freundin. Jungen dagegen reden lieber darüber, wie man Regeln umgeht oder waghalsige Mutproben durchführt. Egal, ob Ihre Tochter vernarrt in Motorräder ist oder Ihr Sohn besonders gerne kocht: Offenbar ist es wichtiger, Themen zu finden, die Ihr Kind als Individuum besonders interessieren, als Regeln zu folgen, die uns vorschreiben, worüber Mädchen und Jungen im Allgemeinen am liebsten sprechen.

Eine Möglichkeit, dies zu tun, besteht darin, sich in der Zweitsprache auf diejenigen Themen und Interessengebiete zu konzentrieren, für die sich Ihr Kind auch in der Erstsprache begeistert. Wenn Sie also erkennen, dass Sie Ihren Sohn leichter für die Sprache gewinnen können, indem Sie über Kipplaster sprechen oder damit spielen, und Ihre Tochter, indem Sie mit ihr über Kuscheltiere oder Kaufläden sprechen oder damit spielen, dann sollten Sie genau diese Themen für die Kommunikation in der Zweitsprache nutzen. Schließlich sollten Sie immer daran denken, dass reiche, komplexe sprachliche Interaktion sowohl für Mädchen als auch für Jungen wichtig ist, ebenso wie Spielkameraden und soziale Situationen.

Die Persönlichkeit

Sobald ein Baby auf die Welt gekommen ist, suchen wir Eltern nach Anhaltspunkten für bestimmte Charakterzüge und die Persönlichkeit. Häufig interpretieren wir jeden einzelnen Seufzer, jedes Grinsen oder Schreien als Zeichen dafür, wie unbekümmert, lustig oder dickköpfig unser Kind ist. Wenn die Kinder älter werden, treten die Persönlichkeitsmerkmale deutlicher hervor. Etwa im Alter von drei Jahren kann es vorkommen, dass Ihr Kind wie ein Wasserfall redet und stets auf der Suche nach Neuem ist. Oder Sie haben ein Kind, das seine Worte sorgsam wählt und ruhige Aktivitäten zu Hause bevorzugt. Manche Kinder bleiben immer ruhig und vernünftig, andere sind eher sensibel. Haben diese Charaktereigenschaften Einfluss auf die Sprachentwicklung?

Fernando und Bernice stellen sich ähnliche Fragen über ihren dreijährigen Sohn Malcolm, den sie in den USA zweisprachig spanisch und englisch aufziehen. Malcolm ist ein ruhiger Junge, der am liebsten alleine spielt. Veränderungen in seinem täglichen Ablauf lenken ihn leicht ab, ebenso neue Aktivitäten oder neue Personen. Er würde lieber mit seinem Zug spielen, als zu sprechen. Fernando und Bernice haben festgestellt, dass Malcolm nicht so viel spricht wie andere Jungen seines Alters, und auch sein Vokabular scheint kleiner zu sein. Sie fragen sich, ob der Grund dafür sein Temperament ist. Müssen sie sich Sorgen machen?

Das Temperament Ihres Kindes setzt sich aus einer Vielzahl unterschiedlicher Komponenten zusammen. Wie zum Beispiel verhält sich Ihr Kind gegenüber anderen Kindern? Ist es kontaktfreudig? Oder eher introvertiert? Und wie reagiert Ihr Kind auf neue oder potenziell peinliche Situationen; wie etwa auf den ersten Haarschnitt? Hat es dabei unkontrolliert geweint? Oder hat es entspannt und unbekümmert reagiert? Oder eher hyperstimuliert? Und wie lange ist Ihr Kind in der Lage, sich auf bestimmte Dinge oder Personen zu konzentrieren? Diese Eigenschaften sind zum großen Teil festgelegte angeborene Charakterzüge, die beeinflussen, wie Ihr Kind seine Umwelt wahrnimmt und sich ihr nähert, und auch, wie es darangeht, etwas über seine Umwelt zu lernen. Als Eltern können wir nicht viel tun, um das grundlegende Temperament unseres Kindes zu verändern.

Unterschiedliche Charakterzüge sollten für sich gesehen nicht grundsätzlich als gut oder schlecht bewertet werden. Es gibt lediglich Situationen, in denen bestimmte Charakterzüge günstiger oder ungünstiger sein können. Zum Beispiel können Kinder, die nie stillsitzen, für ihre Eltern anstrengend sein, aber gerade diese Hyperaktivität kann dazu führen, dass sie in der Schule im Sport besonders gut sind oder später im Leben eine herausragende Karriere in einem energieaufwendigen Beruf machen. Ein anderes Beispiel: Hartnäckige Kinder, die gegen jeden Widerstand an dem festhalten, was sie gerade tun, können in bestimmten Situationen einfach als dickköpfig kritisiert werden oder andererseits beim Lösen eines schwierigen Problems besonders geduldig sein.

Wie Sie wahrscheinlich vermuten, kann das Temperament eines Kindes beim Erlernen einer Zweitsprache eine große Rolle spielen. Wenn Ihre Tochter kontaktfreudig ist, wird sie auch häufiger mit anderen Kindern sprechen und spielen wollen; und das wiederum bedeutet für sie mehr verbale Stimulation und mehr Möglichkeiten, die Sprache anzuwenden. Wenn Ihre Tochter dagegen schüchtern ist, wird sie wahrscheinlich weniger Risiken eingehen wollen und beim Lernen der Zweitsprache häufiger längere ruhige Zeiten mit sich selbst verbringen.

Die Forschung unterscheidet zwischen sozialen und kognitiven Strategien, die von Schülern einer Zweitsprache angewendet werden. Die sogenannten sozialen Strategien sind Strategien zum Lernen von und mit anderen Menschen: indem etwa ein Sprachschüler einer Gruppe beitritt oder sich so verhält, als ob er wüsste, was gerade passiert, selbst wenn er davon keine Ahnung hat; oder auch indem er den Eindruck vermittelt, er beherrsche die Sprache, obwohl er nur einige ausgewählte Wörter sprechen kann, während er sich gleichzeitig darauf verlässt, dass die Freunde einspringen und helfen, wenn es einmal nicht weitergeht.

Unter den sogenannten kognitiven Strategien versteht man Strategien zum Verstehen und Produzieren der Fremdsprache. Ein Sprachschüler wendet kognitive Strategien an, wenn er zum Beispiel in einem Gespräch mit anderen, in dem er nicht alles versteht, unter Verwendung von Kontextinformation rät, worüber die anderen sprechen, und so in der Lage ist, am Gespräch teilzunehmen; oder wenn er versucht, sich mithilfe der Wörter, die er bereits weiß, verständlich zu machen, und sich nicht darum kümmert, ob seine Äußerungen sprachlich korrekt sind.

Die Wissenschaftlerin Lily Wong-Fillmore zeigte in einer Studie auf, wie diese Strategien ineinandergreifen und Sprachschülern dabei helfen, kompetent zu wirken und gleichzeitig selbst Kompetenz in einer Zweitsprache zu erwerben. So mag es zum Beispiel introvertierte Kinder einige Überwindung kosten, sich in eine neue Spielgruppe zu integrieren, vorzugeben, sie würden alles verstehen, was gerade passiert, und dabei im Vorübergehen die notwendigen Vokabeln aufzuschnappen. Eltern können jedoch ihren schüchternen Kindern solche Situationen erleichtern. Etwa indem sie ihnen die Möglichkeit geben, zunächst aus sicherer Entfernung zu beobachten. Wenn sie dann im Anschluss mit ihren Kindern über die Spielsituation sprechen und ihnen bestimmte Strategien oder Sätze vorschlagen, die sie anwenden können, um sich in die Gruppe zu integrieren (zum Beispiel „Schau mal, da sind Autos! Lass uns doch ein Rennen fahren!“), wird es den Kindern wahrscheinlich nicht mehr ganz so schwerfallen, auf die anderen Kinder zuzugehen.

Sensible Kinder

Sensible oder sehr emotionale Kinder verfügen manchmal über geringere kognitive Ressourcen, die sie für das Lernen einer Zweitsprache anwenden können. Sie verwenden ihre gesamte mentale Energie darauf, ängstlich zu sein. Eine Sprache zu lernen bedeutet aber, seine Aufmerksamkeit auf das richten zu müssen, was andere tun: Welche Wörter verwenden die anderen? Wann verwenden sie sie? Wenn Ihre Tochter sehr emotional ist, sich etwa leicht aufregt oder einschüchtern lässt, wird sie möglicherweise mental nicht in der Lage sein, sich auf solche Dinge zu konzentrieren. Auch selbst wir als Erwachsene kennen ähnliche Situationen zur Genüge. Stellen Sie sich etwa Folgendes vor: Sie sind aufgeregt, weil Sie eine Beule in Ihren Kotflügel gefahren haben, und unmittelbar nach dem Unfall müssen Sie mit dem Fahrer des anderen Autos die Details Ihrer Versicherungen austauschen, während Sie sich gleichzeitig Sorgen um Ihre Kinder auf dem Rücksitz machen. Solche Situationen sind für jeden schwierig. Und ebenso geht es vielleicht Ihrer sehr emotionalen Tochter, wenn sie sich auf die Sprache in ihrer Umgebung konzentrieren soll. Es ist also nicht verwunderlich, dass Kinder, die nicht so schnell aus der Fassung geraten, häufiger in der Lage sind, ihre Aufmerksamkeit darauf zu richten, was die Leute um sie herum sagen. Und möglicherweise lernen sie dadurch die Sprache schneller als ihre sensiblen Altersgenossen.

Damit auch sensible Kinder die Zweitsprache mit Spaß erleben können, benötigen sie die Unterstützung ihrer Eltern. Ruhige, stressfreie und vorhersehbare Situationen geben diesen Kindern die Möglichkeit, sich auf die neue Sprache einzulassen, ohne sich dabei unter Druck gesetzt zu fühlen. Der Schlüssel lautet hier Vorhersehbarkeit. Sensible Kinder mögen zu schüchtern sein, sich in eine bilinguale Spielgruppe zu integrieren. Dagegen genießen sie es wahrscheinlich sehr, mit ihren Eltern auf dem Sofa zu kuscheln und ein zweisprachiges Buch zu lesen oder gemeinsam im Auto Lieder zu singen. Konfrontieren Sie Ihr Kind mit neuen Situationen und Menschen (wie zum Beispiel einem zweisprachigen Spielkameraden) nur langsam und nach vorheriger Ankündigung. Wenn Sie Ihrem schüchternen und nachdenklichen Kind die Möglichkeit geben, zunächst aus sicherer Entfernung zuzuhören, wird es dabei vielleicht sogar mehr lernen als das selbstbewusste Kind, das sich sofort mitten ins Getümmel wirft und gleich wieder vergisst, was es gerade gehört hat.

Der Umgang der Eltern mit den Charaktereigenschaften ihres Kindes

Wir wissen nun also, dass die Persönlichkeit eine wichtige Variable beim Erlernen einer Sprache ist. Ebenso grundlegend ist es aber auch, wie Sie auf das Temperament Ihres Kindes reagieren. Zwischen den Reaktionen der Eltern auf die Charaktereigenschaften ihres Kindes und dessen sprachlicher Entwicklung besteht ein komplexer Zusammenhang. Ein einfaches Beispiel: Wenn Eltern auf Trotzanfälle oder auf die Weigerung ihrer Kinder, eine Zweitsprache zu sprechen, regelmäßig mit Zurückweisung reagieren, nehmen sie ihrem Kind damit eine wichtige Möglichkeit sozialer Interaktion. Wenn die Eltern dagegen besänftigend mit dem Kind sprechen, wird die sprachliche Zuwendung und Interaktion aufrechterhalten, und das Kind erhält eine Chance zu sprechen – und beides kann die frühe sprachliche Entwicklung fördern.

Kinder, deren Mütter und Väter einfühlsam auf das Verhalten ihrer Kinder eingehen, fühlen sich von ihren Eltern verstanden und unterstützt. Das stärkt das Selbstvertrauen, und die Kinder werden mehr Mut haben, ihre Umgebung zu erkunden und mit anderen Menschen zu sprechen. Und vergessen Sie nie: Für die sprachliche Entwicklung ist nichts wichtiger als Kommunikation und Interaktion.

Selbstverständlich lässt es sich nicht verhindern, dass Sie ab und zu weniger Zeit für Ihr Kind haben. Außerdem ist das Temperament nicht der einzige Faktor, der die Sprachentwicklung bestimmt. Die Neigungen und Möglichkeiten zum Fremdsprachenlernen spielen mit einer großen Anzahl anderer Faktoren zusammen, wie der Geburtsreihenfolge, dem Geschlecht, anderen Fähigkeiten und Begabungen sowie dem Erziehungsstil der Eltern. Dennoch sollten Sie die Persönlichkeit Ihres Kindes bei allen Entscheidungen, die den Zweitsprachenerwerb betreffen, berücksichtigen. Stellen Sie sich die folgenden Fragen: „Wie leicht ist mein Kind bei Misserfolgen frustriert?“, „Wie lange kann mein Kind still sitzen und sich auf eine Aufgabe konzentrieren?“, „Wie reagiert mein Kind, wenn es unter Druck gesetzt wird?“, „Wie risikofreudig ist mein Kind?“ Die Antworten auf Fragen wie diese geben Ihnen wichtige Hinweise darauf, welche Lernstrategien für Ihr Kind individuell am besten geeignet sind.

Welche Rolle spielt die Begabung meines Kindes?

Wir alle haben in unserem Leben schon Menschen kennengelernt, die über ein beeindruckendes Sprachtalent verfügen. Viele von uns erinnern sich an Mitschüler oder Kommilitonen, die im Sprachunterricht in der Schule oder der Universität scheinbar im Blitztempo Fortschritte machten (wie etwa Kendall King), während andere sich abmühten und dennoch nur langsam vorankamen (wie zum Beispiel Alison Mackey). Aber was genau ist eine Sprachbegabung? Und, was noch wichtiger ist: Spielt die Begabung eine Rolle beim Erlernen einer Zweitsprache?

Manche Forscher glauben, die Begabung spiele beim Erlernen einer Zweitsprache bei Kindern keine besondere Rolle. Andere wiederum sind genau gegenteiliger Auffassung. Der britische Forscher Peter

Skehan zum Beispiel untersuchte den Zusammenhang zwischen Erstsprachenerwerb, Begabung und Erlernen einer Zweitsprache bei britischen Gymnasialschülern, die Französisch- und Deutschunterricht hatten. Skehan stellte einen unmittelbaren Zusammenhang zwischen der Begabung und dem Erlernen der Fremdsprache fest. Dennoch ist die Fachwelt sich nicht einig, ob und welche Rolle die Begabung beim Zweitsprachenerwerb bei Kindern spielt. Es hat jedoch den Anschein, dass die Begabung umso mehr Bedeutung hat, je älter das Kind ist.

Begabung und das Alter Ihres Kindes

Begabung ist ein weit gefasster und verschwommener Begriff. Insbesondere, wenn wir bedenken, dass sich bei kleinen Kindern die kognitiven Fähigkeiten noch im Entwicklungsstadium befinden und dass sie in der Lage sind, sich innerhalb kurzer Zeit eine große Anzahl von Fertigkeiten und Fähigkeiten anzueignen. Viele Forscher sind sich einig darüber, dass kleine Kinder ihre Erstsprache erwerben, indem sie die sprachlichen Eindrücke verarbeiten, die sie in der täglichen Interaktion mit anderen Menschen erfahren. Und dabei seien sie explizit und ausschließlich auf ihre sozialen und kognitiven Fähigkeiten angewiesen. Kleinere Kinder benötigen daher vermutlich nicht dieselben expliziten Lernfähigkeiten wie Erwachsene, etwa die, grammatische Regeln zu verstehen. Die Wissenschaft geht jedoch davon aus, dass diese analytischen Fähigkeiten eine größere Rolle spielen, wenn Kinder erst im Teenageralter beginnen, eine Sprache zu lernen, oder wenn sie zu lernen versuchen, in der Zweitsprache abstrakte Ideen zu verstehen oder auszudrücken. Wie wir bereits im Kapitel „Wann“ besprochen haben, müssen Sie bereit sein, Ihrem Kind ein besonderes Maß an Zeit und Aufmerksamkeit zu schenken, wenn es erst ein wenig später beginnt, die Zweitsprache zu erlernen, und nicht von Geburt an beide Sprachen gehört und verwendet hat.

Die Forschung hat einen bestimmten Aspekt der Begabung identifiziert, der eine wichtige Rolle in der kindlichen Sprachentwicklung zu spielen scheint. Es handelt sich dabei um den sogenannten phonologischen Arbeitsspeicher. Darunter versteht man die Fähigkeit, sich für kurze Zeit – also im Kurzzeitgedächtnis – zu merken, was man gerade gehört hat. Wenn Ihnen zum Beispiel jemand eine Telefonnummer sagt und Sie über einen guten phonologischen Arbeitsspeicher verfügen, können Sie sich diese Nummer merken (zumindest für eine kurze Zeit, und besonders dann, wenn Sie die Nummer für sich mehrfach wiederholen). In den letzten Jahren wurden zahlreiche Studien zu dem Thema durchgeführt, und es scheint, dass Kinder mit größeren Fähigkeiten in diesem Bereich, also etwa diejenigen, die sich merken können, was sie gerade gehört haben, raschere Fortschritte in ihrer Sprachentwicklung machen.

Kinder können ganzheitliche oder spezifische Lerner sein

Manche Kinder scheinen sich beim Spracherwerb auf relativ kleine Segmente der Sprache, wie etwa Silben, zu konzentrieren. Andere dagegen eignen sich offenbar von Anfang an ganze Phrasen einer Äußerung an und verwenden sie auch direkt selbst, ähnlich einem Erwachsenen. Einige Kinder entwickeln ziemlich regelmäßige und gleichbleibende Klangsysteme, was manchmal sogar dazu führt, dass sie die Imitation neuer Wörter verweigern, wenn sie sie noch nicht aussprechen können. Und andere Kinder wiederum sind bereit, mit neuen Lauten größere Risiken einzugehen, selbst wenn das bedeutet, dass ihre Aussprache ein wenig seltsam klingt. Es ist, als ob manche Kinder sich für flüssiges Sprechen entscheiden, während andere Wert auf Präzision legen. Und möglicherweise besteht zwischen beidem ein direkter Zusammenhang. Das heißt, die Kinder können entweder das eine oder das andere. Von Anfang an sowohl präzise als auch flüssig sprechen zu können scheint nicht möglich zu sein. Eltern müssen sich über diesen Punkt keinerlei Sorgen machen. Sie sollten aber ihre Kinder aufmerksam beim Lernen beobachten und sie, falls sie eine besonders starke Neigung in die eine oder andere Richtung haben, ermutigen, auch einmal etwas Neues auszuprobieren.

Kinder können auditive, visuelle, kinästhetische oder taktile Lerner sein

Manchmal zeigen Kinder Vorlieben für einen oder auch mehrere bestimmte Lernstile. Auditive Lerner nehmen Sprache über das Ohr auf, sodass Dinge wie das Hören von Liedern und Geschichten für sie wichtig sind. Visuelle Lerner gehen über das Auge; sie betrachten gerne

Wörter und Bilder und stellen zwischen diesen Zusammenhänge her. Kinästhetische Lerner benötigen für den Lernprozess Bewegung, sodass Sport, Ausflüge und Bewegungsunterricht ihnen beim Lernen helfen. Taktile Lerner reagieren auf Berührung; für sie könnten Fingerfarben oder gemeinsames Kochen die richtigen Dinge sein, durch die sie die dazugehörigen Wörter und Laute lernen. Für Eltern ist es wichtig, die Unterschiede zwischen den verschiedenen Lernstilen zu verstehen und – insbesondere in Familien mit mehr als einem Kind – die Stile beim Lernen zu variieren, ein wenig zu mischen und mehrere unterschiedliche Lerntechniken anzuwenden, wenn sie die für ihre Kinder passenden Aktivitäten und Materialien auswählen. Im folgenden Diagramm finden Sie einige hilfreiche Hinweise:

Vorschläge für Sprachlernaktivitäten abhängig vom Lernstil Ihres Kindes

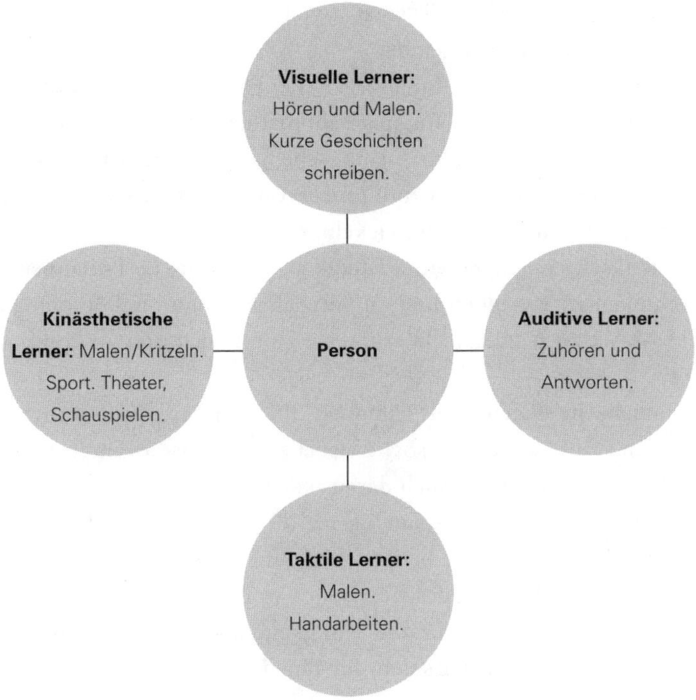

Multiple Intelligenzen

Mit dem gerade besprochenen Thema in Zusammenhang steht noch ein anderer Punkt: die Art der Intelligenz. Wenn zwei Kinder unterschiedliche Vorlieben im Lernstil haben, dann verfügen sie möglicherweise auch über unterschiedliche Arten von Intelligenz. Der Psychologe Howard Gardner hat in den 80er Jahren acht verschiedene Arten von Intelligenzen identifiziert und in Studien belegt, dass diese bereits im Alter von acht Jahren nachgewiesen werden können. Die Theorie der multiplen Intelligenzen kann Ihnen dabei helfen, Lernstil, -stärken und -vorlieben Ihres Kindes zu erkennen und besser zu verstehen. Nach Gardner sind diese verschiedenen Intelligenzen wie Begabungsfelder zu sehen, die einzeln, aber auch in unterschiedlicher und mehrfacher Kombination auftreten können.

Gardner unterschied 1986 die folgenden acht Intelligenzen:

- linguistische Intelligenz: die Fähigkeit, die Sprache zu verwenden, um Dinge und Vorgänge zu beschreiben, Vertrauen und Übereinstimmung oder Harmonie aufzubauen, logische Argumentation zu entwickeln, gezielte Rhetorik einzusetzen oder Gefühle auszudrücken und Metaphern zu verwenden.
- logisch-mathematische Intelligenz: die Fähigkeit, mit Zahlen umzugehen, zu rechnen, Vorgänge in mathematischen Schemata zu beschreiben, komplexe mathematische Vorgänge und Operationen zu analysieren und durchzuführen, Probleme logisch zu lösen und theoretische Modelle zu entwickeln.
- musikalische Intelligenz: die Fähigkeit, musikalische Prinzipien und Techniken zu verstehen und zu entwickeln, emotional empfänglich auf Musik zu reagieren, Instrumente zu erlernen und zu komponieren.
- räumliche Intelligenz: die Fähigkeit, die sichtbare Welt wahrzunehmen und zu beschreiben, sowie visuelle Ergebnisse zu interpretieren und grafisch sowie räumlich darzustellen.
- körperlich-kinästhetische Intelligenz: die Fähigkeit, den Körper und einzelne Körperteile zu beherrschen und effektiv einzusetzen und Freude an der Ästhetik des Körpers zu empfinden.
- interpersonale Intelligenz: die Fähigkeit, andere Menschen zu verstehen und klar und wirksam mit ihnen zu kommunizieren, sowie

unterschiedliche Arten zwischenmenschlicher Kommunikation zu verstehen und zu interpretieren.

- intrapersonale Intelligenz: die Fähigkeit, die eigenen Stärken, Schwächen, Talente und Interessen zu erkennen und zu beurteilen und sie gezielt einzusetzen.
- naturalistische Intelligenz: die Fähigkeit, Pflanzen, Mineralien und Tiere zu unterscheiden und zu klassifizieren und ökologische Zusammenhänge zu erkennen.

Es ist wichtig, dass Sie erkennen, ob Ihr Kind eine stark ausgeprägte Tendenz für eine oder mehrere dieser Intelligenzen hat. Denn das kann Ihnen dabei helfen, die Stärken Ihres Kindes zu nutzen und ihm die sprachliche Zuwendung zu bieten, die seinen Intelligenzen entspricht.

Wir fassen zusammen

In der heutigen Zeit wird das Thema der Kindererziehung in den Medien und der Wissenschaft breit diskutiert und gleicht fast einem öffentlichen Wettbewerb. Eltern und auch Kinder stehen unter enormem Druck, die richtige Schule zu finden, jeden Test zu bestehen und immer und überall der oder die „Beste“ zu sein. Im Hinblick auf das Erlernen einer Zweitsprache sollten Sie jedoch darauf verzichten, Ihr Kind mit anderen zu vergleichen, denn das würde sowohl Sie selbst als auch Ihr Kind nur unter Stress setzen. Stattdessen sollten Sie Ihr Kind wertschätzen als das, was es ist: ein Individuum und damit auch ein einzigartiger Lerner. Auf Seite 272 finden Sie eine Übung, die Ihnen dabei helfen wird, den Überblick über die Leistungen und Erfolge Ihres Kindes zu behalten und diese auch entsprechend zu würdigen.

6
Wie können Sie den Sprachlernprozess zu Hause am besten fördern?

Jeder Lernprozess beginnt zu Hause. So auch der Spracherwerb. Und das Sprachenlernen funktioniert wie jeder andere Lernprozess dann am besten, wenn jeder Beteiligte Spaß daran hat, und wenn das Lernen in den Tagesablauf und Alltag der Familie integriert und sinnvoll mit den anderen Lebensbereichen in Verbindung gebracht wird. Diese Punkte sind die Leitlinien unseres Ansatzes, sie sind durch zahlreiche Untersuchungen in den verschiedensten wissenschaftlichen Bereichen untermauert. In diesem Kapitel stellen wir Ihnen die wichtigsten Forschungsergebnisse zum Zweitsprachenerwerb in unterschiedlichen Arten von Familien vor und ergänzen sie mit praktischen Tipps, zum Beispiel zu den Themen Kinderbetreuung durch Großeltern oder Spielgruppen. Ziel ist es, Ihnen dabei zu helfen, für Ihr Kind zu Hause die optimale Umgebung für den Spracherwerb zu schaffen.

Wie Kinder lernen, Sprache zu verwenden

Kinder lernen durch täglichen Kontakt, emotionale Bindung und alltägliche Interaktion mit ihren Bezugspersonen. Sprachen lernen Kinder zum Beispiel beim Spielen oder wenn ihre Eltern mit ihnen sprechen, während sie sie anziehen, mit ihnen im Auto sitzen, sie füttern oder baden. Durch Tausende dieser alltäglichen Interaktionen über mehrere Monate hinweg lernen kleine Kinder langsam die Bedeutung von Sprache kennen. Und letztendlich beginnen sie auch damit, die Sprachmuster, die im Zuge dieser Handlungen Verwendung finden, wiederzuerkennen, und sind in der Lage, selbst aktiv an der Kommunikation teilzunehmen und Sprache zu verwenden.

Das Faszinierende daran: Je erfahrener und geschickter Kinder im Umgang mit Sprache werden, je mehr sie an diesen alltäglichen Interaktionen teilnehmen, desto komplexer werden die Sprachformen, die ihre Bezugspersonen verwenden. Und zwar vollkommen automatisch, ohne dass sich Eltern oder andere Betreuer dessen bewusst sind. Die Kommunikation zwischen Bezugspersonen und Kindern werden schrittweise immer komplizierter und anspruchsvoller. Auf diese Weise bilden die Bezugspersonen des Kindes automatisch eine Art Baugerüst für die neue und sich ständig weiterentwickelnde Fähigkeit des Kindes, zu sprechen.

Es wird niemanden überraschen, dass die Sprachentwicklung des Kindes eng mit der Sprache der Eltern und der weiteren Bezugspersonen zusammenhängt. Wissenschaftler untersuchten das Vokabelwachstum von Kindern, indem sie die sprachliche Zuwendung, die die Kinder erhielten, quantitativ bestimmten, wie zum Beispiel die Anzahl von Wörtern pro Stunde. Sie wiesen einen eindeutigen Zusammenhang nach zwischen der Anzahl und Art der Wörter, die Kinder hören, und der Anzahl und Art der Wörter, die sie äußern. Kurz gesagt: Kinder, die im Alltag mehr und komplexere Sprache hören, scheinen eher in der Lage zu sein, selbst mehr Sprache zu produzieren. Und dabei scheint es keine Rolle zu spielen, ob Eltern ihren Kindern bewusst bestimmte Wörter oder grammatische Wendungen beibringen. Stattdessen kommt es offensichtlich darauf an, was Kinder tagtäglich hören und welche sprachliche Zuwendung sie bei alltäglichen Unterhaltungen erhalten, sei es beim Abendessen, im Auto, auf dem Weg zum Supermarkt oder im Garten.

Tipp

Lassen Sie Ihr Kind täglich in Sprache eintauchen

Kinder lernen ihre Erst-, Zweit- und Drittsprache am besten, wenn sie in jeder dieser Sprachen regelmäßige, reiche, interessante und dynamische sprachliche Zuwendung erhalten, die in alltägliche Interaktion eingebettet ist. Der beste Weg, Ihr Kind zum Sprechen zu bringen, ist es, es mit Sprache zu umgeben.

Der Erstsprachenerwerb erfolgt im Zuge der normalen Kommunikation und Interaktion im Alltag. Hier gibt es keine ausdrücklichen Lernanweisungen; uns zumindest sind keine Eltern bekannt, die ihren noch kleinen Kindern ausdrücklich die Konjugation der Verben in den Vergangenheitsformen beibringen. Das Erlernen der Erstsprache ist vielmehr ein vergnüglicher und vertrauter Prozess, der in vielerlei Hinsicht eng mit dem täglichen Leben verwoben ist. Im optimalen Falle sollte der Zweitsprachenerwerb ebenso erfolgen. Anders ausgedrückt: Aktivitäten in der Zweitsprache – sowohl mit älteren als auch mit jüngeren Kindern – sind am effektivsten, wenn sie Spaß machen, spielerisch und interaktiv erfolgen und mit dem Lebensalltag zusammenhängen. Das mag gut klingen, aber was bedeutet das tatsächlich für Sie? Wie integrieren Sie die Zweitsprache in Ihr tagtägliches Leben, während Sie sich gleichzeitig um die Wäsche kümmern, das Auto in die Werkstatt bringen, das Essen kochen und sich um eine Vielzahl anderer Dinge kümmern müssen?

So können Sie den Zweitsprachenerwerb zu Hause fördern

Eltern, die den Zweitsprachenerwerb ihres Kindes auch zu Hause fördern wollen, haben oft das Gefühl, sie hätten zu wenig Zeit. Wir leben in einer hektischen Welt, unser allgemeines Leben und auch die Erziehung unserer Kinder sind unglaublich zeit- und arbeitsaufwendig, und das Erlernen einer Zweitsprache kann uns durchaus als eine zusätzliche Belastung unseres ohnehin schon völlig überlasteten Alltags erscheinen. Aber: Hier ist die gute Nachricht für die Überarbeiteten und Gestressten unter uns. Diese beiden Realitäten – erstens, dass das Sprachenlernen auf ganz natürliche Art und Weise im Alltag stattfindet, und zweitens, dass unser Leben häufig viel zu angefüllt mit Aktivitäten und Verpflichtungen ist, um noch irgendeine weitere Belastung dazwischenzupressen – konkurrieren nicht miteinander. Im Gegenteil: Sie ergänzen sich. Das Erlernen einer Zweitsprache funktioniert am besten, wenn es in unser geschäftiges Leben mit all seinen tagtäglichen Abläufen und den vielen Aktivitäten integriert wird. Der Zweitsprachenerwerb muss keine zusätzliche Belastung sein!

Nicht alle Eltern sprechen selbst die Sprache fließend, die sie sich für ihre Kinder als Zweitsprache wünschen. Daher unterscheidet sich die Art, wie der Sprachlernprozess vonstattengeht und wie er am praktikabelsten und sinnvollsten in das Familienleben integriert werden kann, von Familie zu Familie. Wir werden in diesem Kapitel die besten Strategien und Möglichkeiten dreier unterschiedlicher Sprachprofile in Familien untersuchen: Wir unterscheiden dabei umgebungssprachige, gemischtsprachige und herkunftssprachige Familien. Das sind lediglich grobe Unterscheidungen, aber im Normalfall empfinden Eltern es als hilfreich, sich solchen Kategorien zuordnen zu können. Denn jedes dieser Sprachprofile hat Auswirkungen darauf, welche Möglichkeiten Ihnen als Eltern zur Verfügung stehen, um den Sprachlernprozess Ihres Kindes optimal zu fördern. Abschließend werden wir am Ende des Kapitels im Detail auf die Wahl eines Babysitters, einer privaten Spielgruppe und auch der Betreuung durch die Großeltern eingehen. Diese Punkte sind relevant für alle Familien, unabhängig von der Kategorie des Sprachprofils.

Wenn Sie eine umgebungssprachige Familie sind …

Umgebungssprachige Familien sind Familien, in denen die Eltern monolingual sind und ausschließlich die Umgebungssprache beherrschen. Das heißt, die jeweilige Landessprache ist ihre Muttersprache und auch diejenige, die sie als einzige wirklich flüssig beherrschen: In Deutschland und Österreich ist das Deutsch, in den Vereinigten Staaten, Großbritannien, Neuseeland und Australien Englisch, in Spanien und Mexiko Spanisch, in Japan Japanisch, in Korea Koreanisch, und so weiter. Umgebungssprachige Eltern verfügen möglicherweise durchaus über begrenzte Kenntnisse einer zweiten Sprache, oder aber sie sind ausschließlich monolingual. Diese Familien machen sich im Normalfall nicht so viele Gedanken über das Erlernen oder Erhalten der Umgebungssprache. Das wäre auch völlig unnötig. Den Eltern geht es vielmehr darum, ihre Kinder möglichst von klein auf an eine Zweitsprache heranzuführen.

Ein Beispiel: Alisons Familie ist umgebungssprachig. Alison kam in England zur Welt und verbrachte dort auch den größten Teil ihrer Kindheit und Jugend. Ihr Ehemann Dave wurde in Amerika geboren und wuchs dort auf. Alison und Dave sprechen selbstverständlich untereinander Englisch. Darüber hinaus verfügt jeder von ihnen über bruchstückhafte Kenntnisse anderer Sprachen. So kann Alison ein wenig Japanisch aus der Zeit, in der sie in Japan als Englischlehrerin gearbeitet hat. Ihr Mann lernte in der Schule und auf der Universität Spanisch und während eines Auslandsstudiums Japanisch. Sie wünschen sich, dass ihre zweijährige Tochter Miranda mindestens eine dieser beiden Fremdsprachen flüssig lernt, und so bringen sie sie sowohl mit Spanisch als auch Japanisch in Kontakt. Gleichzeitig bemühen sie sich darum, dass Miranda beide Dialekte des Englischen (britisch und amerikanisch) beherrscht. Alison sorgt dafür, dass Miranda mit vielen Menschen in Kontakt kommt, die britisches Englisch sprechen, und beide – Dave wie Alison – bringen sie so häufig wie möglich mit der japanischen und spanischen Sprache in Berührung. Sie besucht spanischsprachigen Musik- und Bewegungsunterricht, hat in der Vorschule eine Stunde Spanischunterricht pro Woche, und einer ihrer Babysitter spricht Spanisch. Zu Hause haben sie einen wöchentlichen japanischen Abend eingeführt, an dem sich Miranda ihre japanische Kleidung anzieht, sie gemeinsam japanisches Essen zubereiten und versuchen, ausschließlich Japanisch miteinander zu sprechen. Um ihre eigenen begrenzten Sprachkenntnisse auszugleichen, haben sie darüber hinaus einen japanischen Studenten engagiert, der während des Semesters mit Miranda spielt. Wenn sie älter ist, wird Miranda regulären Japanischunterricht besuchen. Auf diese Art wächst Miranda zwar in einer umgebungssprachigen Familie auf, lernt aber gleichzeitig, dass es mehr als nur eine Sprache gibt, in der man sich ausdrücken und unterhalten kann. Vielleicht wird sie später, wenn sie älter ist, weiterhin beide Sprachen lernen und sprechen. Vielleicht wird sie sich aber auch für eine von beiden entscheiden und sich ausschließlich auf diese konzentrieren.

Umgebungssprachige Familien können schon in den ersten Lebensmonaten des Kindes damit beginnen, das Baby an die Zweitsprache heranzuführen – und unter optimalen Bedingungen sollte das auch genauso sein. Die Eltern sollten versuchen, die zweite Sprache in so viele Aspekte des Lebens zu integrieren wie möglich. Sogar Eltern, die in der Zweitsprache lediglich wenige Wörter beherrschen, können diese in die Kommunikation mit ihren Babys und Kleinkindern einbauen. Kleine Babys lieben den Klang menschlicher Stimmen, und im Grunde ist es egal, in welcher Sprache ihre Eltern sie beruhigen, unterhalten oder mit ihnen spielen. Außerdem lieben Babys Wiederholungen: Für sie ist es keinesfalls langweilig, wenn ihnen ihre Mutter oder ihr Vater immer und immer wieder dasselbe fremdsprachige Schlaflied vorsingt. Wir kennen eine Mutter, die jedes Mal, wenn sie ihrem Sohn die Windeln wechselte, das in spanischsprachigen Ländern beliebte Kinderlied „Los Pollitos“ (das von kleinen Hühnern handelt) sang. Ihr Sohn fand das toll – immer wenn sie das Lied sang, hörte er verzückt zu und ließ die unangenehme Umziehtortur ruhig über sich ergehen. Und innerhalb kürzester Zeit begann er selbst mitzusingen. Ein anderes Beispiel: Wir kennen einen Vater, der jedes Mal, wenn er mit seinem kleinen Sohn Treppen auf- oder abging, auf Spanisch die Stufen zählte. Das klingt nicht besonders anspruchsvoll, aber es ermöglichte dem zwei Monate alten Jacob regelmäßig und mehrere Male am Tag, zwar vereinfachtes, aber echtes Spanisch zu hören und gleichzeitig die Wörter, die er hörte, auch sinnvoll mit seinem Leben in Verbindung zu bringen (in dem Falle mit Bewegung, denn auf dem Arm seines Vaters konnte er jeden einzelnen Schritt fühlen). Eine andere Mutter, mit der wir gearbeitet haben, legte großen Wert darauf, einige Sätze auf Französisch zu lernen, die sie dann bei einfachen Spielen verwendete, wie zum Beispiel „Wo ist denn das Baby?“ beim Versteckspielen. Letztendlich führte das dazu, dass sie die Spiele immer wieder und ausschließlich auf Französisch mit ihrer Tochter spielte. Und sie selbst war mehr als überrascht über das Ergebnis: Eines Tages hörte sie, wie ihre 18 Monate alte Tochter beim Spielen mit ihrer Puppe plötzlich sagte: „Où est le bébé?“ („Wo ist das Baby?“)

Dabei sollten sich umgebungssprachige Eltern keine allzu großen Sorgen machen, ob sie selbst die Zweitsprache perfekt und akzentfrei beherrschen oder nicht. Das spielt keine Rolle. Das Wichtigste ist es, dass ihr Kind möglichst früh und sinnvoll mit der Fremdsprache in Kontakt kommt. Und zahlreiche Studienergebnisse weisen darauf hin, dass Sprachschüler von der Interaktion in der Zweitsprache profitieren können. Und zwar unabhängig davon, ob sie die Sprache aus dem Mund eines Muttersprachlers hören oder nicht.

In keinem der Fälle, die wir gerade beschrieben haben, entsteht den Eltern ein zusätzlicher zeitlicher Aufwand. Sie machen ausschließlich die Dinge, die sie sowieso jeden Tag mit ihren Kindern machen – mit dem einzigen Unterschied, dass sie dabei die Zweitsprache anstatt der Muttersprache verwenden. Dieser Ansatz hat viele Vorteile. Der offensichtlichste ist wahrscheinlich der geringe Arbeitsaufwand. Denn das Einzige, was die Eltern wirklich machen müssen, ist, sich einige einfache Sätze, Wörter oder Lieder zu merken. Die meisten Eltern reden sowieso die meiste Zeit mit ihren Kindern – da fällt es nicht sehr ins Gewicht, ob man die Gespräche auf Deutsch oder zum Beispiel Französisch führt. Ein weiterer Vorteil: Junge Eltern beklagen sich häufig darüber, dass sie sich intellektuell unterfordert fühlen, und zwar insbesondere während der ersten Lebensmonate ihres Kindes, in denen sich dieselben Aufgaben und Tätigkeiten tagtäglich wiederholen und sie kaum noch Zeit für andere Dinge als die Kinderpflege haben. Mit diesem Ansatz finden Sie die perfekte Möglichkeit, die tägliche Routine ein wenig anspruchsvoller und spannender zu gestalten. Und wer weiß: Vielleicht stellen Sie als Eltern ja sogar fest, dass Ihre eigenen Kenntnisse der Zweitsprache sich dabei verbessern.

Dieser Ansatz zur zweisprachigen Kindererziehung ist nicht nur relativ einfach zu verwirklichen und unter Umständen sogar unterhaltsam für die Eltern. Er stimmt auch mit dem überein, was die Wissenschaft über den kindlichen Spracherwerb weiß. Genauer gesagt, wir wissen, dass Kinder von lebendiger menschlicher Interaktion profitieren. Besonders Kleinkinder lieben und lernen aus Wiederholungen, Wiederholungen und noch einmal Wiederholungen. Zudem entsprechen diese Art Spiele und Rituale dem, was wir über das Sprachenlernen im Allgemeinen wissen. Nämlich, dass der Lernprozess effektiver ist, je mehr Spaß er macht und je sinnvoller er in das Leben der Kinder integriert ist.

Je älter das Kind wird und je mehr sich die Eltern von der Erschöpfung der ersten Monate und dem ständigen Schlafentzug erholen, desto vielfältiger werden die Möglichkeiten und Gelegenheiten der sprachlichen Interaktion. Sogar Eltern, die nur über Grundkenntnisse der Zweitsprache verfügen, sind in der Lage, ihren Kindern einfache Bücher in der Fremdsprache vorzulesen, und zwar gerne immer wieder dasselbe.

Kleine Kinder können auf diese Art viele grundlegende Wörter lernen und sich mit unterschiedlichen Sprachstilen vertraut machen, wie etwa Schrift- und Umgangssprache. Nicht zu unterschätzen ist natürlich, dass Kinder gleichzeitig an Bücher und das Lesen an sich herangeführt werden und dadurch vielleicht sogar eine lebenslange Leidenschaft für das Lesen entwickeln.

Neuere Studien weisen darauf hin, dass der Umfang des Vokabulars in der Erstsprache bei Kindern direkt damit in Zusammenhang steht, wie häufig ihnen in ihrer Erstsprache vorgelesen wird. Wie sieht das Ganze aus, wenn zwei Sprachen im Spiel sind? 2002 fand Janet Patterson heraus, dass dasselbe auch für Kinder gilt, die zwei Sprachen lernen. Sie betrachtete das gesprochene Vokabular von 64 zweijährigen Kindern, die Spanisch und Englisch lernten, und fand heraus, dass der Umfang des Vokabulars in unmittelbarem Zusammenhang damit stand, wie häufig den Kindern in jeder Sprache vorgelesen wurde. Tatsächlich hatte die Häufigkeit des Vorlesens in der Fremdsprache sogar mehr Einfluss als die sprachliche Zuwendung in dieser Sprache insgesamt. Kindern regelmäßig aus Kinderbüchern vorzulesen ist ein hervorragender Weg, um ihnen Vokabeln beizubringen. Und Pattersons Arbeit weist darauf hin, dass Vorlesen sogar besser dazu geeignet ist als Unterhaltungen in der Fremdsprache. Diese Tatsache sollten Sie sich täglich vor Augen führen (Beachten Sie auch die Auflistung von Händlern zum Kauf von fremdsprachigen Büchern im Anhang).

Fasst man die Forschungsergebnisse zusammen, lässt sich festhalten, dass umgebungssprachige Familien anstreben sollten, die Zweitsprache so früh und häufig wie möglich in ihren Tagesablauf zu integrieren. Eltern haben viele Möglichkeiten, das auf spaßige, interaktive und sinnvolle Weise zu tun – nicht, indem sie die Sprache explizit vermitteln, sondern indem sie sie in das alltägliche Leben einbauen. Alisons Familie macht das – wie oben erwähnt – hauptsächlich mithilfe dreier Methoden: Besuch von Unterricht in spanischer Sprache, japanische Abende zu Hause und Babysitter mit Sprachkenntnissen. Und alles in allem ist das weit weniger arbeitsaufwendig und dabei viel spaßiger, als sich die meisten Eltern das Erlernen und Beibringen einer Zweitsprache jemals vorgestellt haben.

Aus der Forschung

Lesen fördert den Spracherwerb!

Im Jahr 2000 führten die Forscher High, LaGasse, Becker, Alhgren und Gardner eine Studie an fünf bis elf Monate alten Kindern aus 205 Familien durch. Die Eltern wurden bei ihren Besuchen beim Kinderarzt angesprochen und zu ihren Lesegewohnheiten zu Hause befragt. Danach wurden die Familien zufällig in zwei Gruppen eingeteilt: (a) Eine Gruppe erhielt bei jedem Kinderarztbesuch ein Buch und ein Informationsblatt, auf dem aufgeführt war, welchen Nutzen kleine Kinder daraus ziehen, wenn ihnen regelmäßig vorgelesen wird, und (b) die Kontrollgruppe erhielt keinerlei Material, weder Buch noch Information. Nach drei Arztbesuchen, als die Kinder etwa 22 Monate alt waren, wurden die Eltern erneut befragt. Die Forscher wollten herausfinden, ob sich die Lesegewohnheiten der Eltern verändert hätten, und untersuchten anschließend, wie viele und welche Arten von Wörtern die Kinder kannten. Im Vergleich zur Kontrollgruppe berichteten diejenigen Eltern, die die Bücher und Informationsmaterialien erhalten hatten, über häufigeres und längeres Lesen gemeinsam mit ihren Kindern. Auch fanden die Forscher heraus, dass bei älteren Kleinkindern (18 bis 25 Monate) diese gesteigerten Lesegewohnheiten zu einem größeren Wortschatz im Vergleich zu ihren Altersgenossen aus der Kontrollgruppe führten. Kurz gesagt: Lautes Vorlesen schien eindeutig die Sprachfähigkeiten der Kleinkinder positiv zu beeinflussen.

Merkliste für umgebungssprachige Familien

- Es ist wichtig, dass Sie die Zweitsprache so früh und häufig wie möglich in Ihren Alltag und die Aufgaben und Aktivitäten ihres Tagesablaufs integrieren. Das kann auf spaßige, interaktive und sinnvolle Weise geschehen.
- Sogar Eltern, die nur wenige Wörter in der Zweitsprache beherrschen, können die Fremdsprache mithilfe einfacher Lieder, Spiele und anderer vertrauter Handlungen in ihren Alltag integrieren.

- Ziehen Sie in Erwägung, einen wöchentlichen Familienabend einzuführen, an dem sich alles um die Zweitsprache dreht. Das muss nicht aufwendig sein: Sie können zum Beispiel schlicht eine Pizza bestellen und gemeinsam auf Italienisch über Pizzabeläge und weitere Zutaten reden.
- Das Vorlesen in der Fremdsprache ist einer der besten und einfachsten Wege, das Vokabular Ihres Kindes zu vergrößern.

Wenn Sie eine gemischtsprachige Familie sind …

In gemischtsprachigen Familien beherrscht zumindest ein Elternteil eine andere Sprache als die Umgebungssprache fließend. In einigen dieser Familien haben die beiden Elternteile unterschiedliche kulturelle und sprachliche Hintergründe, zum Beispiel ist der Vater italienischer Muttersprache und die Mutter polnischer Muttersprache. In vielen gemischtsprachigen Familien haben also beide Elternteile unterschiedliche Erstsprachen. In anderen Familien dagegen haben beide Elternteile dieselbe Erstsprache, aber einer von beiden hat ein hohes Sprachniveau in einer zweiten Sprache erworben, zum Beispiel sind beide Eltern deutsche Muttersprachler, aber ein Elternteil ist zweisprachig englisch-deutsch aufgewachsen. Eltern in gemischtsprachigen Haushalten neigen dazu, sich viele Gedanken darüber zu machen, wie es ihnen gelingen kann, beide Sprachen zu fördern, und sorgen sich häufig – und berechtigterweise – darum, dass die Umgebungssprache viel stärker werden könnte als die Zweitsprache.

Eury und Thorsten zum Beispiel haben eine fünf Jahre alte Tochter, Sarah. Eury spricht ausschließlich Englisch. Thorsten ist aus Deutschland und spricht Deutsch als Erst- und Englisch als Zweitsprache. Er kam vor acht Jahren als junger Erwachsener in die Vereinigten Staaten. Eury und Thorsten haben versucht, für Sarah Möglichkeiten zu schaffen, Deutsch zu lernen und an kulturellen Aktivitäten in deutscher Sprache teilzunehmen. Thorsten spricht mit Sarah Deutsch, und manchmal sehen sie sich gemeinsam im Internet Zeichentrickfilme auf Deutsch an. Sarah besucht einmal die Woche den Deutschunterricht im deutschen Zentrum in der Nachbarschaft. Und dennoch, trotz all dieser Bemühungen, spricht sie mit beiden Eltern immer Englisch, und während der Sommerferien, wenn sie keinen Deutschunterricht hat, kann es vorkommen, dass sie wochenlang kein Wort Deutsch spricht. Selbst mit ihren deutschen Großeltern, die vor einiger Zeit in die USA umgezogen sind, spricht sie Englisch, weil diese das Englische gut beherrschen. Dennoch geben ihre Eltern nicht auf und glauben fest daran, dass sie eines Tages – vielleicht, wenn sie in der Highschool ist – glücklich darüber sein wird, dass sie so viel sprachliche Zuwendung auf Deutsch erhalten hat.

Für gemischtsprachige Familien wie die von Sarah trifft viel des bereits Erwähnten zu. Besonders wichtig ist es auch hier, dass beide Sprachen in möglichst viele Aspekte des täglichen Lebens integriert werden. Darüber hinaus sollten gemischtsprachige Familien jedoch weitere Faktoren berücksichtigen. Der wichtigste ist wahrscheinlich, die richtige Balance zwischen beiden Sprachen zu finden. Die meisten gemischtsprachigen Familien setzen es sich zum Ziel, dass ihre Kinder beide Sprachen ungefähr gleich gut sprechen. Um dieses ambitionierte Ziel erreichen zu können, ist es entscheidend, dass die Eltern sowohl (1) die Quantität und (2) die Qualität der sprachlichen Zuwendung und Interaktion in beiden Sprachen sicherstellen.

Mit Quantität der sprachlichen Zuwendung meinen wir, wie oft das Kind jeden Tag welche der beiden Sprachen hört und wie häufig es in jeder der Sprachen angesprochen wird. Wie viel Zuwendung ist notwendig? Es liegen bisher nicht wirklich viele Studienergebnisse zu dem Thema vor, aber die wenigen Dinge, die wir wissen, entsprechen dem, was uns auch unser gesunder Menschenverstand und unsere Intuition sagen. Manche Untersuchungen weisen darauf hin, dass Kinder ungefähr gleich viel Zuwendung in beiden Sprachen benötigen, um eine vergleichbar hohe Kompetenz in beiden Sprachen erlangen zu können.

Wenn wir von der Qualität der sprachlichen Zuwendung sprechen, meinen wir die unterschiedlichen Arten der Interaktion in beiden Sprachen. Hat Ihr Kind zum Beispiel die Möglichkeit, in beiden Sprachen Lieder zu hören oder Spiele zu spielen? Gibt es für beide Sprachen gleich gute Möglichkeiten, sich mit Büchern oder geschriebenen Wörtern zu befassen? Anders ausgedrückt: Hat Ihr Kind ausreichende Möglichkeiten und Anreize, in beiden Sprachen zu interagieren? Und zwar in einer Anzahl unterschiedlicher Aktivitäten, wie etwa spielen, singen, vorgelesen bekommen, als auch in unterschiedlichen Kontexten, wie etwa im Zoo, im Supermarkt, in der Küche? Diese Fragen sind nicht leicht zu beantworten. Eltern aus gemischtsprachigen Familien sollten eventuell eine kleine Untersuchung in der eigenen Familie durchführen, um wirklich beurteilen zu können, welche und wie viele Möglichkeiten zum Sprachenlernen für das Kind existieren (Tipps und Mittel, um diese Sprachuntersuchung in der Familie durchzuführen, finden Sie am Ende des Kapitels).

Aus der Forschung

Wie viel ist genug?

1997 führten Pearson, Fernández, Lewedeg und Oller eine Studie an 25 spanisch-englischen bilingualen Kindern durch. Die Kinder unterschieden sich voneinander in der Intensität der sprachlichen Zuwendung, die sie in beiden Sprachen erhielten. Manche hatten zwei bilinguale Elternteile, bei anderen beherrschte nur ein Elternteil eine der beiden Sprachen perfekt, wieder andere stammten aus monolingualen englischsprachigen Familien und erhielten die spanische Sprachzuwendung ausschließlich über einen Babysitter oder ein Kindermädchen. Die Forscher fanden heraus, dass die Menge des Vokabulars, das die Kinder lernten und beherrschten, proportional zur Intensität der sprachlichen Zuwendung stand, die die Kinder in jeder der beiden Sprachen erhielten. Aber: Selbst mit einer sprachlichen Zuwendung von nur 20 Prozent waren die Kinder in der Lage, ein ausreichendes Vokabular zu entwickeln, um sich in der zweiten Sprache ausdrücken zu können. Anders formuliert, legen diese Studienergebnisse die Vermutung nahe, dass Kinder selbst dann lernen können, eine Zweitsprache aktiv zu sprechen, wenn sie nur ein Fünftel ihrer Wachzeit des Tages Zuwendung in dieser Sprache erhalten. Wenn Kinder aber weniger als 20 Prozent sprachlichen Input in der Fremdsprache erhielten, waren sie im Hinblick auf diese Sprache generell zögerlich und versuchten nur selten, sie überhaupt zu sprechen. Wenn es also Ziel ist, dass zwei Sprachen aktiv verwendet werden, sollte ein Zweijähriger, der zwölf Stunden am Tag wach ist, mindestens zweieinhalb Stunden damit verbringen, in der Zweitsprache zu interagieren und zu kommunizieren.

Das Prinzip „ein Elternteil/eine Sprache" in gemischtsprachigen Familien

In vielen gemischtsprachigen Familien entscheiden sich Eltern für den Lernansatz, der unter der Bezeichnung „ein Elternteil/eine Sprache" bekannt ist. Bei diesem Prinzip spricht jeder Elternteil mit dem Kind ausschließlich in einer einzigen Sprache, im Normalfall seiner jeweiligen Muttersprache. Der Lernansatz ist sehr verbreitet, und das durchaus mit gutem Grund. Denn auf diese Weise können Eltern relativ einfach sicherstellen, dass ihr Kind annähernd dieselbe sprachliche Zuwendung in beiden Sprachen erhält, und zwar sowohl im Hinblick auf Quantität als auch auf Qualität. Allerdings setzt das voraus, dass beide Eltern annähernd gleich viel Verantwortung für die Erziehung des Kindes tragen. Wir haben in unserer Arbeit viele Familien kennengelernt, deren Erfahrungen das verdeutlichen. Diese Familien erzogen ihre Kinder nach dem Prinzip „ein Elternteil/eine Sprache", und dennoch stellten sie nach einiger Zeit fest, dass das Kind ausschließlich die Sprache der Mutter verwendete. Die des Vaters verstand es zwar, sprach sie aber nicht. Um die Gründe dafür herauszufinden, baten wir die Familien, eine Sprachuntersuchung durchzuführen. Bei einigen stellte sich heraus, dass der Vater sich nur drei oder vier Stunden in der Woche intensiv und alleine um das Kind kümmerte. Das sind weniger als fünf Prozent der Wachstunden des Kindes. In solchen Fällen ist es kaum verwunderlich, dass das Kind die Sprache des Vaters nicht spricht.

Das „Ein Elternteil/eine Sprache"-Prinzip hat viele Vorzüge sowohl für die Eltern als auch für die Kinder. Es ist relativ überschaubar, und man muss weder komplizierte Regeln befolgen noch Stundenpläne einhalten oder Schemen befolgen, so wie etwa Alison, indem sie freitags nur Französisch spricht oder an manchen Abenden ausschließlich Japanisch. Jedes Elternteil spricht mit dem Kind die Sprache, die sie oder er am besten beherrscht. Deshalb erscheint dieser Lernansatz vielen Eltern als der natürlichste. Die Kinder lernen von Anfang an, mit jedem Elternteil eine bestimmte Sprache in Verbindung zu bringen. Und im Idealfall beginnen sie sofort, wenn sie anfangen zu sprechen, die jeweilige Sprache zu verwenden, wenn sie mit der Mutter oder dem Vater reden.

Aus der Forschung

Langzeitstudie: Das DUFDE-Projekt in Deutschland

Generell sollten sich alle Familien vor Augen führen, dass das Sprachenlernen ein langfristiger Prozess ist und dass die Sprachkompetenzen sich im Laufe der Zeit verändern werden. Das war das Ergebnis einer Langzeitstudie, die von 1986 bis 1992 unter der Leitung von Jürgen Meisel an der Universität Hamburg durchgeführt wurde. Das DUFDE-Projekt („Deutsch und Französisch – Doppelter Erstsprachenerwerb") beobachtete mehrere kleine Kinder über eine längere Zeit – ihre Mütter sprachen Französisch, die Väter Deutsch. Die Forscher analysierten die Sprachmuster der Kinder im Hinblick darauf, welche Sprache sie wann verwendeten, wie sich die beiden Sprachen im Laufe der Zeit entwickelten und wie der Sprachlernprozess sich in jeder Sprache unterschied. Bei allen Kindern gab es Phasen, in denen eine der beiden Sprachen, also entweder Deutsch oder Französisch, die dominante war. Im Normalfall standen diese Phasen in engem Zusammenhang mit längeren Reisen nach Frankreich, dem Besuch eines deutschen Kindergartens oder intensivem Kontakt mit Kindern, die entweder hauptsächlich Deutsch oder Französisch sprachen (etwa in privaten Spielgruppen). Letztendlich jedoch machten alle Kinder, die untersucht wurden, im Laufe der Dauer der Studie exzellente Fortschritte in beiden Sprachen.

Aus diesen Gründen wird der „Ein Elternteil/eine Sprache"-Ansatz häufig als das Optimum der bilingualen Kindererziehung angesehen. Und es gibt viele „lebende Beispiele", also bilinguale Erwachsene, die nach dieser Methode aufgewachsen sind. Nichtsdestotrotz sollte es uns zu denken geben, dass es ebenfalls viele Kinder gibt, die nach dem „Ein Elternteil/eine Sprache"-Prinzip erzogen wurden, letztendlich aber eher passiv als aktiv bilingual wurden. Das heißt, sie können zwar beide Sprachen gut verstehen, sprechen aber nur eine perfekt. Genau das passierte Eury und Thorsten, von denen wir im Abschnitt weiter oben erzählt haben. Ihre Tochter Sarah verstand zwar perfekt Deutsch, bestand aber darauf, ausschließlich Englisch zu sprechen. Wir haben sogar Familien kennengelernt, in denen beide Elternteile mit dem Kind dieselbe Zweitsprache, zum Beispiel Schwedisch, sprechen, und dennoch entscheidet das Kind sich für die Umgebungssprache des Landes als seine bevorzugte Sprache. Warum passiert so etwas? Und was können Eltern dagegen tun?

Das „Hot-House-Prinzip"

Es gibt mehrere mögliche Ursachen für diese unterschiedlichen sprachlichen Ergebnisse im Hinblick auf die Kompetenz und Vorlieben des Kindes. Häufig haben sie jedoch nur wenig mit dem zu tun, was im Haus und in der Familie passiert, sondern vielmehr damit, was außerhalb passiert. Schon kleine Kinder sind sensibel dafür, welche Sprache um sie herum gesprochen wird – im Sandkasten, im Park, im Supermarkt und der Kleiderreinigung, von ihren älteren Cousins, und so weiter. In fast jeder sozialen Gemeinschaft ist eine Sprache die dominante. Kinder erfassen das schnell und werden von dieser Sprache angezogen wie von einem starken Magneten. Und oft sogar schon lange bevor sie selbst überhaupt sprechen können. Diese Erfahrung haben zahlreiche Eltern gemacht, die wir im Laufe unserer Arbeit kennengelernt haben, und viele Studien bestätigen das. Ob wir es mögen oder nicht: Kinder entscheiden sich für diejenige Sprache, die sie als cool empfinden. Und zwar ganz bewusst.

Merke

Die Wahrscheinlichkeit, dass Kinder nicht nur passiv, sondern aktiv bilingual werden, ist höher, wenn man zu Hause die Herkunftssprache häufiger verwendet als die Umgebungssprache, also zum Beispiel 80 Prozent der Zeit.

Außerhalb der Familie können zwei Sprachen nie gleichberechtigt sein. Daher sollten Eltern in gemischtsprachigen Familien in Betracht ziehen, die schwächere, also die Herkunftssprache, *innerhalb* des Zuhauses zusätzlich zu fördern. Diesen Ansatz nennt man auch das Hot-House-Prinzip. In Analogie zur Pflanzenbiologie könnte man auch vom „Gewächshaus-Prinzip“ sprechen. Dabei wird die schwächere Sprache in den ersten Lebensjahren in der Sicherheit des Zuhauses sorgsam gehegt und gepflegt. Dahinter steht die Idee, dass die Sprachkompetenz des Kindes nach mehreren Jahren der Hot-House-Pflege stark genug sein wird, um der extensiven und intensiven Einwirkung der Umgebungssprache standzuhalten, wie etwa beim Eintritt in eine Vorschule. In der Praxis könnte das bedeuten, dass Sie sich – wenn Sie eine gemischtsprachige Familie sind – zum Ziel setzen könnten, zu 80 Prozent in der schwächeren, also der Herkunftssprache, und zu 20 Prozent in der Umgebungssprache mit Ihrem Kind zu kommunizieren und zu interagieren. Das Verhältnis hat den Vorteil, dass Sie eine starke Basis für die Erstsprache schaffen und dabei gleichzeitig von Anfang an den Zweitsprachenerwerb fördern. Mehr Tipps, wie Sie das konkret umsetzen können, finden Sie in Kapitel 12.

Merkliste für gemischtsprachige Familien

- Grundlegend für die Zweisprachigkeit ist eine ausgewogene Balance zwischen beiden Sprachen. Die Eltern müssen dafür Sorge tragen, dass diese Balance sichergestellt ist.
- Eine Sprachuntersuchung kann Ihnen dabei helfen, sich der Sprachmuster in Ihrer Familie bewusst zu werden, sodass Sie diese gegebenenfalls ändern können, um die optimalen Bedingungen für den Zweitsprachenerwerb Ihres Kindes zu schaffen.
- Abhängig von den individuellen Umständen kann für gemischtsprachige Familien entweder der „Ein Elternteil/eine Sprache“-Ansatz oder sogar das „Hot-House-Prinzip“ sinnvoll sein.
- Der Sprachlernprozess, unabhängig davon, ob Erst- oder Zweitsprache, ist am effektivsten, wenn er Spaß macht, in den Alltag integriert und sinnvoll mit dem Leben verbunden ist.

Wenn Sie eine herkunftssprachige Familie sind …

In herkunftssprachigen Familien sind beide Elternteile Muttersprachler einer Sprache, die nicht die Umgebungssprache ist. Beispiele dafür wären etwa polnischsprachige Eltern in London, türkischsprachige Eltern in Hamburg, aus Peru stammende spanischsprachige Eltern in Italien. Herkunftssprachige Eltern haben häufig die Befürchtung, ihr Kind könnte keine ausreichenden Kenntnisse der Herkunftssprache erlangen und erhalten – also zum Beispiel Polnisch, Türkisch oder Spanisch –, und machen sich gleichzeitig Sorgen um das Erlernen der dominanten, also der Umgebungssprache.

Unsere koreanischen Freunde Seok und Hye-Jeo und ihr Sohn Nathan sind ein gutes Beispiel für eine solche Familie. Sie kamen vor 15 Jahren in die USA, um dort ein Aufbaustudium zu absolvieren. Sie machten ihren Abschluss, wurden Lehrer und entschlossen sich, in Amerika zu bleiben. Nachdem Nathan geboren war, immigrierte Seoks Mutter ebenfalls aus Korea in die Vereinigten Staaten und lebt nun mit ihnen zusammen. Sie wohnen in einem belebten Viertel von Philadelphia, in dem viele andere koreanischstämmige Familien der ersten und zweiten Generation leben. Nathan besuchte ab seinem vierten Lebensjahr eine Privatschule mit Englisch als Unterrichtssprache, und obwohl viele seiner Mitschüler koreanischer Abstammung sind, sprechen nur wenige von ihnen zu Hause mit ihrer Familie Koreanisch. Seok und Hye-Jeo dagegen sprachen zu Hause ausschließlich Koreanisch, und Nathans Großmutter spricht überhaupt kein Englisch. Als Nathan in die Schule kam, hatten sie zunächst einige Zeit lang Zweifel und Sorge, denn sein Lehrer teilte ihnen mit, dass er in der Schule nur wenig sprach und schüchtern zu sein schien. Dann aber, im Dezember, hatte Nathan endlich Freunde in der Schule gefunden, fing an, sich mit ihnen zum Spielen zu verabreden, und blüht seitdem immer mehr auf. Und nun machen sich Seok und Hye-Jeo zwar keine Sorgen mehr über sein Englisch, dafür aber darum, wie sie ihm dabei helfen können, sein Koreanisch nicht zu vergessen.

Herkunftssprachige Familien machen sich häufig über die Sprache innerhalb der Familie ebenso Gedanken wie über die, die außerhalb der Familie gesprochen wird. Viele herkunftssprachige Eltern haben dieselben wichtigen Anliegen: (1) dass ihre Kinder die Herkunftssprache lernen und langfristig sprechen und verstehen können und (2) dass sie ebenfalls die dominierende, also die Umgebungssprache beherrschen. Im Fall von Seok und Hye-Jeo hat die komplett englischsprachige Umgebung zusammen mit der durchgängigen Verwendung des Koreanischen zu Hause ihrem Sohn Nathan dabei geholfen, bilingual zu werden (obwohl sie bereits jetzt bemerkt haben, dass Englisch wahrscheinlich in seinem Leben eine größere Rolle spielen wird als Koreanisch). Was aber ist mit Familien, die befürchten, dass eine solche Sprachaufteilung nicht ausreichend sein könnte? Glücklicherweise gibt es viele Studien zu dem Thema, so wie auch dazu, wie die beiden Sprachen miteinander in Beziehung stehen und sich im Grunde gegenseitig unterstützen.

Wenn Eltern möchten, dass ihre Kinder die Einwanderersprache lernen und auch zukünftig weiterhin beherrschen, sollten sie mit ihren Kindern ausnahmslos in dieser Sprache reden. Und zwar in jeder Situation völlig unbefangen und natürlich. Denn ob und wie die Kinder später sprechen werden, hängt unmittelbar damit zusammen, wie und wie oft mit ihnen gesprochen wird. Um eine Chance auf eine nahezu ausgewogene Bilingualität, also eine gleichermaßen hohe Sprachkompetenz in beiden Sprachen, zu haben, muss die Herkunfts- oder Einwanderersprache diejenige sein, die in der Hauptsache gesprochen wird – zumindest zwischen dem Kind und einem Elternteil. Die Sprache muss dabei keinesfalls formell unterrichtet werden. Insbesondere bei jüngeren Kindern raten wir sogar ausdrücklich davon ab. Aber sie muss unbedingt die hauptsächliche, tagtägliche und alltägliche Sprache der Familie und des Familienlebens sein.

Aus der Forschung

Die unwiderstehliche Anziehungskraft der Umgebungssprache

Eine Herkunftssprache aufrechtzuerhalten kann ein wenig so sein, als würde man gegen den Strom schwimmen, selbst bei einer solch verbreiteten Sprache wie dem Spanischen in den Vereinigten Staaten. Aktuelle Forschungsergebnisse haben gezeigt, dass bei Familien, die aus Lateinamerika in die Vereinigten Staaten eingewandert sind, die Sprachkompetenz des Spanischen im Laufe nur weniger Generationen völlig verschwindet. 2006 haben die Forscher Rumbaut, Massey und Bean demografische Daten der größten hispanoamerikanischen Bevölkerungsgruppe Südkaliforniens, der Mexikaner, untersucht. Die Studienergebnisse lassen darauf schließen, dass nur einer von 20 Enkeln mexikanischer Immigranten flüssig Spanisch spricht. Wie die Forscher sagen, „scheint sogar in der größten spanischsprachigen Enklave des Landes, innerhalb einer Grenzregion, die früher zu Mexiko gehörte, das Spanische spätestens in der dritten Generation auszusterben".

Obwohl sich das Spanische unter den Nachkommen der mexikanischen und zentralamerikanischen Immigranten ein wenig länger hielt als in anderen Einwanderergruppen, folgten auch diese Einwanderer dem nachgewiesen üblichen Schema, sich im Laufe der Jahre anzupassen und die Umgebungssprache anzunehmen. Unter den mexikanischstämmigen Amerikanern, deren beide Elternteile bereits in den USA geboren, deren Großeltern jedoch noch in Mexiko zur Welt gekommen waren, beherrschten nur noch 17 Prozent das Spanische fließend. Bei denjenigen, die nur ein oder zwei im Ausland geborene Großelternteile hatten, waren es sogar nur sieben Prozent. Und bei denjenigen mexikanischstämmigen Amerikanern, bei denen sowohl Eltern als auch Großeltern in den USA geboren waren, waren es lediglich fünf Prozent. Diese Datenerhebung ist ein gutes Beispiel dafür, dass alle Eltern – selbst die, die mehr als nur eine Sprache fließend beherrschen – viel Aufmerksamkeit auf die Aufrechterhaltung der Herkunftssprache verwenden müssen, wenn sie die Bilingualität ihrer Kinder fördern möchten.

Wie aber steht es um die Umgebungssprache? Verständlicherweise bemühen sich viele herkunftssprachige Eltern sehr, die Umgebungssprache von klein auf zu fördern. Schließlich ist das die Sprache, die normalerweise in der Schule gesprochen wird und die letztendlich über den Erfolg im Einwanderungsland bestimmt. Das ist eine Tatsache – dennoch erfüllt es uns mit Erstaunen und großer Bestürzung, immer wieder von herkunftssprachigen Eltern zu erfahren, dass ihre Kinderärzte, Lehrer und Sprachtherapeuten ihnen raten, *ausschließlich* die Umgebungssprache mit ihren Kindern zu sprechen, weil es andernfalls bei den Kindern zu Verwirrung und Entwicklungsstörungen kommen könne. Diese Behauptungen entbehren jeglicher Grundlage. Das Gegenteil ist der Fall. Studien zu dem Thema weisen darauf hin, dass bilinguale Kinder im Vergleich mit monolingualen ein weit größeres Wissen darüber entwickeln, wie Sprache an sich als System funktioniert. (Mehr dazu, wie man mit solchen unsinnigen Empfehlungen umgehen sollte, finden Sie in Kapitel 10.)

Unzählige Studien belegen, dass eine hohe Kompetenz in der Erstsprache grundlegend für die Kompetenz in der Zweitsprache ist; die beiden Sprachen unterstützen sich eher gegenseitig, als dass sie gegeneinanderarbeiten. Indem Eltern zu Hause die Erstsprache verwenden, fördern sie die zukünftige Entwicklung der Zweitsprache. Das heißt also zum Beispiel bei in Deutschland lebenden Eltern spanischer Herkunft, dass sie durch die konsequente Verwendung des Spanischen zu Hause auch die Sprachentwicklung des Deutschen fördern. Das mag auf den ersten Blick nicht eingängig erscheinen, aber eine große Anzahl von Forschungsergebnissen unterstützt diese Aussage. So untersuchten die Forscher Skutnaap-Kangas und Toukomaa in Schweden bei Schulkindern finnischer Abstammung die Rolle, die die Erstsprache (Finnisch) beim Erlernen der Zweitsprache (Schwedisch) spielte. Sie fanden heraus, dass die Kinder, die das Schwedische am besten beherrschten, bereits über ein hohes Sprachniveau in ihrer ersten Sprache, dem Finnischen, verfügten. Diejenigen Kinder, die nur wenig Finnisch sprachen, hatten weitaus mehr Probleme mit dem Schwedischen. Kurz gesagt, ein hohes Sprachniveau in der Erstsprache verhindert keinesfalls den Erwerb der Zweitsprache, es hilft eher dabei.

Andere Studien haben untersucht, ob es einen Zusammenhang zwischen der Verwendung der Herkunftssprache zu Hause und akademischen Leistungen gibt. Die Harvard-Forscherin Catherine Snow arbeitete mit Schülern der Internationalen Schule der Vereinten Nationen in New York City, einer Schule, die in der Hauptsache von Kindern von UN-Mitarbeitern besucht wird. Viele der Schüler lebten also in Familien, in denen andere Sprachen als Englisch gesprochen wurden. Snow wollte wissen, ob und wie die Sprachgewohnheiten innerhalb der Familie die schulische Leistung der Kinder beeinflussten. Sie überprüfte drei Gruppen von Schülern anhand einer Reihe von Wort-Definitionen und standardisierten Tests: (1) Kinder aus englischsprachigen Familien, in denen ausschließlich Englisch gesprochen wurde, (2) Kinder aus herkunftssprachigen Familien, in denen die Einwanderersprache regelmäßig gesprochen wurde, und (3) Kinder aus herkunftssprachigen Familien, in denen die Eltern mit ihren Kindern Englisch sprachen. Sie fand heraus, dass Kinder, die in monolingualen Familien aufwuchsen, in denen die Haussprache nicht Englisch war, ebenso gut in den akademischen Tests abschnitten wie monolinguale Kinder aus rein englischsprachigen Familien. Anders ausgedrückt: Die Ergebnisse der Gruppen 1 und 2 waren ähnlich. Dagegen schnitten die Kinder, deren Eltern nicht in ihrer eigentlichen Muttersprache (der Herkunftssprache), sondern in der Umgebungssprache Englisch mit ihnen kommunizierten (Gruppe 3), bei Weitem schlechter ab. Snow leitet daraus die mögliche Erklärung ab, dass „die Verwendung der Muttersprache die schulischen Leistungen fördert, weil sie den Kindern eine reiche, komplexe sprachliche Zuwendung garantiert".

Zusammenfassend lässt sich sagen, dass herkunftssprachige Familien ihre Sprachgewohnheiten zu Hause überprüfen und gegebenenfalls überdenken sollten. Sie sollten ihre Kinder guten Gewissens von klein auf mit ihrer Erstsprache konfrontieren und umgeben. Wenn Eltern wünschen, dass ihre Kinder ihre Herkunftssprache lernen und sprechen, sollte diese Sprache auch diejenige sein, in der Eltern und Kinder miteinander kommunizieren. Zeitgleich kann das Kind aber auch bereits früh an die Zweitsprache herangeführt werden. Herkunftssprachige Eltern müssen sich keine Sorgen über eine eventuelle Sprachverwirrung machen, sie sollten jedoch die Quantität und Qualität der Zuwendung in beiden Sprachen genau beobachten und dabei berücksichtigen, dass die Umgebungssprache im Normalfall in jede Familie schleichend durchsickert. Deshalb empfehlen wir diesen Eltern, in ihrer Familie die Sprachuntersuchung durchzuführen, die wir am Ende des Kapitels vorstellen.

Merke

Eine fundierte Basis in der Erstsprache steht in engem Zusammenhang sowohl mit dem erfolgreichen Erwerb einer Zweitsprache als auch mit den akademischen Leistungen der Kinder.

Merkliste für Familien mit Herkunftssprache

- Ziehen Sie in Erwägung, die Herkunftssprache zu Hause häufiger zu verwenden als die Umgebungssprache. Nur so räumen Sie Ihrer Muttersprache ausreichend Platz ein.
- Behalten Sie sowohl die Quantität als auch die Qualität der sprachlichen Zuwendung im Blick.
- Der beste Weg, sicherzustellen, dass Ihre Kinder bilingual werden, ist es, Ihre eigene Muttersprache mit ihnen zu sprechen.
- Es ist wichtig für die kognitive und akademische Entwicklung Ihrer Kinder, dass Sie mit ihnen die Sprache sprechen, in der sie sich am wohlsten fühlen.

So unterstützen Sie zu Hause den Spracherwerb Ihrer Kinder

Unabhängig vom Sprachentyp Ihrer Familie sollten Sie Ihre Bemühungen, die Sprache zu erlernen und zu fördern, durch den gut geplanten Einsatz von Babysittern, privaten Spielgruppen und den erweiterten Familienkreis unterstützen. Eine Sprachuntersuchung Ihrer Familie kann Ihnen ebenfalls dabei helfen. All diese wirkungsvollen Hilfsmittel sind generell für jede Familie sinnvoll.

Babysitter, Kindermädchen und Au-Pair-Mädchen

Der Spracherwerb zu Hause kann durch den strategisch geplanten Einsatz von Betreuungs- und Bezugspersonen wie Babysitter, Kindermädchen und Au-Pair-Mädchen erheblich gefördert werden. Den Grund dafür haben wir bereits mehrfach erwähnt: Sprachenlernen funktioniert am besten über natürliche, alltägliche Handlungen und Interaktionen. Eltern müssen dafür keine besonderen zusätzlichen Leistungen erbringen. Sie müssen nur das tun, was sie sowieso normalerweise machen würden, in diesem Falle also jemanden suchen und finden, der auf ihr Kind aufpasst. Mit dem Unterschied, dass sie dabei das zusätzliche Ziel des Spracherwerbs im Auge behalten. Dabei ist es wichtig, den Betreuungspersonen explizite Anweisungen zu geben, welche Sprache und Sprachtypen sie in der Kommunikation mit den Kindern verwenden sollen. Betreuungspersonen sind – wie jeder andere Mensch auch – am zufriedensten und effektivsten, wenn ihr Urteil und ihre Erfahrung bemerkt und wertgeschätzt werden.

Was also sind Ihre Optionen? Welche Betreuung ist die beste für Ihr Kind und wie kann die Betreuungsperson zu Hause den Spracherwerb unterstützen? Hier ein kurzer Überblick:

Babysitter werden normalerweise auf Stundenbasis und nach aktuellem Bedarf gebucht. Häufig handelt es sich um Studenten oder Teenager aus der Nachbarschaft, manchmal aber auch um ältere Erwachsene. Die meisten Babysitter werden über persönliche Empfehlung oder über Freunde gefunden. Es ist auch möglich, dass sie über Anzeigen an Schwarzen Brettern gesucht und gefunden werden (sowohl über physische Aushänge als auch im Internet) oder über Arbeitsvermittlungen für Schüler und Studenten. Wenn Sie Ihren Babysitter per Anzeige oder Aushang suchen, können Sie zum Beispiel hinzufügen, dass Sie jemanden wünschen, der die Sprache xyz perfekt beherrscht. Und wenn sich der mögliche neue Babysitter zum ersten Mal bei Ihnen vorstellt, fügen Sie Ihrer Liste der Fragen die nach den Sprachkenntnissen hinzu (welche und auf welchem Sprachniveau?). Wenn Sie dann den passenden Babysitter gefunden haben, sprechen Sie mit ihr oder ihm neben den üblichen Themen und Abläufen auch über Sprache. Da das Sprachenlernen am besten funktioniert, wenn es in lustige und sinnvolle Aktivitäten eingebunden ist, kann es auch hilfreich sein, dem Babysitter bestimmte Aktivitäten vorzuschlagen, die er gemeinsam mit Ihrem Kind oder Ihren Kindern unternehmen soll. Dabei muss es sich weder um teure noch um komplizierte Dinge handeln. Wichtig ist nur, dass sie viele Möglichkeiten der Interaktion bieten. Handarbeiten und Basteln (wie das Formen von Ton- oder Knetfiguren oder das Malen mit Fingerfarben) oder ein Ausflug zur Eisdiele oder zur Stadtbibliothek (insbesondere, wenn es dort Bücher in der Zielsprache gibt) bieten mehr Möglichkeiten zum Gespräch als ein Besuch im Kino oder auf dem Spielplatz.

Kindermädchen werden üblicherweise als Vollzeitbetreuer für Kinder eingestellt. Manchmal leben sie auch in der Familie, für die sie arbeiten. Viele Kindermädchen sind ausgebildete Erzieherinnen, die sich beruflich für diese Tätigkeit spezialisiert haben und daher häufig über die größte Erfahrung verfügen. Entsprechend kosten sie aber auch am meisten.

Aus der Forschung

Kindermädchen können hervorragende Sprachlehrer sein!

Da sich die Erforschung des Spracherwerbs meist unverhältnismäßig stark auf den Kontext der traditionellen Kernfamilie (Mutter, Vater, Baby) konzentriert, gibt es bisher nur wenige Studien, die die Rolle anderer Betreuungs- und Bezugspersonen (wie etwa Kindermädchen) und deren Einfluss auf den Erwerb einer Zweitsprache untersuchen. Kendall King hat gemeinsam mit den Absolventinnen ihres Studiengangs Lyn Fogle und Aubrey Logan-Terry ein Jahr lang eine kleine Anzahl von Familien auf diesen Punkt hin beobachtet. Jede hatte ein kleines Kind von ein bis zwei Jahren. Im Laufe des Jahres nahm jede der Familien einmal pro Monat gemeinsame Aktivitäten ihrer Kinder mit ihren jeweiligen Bezugspersonen auf Video auf (zum Beispiel das gemeinsame Spielen im Wohnzimmer, das Abendessen, Baden). Es wurden die Qualität und Quantität des Sprachgebrauchs der Betreuungspersonen untersucht und dabei insbesondere die Sprachgewohnheiten der Mütter und die der Kindermädchen verglichen. So ließ sich herausfinden, dass die Kindermädchen im Allgemeinen viel mehr mit den Kindern sprachen als die Mütter (gemessen an der Anzahl der Wörter während jeder Videoaufzeichnung). Die Komplexität der verwendeten Sprache war ähnlich (gemessen an der Auswahl des Vokabulars und der Länge der Sätze). Und das wohl interessanteste Ergebnis: Die Kindermädchen waren wesentlich konsequenter in der Verwendung der Fremdsprache als die Mütter. Wenn zum Beispiel das Kind auf sein Spielzeug zeigte und dabei das englische Wort train verwendete, neigten die Mütter dazu, das zu bestätigen, indem sie das Wort ebenfalls auf Englisch wiederholten. Die Kindermädchen dagegen antworteten eher auf Spanisch: „Sí, un tren." Obwohl beide, Mütter und Kindermädchen, bilingual waren, blieben die Kindermädchen beim Spanischen. Diese Untersuchung umfasste zwar nur eine kleine Anzahl von Familien und kann daher nicht generalisiert werden, dennoch lässt sich daraus schließen, dass die Kindermädchen potenziell gute Sprachlehrer sein können. Warum? Zwar hatte keine von ihnen eine Ausbildung als Sprachlehrerin, aber offensichtlich sahen sie die kontinuierliche Anwendung der Fremdsprache als Teil ihrer Aufgabe an. So war es mit ihrer Hilfe möglich, das Sprachenlernen sinnvoll und unterhaltsam in das tägliche Leben der Kinder zu integrieren.

Au-Pair-Mädchen stammen meist aus dem Ausland und leben für einen begrenzten Zeitraum – üblicherweise ein Jahr lang – mit einer Familie zusammen. Im Normalfall arbeiten sie den ganzen Tag und werden im Grunde wie Familienmitglieder behandelt. Zum Beispiel bereiten sie häufig auch die Mahlzeiten zu und nehmen sie gemeinsam mit der Familie ein. Au-Pair-Mädchen haben oft gute Kenntnisse der Landessprache, die sie meist auch weiter verbessern möchten, sodass es ihnen eventuell schwerfallen könnte, in ihrer eigenen Muttersprache mit den Kindern zu sprechen. Sie benötigen also ein wenig Unterstützung und Ermutigung. So wie mit jeder anderen Betreuungsperson, sollten Sie auch mit Au-Pair-Mädchen explizit über deren Aufgaben sprechen, vor allem über Ihre Hoffnungen und Erwartungen hinsichtlich des Sprachenlernens. Hilfreich dabei könnte es sein, eine Liste der Aktivitäten zusammenzustellen, die die Mädchen gemeinsam mit Ihren Kindern in der Fremdsprache ausführen können. Zusätzlich könnte es sinnvoll sein, einige „Sprachregeln“ aufzustellen, die den Au-Pair-Mädchen die Chance geben, sich als Sprachexperten zu sehen und zu etablieren. Sie könnten zum Beispiel festlegen, dass die gesamte Familie an drei Abenden der Woche ausschließlich in der Fremdsprache spricht. Oder Sie bestimmen einen Tag der Woche, etwa den Freitag, zum Sprachentag, an dem die Familie und das Au-Pair-Mädchen sich gegenseitig ihre jeweiligen Sprachen beibringen. Vergessen Sie aber nicht, das Mädchen nach ihren eigenen Sprachzielen und Wünschen zu fragen, um sicherzustellen, dass jede Seite aus der Au-Pair-Zeit den gewünschten Nutzen ziehen kann. Wenn sie zum Beispiel hofft, durch ihren Aufenthalt im Ausland – sagen wir in Deutschland – perfekte Deutschkenntnisse zu erwerben, könnten Sie ihr vielleicht dabei helfen, einen Deutschkurs in der Umgebung zu finden. Oder Sie einigen sich mit ihr darauf, dass Sie mit ihr nur noch Deutsch sprechen, sobald die Kleinen im Bett sind.

Tipps

Wenn Sie mit der Betreuungsperson für Ihr Kind über Sprachen reden

- Zeigen Sie ihr, dass Sie ihre besonderen Sprachkenntnisse zu schätzen wissen („Wir sind glücklich, endlich jemanden gefunden zu haben, der das Polnische flüssig beherrscht und unserer Tochter dabei helfen wird, die Sprache zu lernen. Für uns ist das ein besonders wichtiger Punkt.").
- Betonen Sie deutlich, dass Sie hoffen und auch erwarten, dass die Betreuungsperson mit Ihrem Kind so häufig und regelmäßig wie möglich in ihrer Muttersprache sprechen wird („Die Tatsache, dass Sie Muttersprachler sind, war für uns ein wichtiges Auswahlkriterium. Wir hoffen, dass Sie bei uns zu Hause im Grunde immer und in jeder Situation Polnisch sprechen werden.").
- Weisen Sie genau darauf hin, dass Sie keinen formellen Sprachunterricht wünschen. Anders ausgedrückt: Sie erwarten und wünschen keine täglichen „Unterrichtsstunden" zu bestimmten Dingen oder Themen wie Farben, Zahlen oder Körperteilen („Wir glauben fest daran, dass die natürliche Interaktion in einer Sprache der beste Weg ist, sie zu lernen. Sprechen Sie also immer nur Polnisch, ohne irgendwelche besonderen Lernziele oder -materialien.").
- Teilen Sie ihr mit, dass Sie wünschen, dass Ihr Kind in die fremde Sprache eintaucht, indem die Betreuungsperson sie über den Tag hinweg natürlich, regelmäßig und sinnvoll anwendet – zum Beispiel beim Essen, Baden und Umziehen („Es wäre toll, wenn Anita bei all ihren Aktivitäten Polnisch hören würde: beim Spielen, Aufräumen, Essen und sogar beim Baden. Sprechen Sie einfach ganz natürlich mit ihr.").
- Versichern Sie ihr, dass es völlig in Ordnung ist, wenn Ihr Kind nicht von Anfang an alles und jedes Wort versteht, und dass sich das im Laufe der Zeit von alleine geben wird, wenn die Betreuungsperson in einfachen und deutlichen Sätzen spricht („Ich weiß, dass Anita nicht sofort jedes Wort verstehen wird. Aber wir sind

völlig davon überzeugt, dass sie schnell lernen wird. Reden Sie einfach weiter Polnisch mit ihr, dann wird das schon.").

- Fragen Sie die Betreuungsperson nach ihrer eigenen Meinung und sprechen Sie mit ihr regelmäßig darüber, wie die Kommunikation in der Fremdsprache klappt und welche Fortschritte Ihr Kind macht („Wie läuft es mit Anita? Haben Sie Verbesserungsvorschläge oder Tipps, wie wir Anita helfen könnten? Machen Sie sich über irgendetwas Sorgen?").
- Unterstützen Sie die Betreuungsperson und ihre sprachlichen Bemühungen, indem Sie ihr Kinderbücher, Frauenzeitschriften und so weiter in der Fremdsprache zur Verfügung stellen („Ich habe einige neue polnische Bücher auf den Tisch gelegt, falls Sie heute Zeit und Lust haben, zu lesen. Sie können auch gerne die Zeitschriften lesen, während Anita ihr Mittagsschläfchen macht.").

Private Spielgruppen

Sprachbasierte private Spielgruppen zählen zu den besten Möglichkeiten, die wir kennen, um den frühen Spracherwerb zu fördern. Spielgruppen haben sehr, sehr viele Vorteile, und zwar unabhängig von ihrer Größe. Hier sind unsere Top Five der Gründe, die für Spielgruppen sprechen:

- *Private Spielgruppen bieten eine kostenlose oder kostengünstige Möglichkeit, Gleichgesinnte zu treffen und sich mit ihnen auszutauschen.* Wo sonst könnten Sie noch besser über Ihre Begeisterung, Ihre Zweifel und Ihre Hoffnungen sprechen, während Sie sich gleichzeitig darüber informieren, wann und wo der neue spanisch-deutsche Kindergarten in der Nachbarschaft eröffnet wird? Natürlich sind Spielgruppen primär für Kinder, aber auch Eltern finden dort Kameradschaft, Unterstützung und ein offenes Ohr.
- *Spielgruppen bieten Eltern die Möglichkeit, die Zweitsprache „live" und natürlich in der Interaktion zwischen Eltern und Kindern zu erleben.* Viele von uns haben ihre zweite Sprache über den regulären Sprachunterricht in der Schule gelernt, und manche unter uns kommen sich sicher ein wenig komisch dabei vor, in der Fremdsprache mit

unseren Kindern und Kleinkindern zu reden. Zu erleben, wie andere Eltern an das Problem herangehen, kann hilfreich und beruhigend sein.

- *Spielgruppen bieten Ihrem Kind eine regelmäßige verbale Stimulation in der Zielsprache.* Was könnte motivierender für Ihr Kind sein, als zu sehen und zu hören, wie ein anderes – vielleicht ein wenig älteres – Kind Schlüsselsätze wie „das ist meines" oder „das ist cool" in der Zweitsprache formuliert?
- *Spielgruppen können so organisiert werden, dass sie den individuellen Bedürfnissen und der zeitlichen Verfügbarkeit mehrerer unterschiedlicher Familien entgegenkommen.* Da die Spielgruppen von den Eltern selbst organisiert und betreut werden, können sie nach eigenen Wünschen Zeiten, Orte und Aktivitäten bestimmen.

Nehmen wir nun einmal an, wir konnten Sie mit unseren oben aufgeführten Argumenten davon überzeugen, dass private Spielgruppen eine exzellente Möglichkeit bieten, den Zweitsprachenerwerb zu Hause zu unterstützen und zu fördern. Nun werden Sie sich vielleicht fragen, wie man eine solche Spielgruppe finden oder auch gründen kann. Natürlich sollten Sie als Erstes herausfinden, ob es in Ihrer Nachbarschaft schon private Spielgruppen gibt, in denen die von Ihnen gewünschte Zielsprache gesprochen wird, zum Beispiel über Zettel an den Pinnwänden in Supermärkten, Cafés, Aushänge in Bibliotheken und Buchläden oder in der Stadtteilzeitung. Unserer Erfahrung nach ist jedoch die persönliche Empfehlung noch immer der beste Weg. Fragen Sie andere Mütter auf dem Spielplatz oder im Schwimmbad. Meist haben Spielgruppen eine hohe Fluktuation, und nur selten nehmen immer alle Mitglieder an jedem einzelnen Treffen teil. Es gibt also häufig sehr flexible Gruppen, die sich über neue Mitglieder freuen. Sollten Sie keine Gruppe finden, die Ihren Wünschen entspricht, verzagen Sie nicht! Es ist gar nicht schwer, selbst eine zu gründen.

Der erste Schritt für die Gründung einer neuen privaten Spielgruppe ist es, andere gleich gesinnte Eltern zu finden, deren Kinder ungefähr im selben Alter sind wie das Ihre, die dieselbe Fremdsprache fördern wollen und darüber hinaus möglichst ähnliche Zeitabläufe haben oder ähnliche Zeiten bevorzugen. Damit meinen wir nicht, dass die Eltern alle über dasselbe Sprachniveau in dieser Fremdsprache verfügen müssen; wir haben viele erfolgreiche Spielgruppen kennengelernt, in denen die Hälfte der Eltern zum Beispiel spanische Muttersprachler sind und die andere Hälfte gerade erst angefangen hat, Spanisch als Fremdsprache zu lernen.

Tipp

So gründen Sie eine neue sprachbasierte private Spielgruppe. Ein Beispiel für einen Aushang oder eine Anzeige:

Sprechen Sie Tschechisch? Mluvíte česky?
Suchen Sie tschechischsprachige Freunde und Spielkameraden für Ihre Kinder? Wir sind eine Gruppe von Eltern und Kindern, die eine tschechischsprachige private Spielgruppe gründen wollen. Wir treffen uns jeden Mittwoch um 10:00 Uhr morgens, um eine Stunde lang gemeinsam zu singen, zu spielen und uns auf Tschechisch zu unterhalten. Wenn Sie interessiert sind, kontaktieren Sie bitte Petra …

Ideal ist es, wenn Sie eine Gruppe von Kernmitgliedern finden, etwa ein oder zwei Mütter oder Väter, die interessiert und motiviert sind. Die besten Chancen dazu haben Sie, indem Sie Ihre Freunde und Bekannten fragen, ob sie jemanden kennen. Wenn sie auf diese Weise niemanden finden können, gehen Sie direkt zum zweiten Schritt über: Suchen Sie eine Gruppe über eine Anzeige oder einen Aushang. Das ist viel einfacher und schneller getan, als es vielleicht den Anschein hat. Beschreiben Sie kurz, was Sie suchen und wie Sie sich die Gruppe vorstellen, und geben Sie einen Kontakt an. Dann (1) machen Sie einen Aushang an den Schwarzen Brettern in Ihrer Nachbarschaft (Supermärkte, Bibliotheken etc.) oder schalten eine Anzeige in der Stadtteilzeitung (nehmen Sie ein paar Zettel oder Ausdrucke mit, wenn Sie Ihre täglichen Besorgungen erledigen) oder (2) stellen Sie die Anzeige auf Elternseiten im Netz oder, wenn es in Ihrer Gegend so etwas gibt, lokale Internetseiten.

Spielgruppen sollten nicht mehr als maximal 15 Mitglieder haben. Unserer Erfahrung nach nehmen zwar normalerweise nur knapp die Hälfte der Mitglieder an den einzelnen Treffen teil – dennoch sind 15 Eltern und Kinder wahrscheinlich das absolute Maximum, das an einem regnerischen Nachmittag in einem Wohnzimmer Platz findet. Wenn die Anzahl der Mitglieder 15 überschreitet, sollte man sie lieber in zwei getrennte Gruppen aufteilen oder sich alternativ nach einem Gemeindezentrum, einer Kirchengemeinde oder anderen kostengünstigen oder kostenfreien Räumen umsehen, wo man die Treffen abhalten könnte.

Es ist wichtig, dass Sie einige Grundregeln für die Arbeit in der privaten Spielgruppe aufstellen, denn es hat sich häufig als günstig erwiesen, wenn die Spielstunden einer zwar lockeren, aber dennoch geregelten Struktur folgen. So haben zum Beispiel viele der erfolgreichsten Spielgruppen, die wir bisher kennengelernt haben, einen festen Termin in der Woche für die Treffen, wie etwa jeden Mittwochmorgen von 9:00 bis 10:15 Uhr. Die Gastgeber und Betreuer sollten im Rotationssystem jede Woche wechseln. Spielgruppen, die sich in Privatwohnungen, Häusern oder in Gemeindezentren treffen, scheinen besser zu funktionieren als die, die sich auf Spielplätzen oder in öffentlichen Parks treffen, weil es in geschlossenen Räumlichkeiten einfacher ist, die Gruppe zusammenzuhalten.

Zu Beginn des Treffens gibt es normalerweise ein kurzes Begrüßungsritual in der Zielsprache der Gruppe, etwa ein Lied oder ein Spiel. Dies sollte für kleinere Kinder kurz gehalten werden, bei schon älteren Kindern kann es auch ein wenig länger sein. Danach folgt häufig entweder Zeit zum freien Spielen oder für eine geplante Aktivität, dann eine kleine gemeinsame Mahlzeit und ein Abschiedslied. Die einzige „richtige“ Regel (unabhängig von Regeln wie denen, dass man sich nicht gegenseitig schlägt, beißt oder mit Spielzeugen bewirft) besteht darin, dass die Eltern so viel wie möglich in der Zielsprache sprechen und die Kinder dazu ermutigen sollten, das ebenfalls zu tun. Bei bilingualen Gruppen kann es auch sinnvoll sein, abwechselnd eine Woche lang in der einen und eine Woche in der anderen Sprache zu sprechen; auf diese Weise bekommt jedes Mitglied regelmäßig die Chance, sich als Experte in der eigenen Sprache zu fühlen und beim nächsten Mal von den anderen zu profitieren, um die eigene schwächere Sprache zu praktizieren. Wenn die Gruppe erst einmal etabliert und gefestigt ist, kann es auch zweckmäßig sein, die Organisation der Treffen abwechselnd über eine längere Zeit hinweg in die Verantwortung einzelner Mitglieder zu geben: Jeweils eine bestimmte Person ist drei Monate lang verantwortlich für alles, was die Organisation betrifft, etwa dafür, Erinnerungsmails zu verschicken oder neue Mitglieder zu suchen und zu finden.

Merkliste für Spielgruppen

- Halten Sie die Gruppen klein (vorzugsweise weniger als zehn oder 15 Mitglieder).
- Vereinbaren Sie einen regelmäßigen Termin für die Treffen (einmal in der Woche ist ideal).
- Lassen Sie die Treffen entweder im Rotationssystem bei den einzelnen Mitgliedern stattfinden oder treffen Sie sich in einem Gemeindezentrum, in dem Sie die Gruppe zusammenhalten können.
- Eröffnen und schließen Sie die Gruppe mit einem kurzen Ritual, wie einem Lied oder einer anderen Aktivität.
- Lassen Sie den Kindern Zeit zum freien Spielen und sorgen Sie für eine einfache, gesunde Mahlzeit oder einen Snack.
- Gestalten Sie den Ablauf so einfach wie möglich: Die einzige Regel ist die, dass jeder die Zielsprache sprechen sollte.

Wir möchten Eltern ausdrücklich ermutigen, sich von Anfang an Gedanken über eine sprachbasierte private Spielgruppe zu machen. Manchmal finden sich schon in Geburtsvorbereitungskursen genug Interessenten zusammen. Die Vorteile – sowohl für die Eltern als auch für die Kinder – sind so vielfältig wie die Anzahl der potenziellen Gruppen.

Großeltern und andere Verwandte

Verwandte sind wesentliche Mitstreiter in jedem Sprachlernprojekt einer Familie. Insbesondere die Großeltern haben oft eine enge Beziehung zu ihrem Enkelkind, daher ist es äußerst wichtig, sich ihrer Unterstützung zu vergewissern. Ungeachtet ihrer Sprachkenntnisse sollten sie auf jeden Fall in den Sprachlernprozess integriert werden. Besonders bedeutsam ist das natürlich bei herkunftssprachigen Familien, in denen die Muttersprache der Großeltern identisch mit der Zweitsprache ist. Allerdings sollten Sie bedenken, dass Großeltern und andere Verwandte dem Spracherwerb der Kinder zu Beginn manchmal skeptisch gegenüberstehen, weil sie eventuell mit manchen der Vorurteile aufgewachsen sind, die wir in Kapitel 2 vorgestellt haben. So könnten sie zum Beispiel besorgt sein, dass ihre Enkelkinder durch die Verwendung von zwei Sprachen verwirrt werden. Es könnte aber auch sein, dass Großeltern – insbesondere, wenn es ihnen selbst schwergefallen ist, die Umgebungssprache als Zweitsprache zu lernen – stolz darauf sind, dass ihre Enkel ausschließlich die Landessprache sprechen. Es ist wichtig, dass Sie mit den Großeltern über diese Gedanken und möglichen Sorgen offen sprechen. Wir sind uns bewusst, dass das in manchen Familien leichter gesagt als getan ist, aber Sie sollten es dennoch unbedingt versuchen. Vielleicht geben Sie Ihren Verwandten ja auch dies Buch oder Teile daraus zum Lesen (insbesondere, wenn sie trotz all Ihrer guten Argumente weiterhin skeptisch bleiben).

In jeder Familie kommt jedem einzelnen Familienmitglied eine bestimmte Rolle zu. Monolinguale Großeltern (so wie auch andere monolinguale Familienmitglieder) können ihre Enkelkinder ermutigen und beim Sprachenlernen unterstützen, indem sie die Kenntnisse der Kinder anerkennen und wertschätzen, sie animieren und ihnen zeigen, wie stolz sie darauf sind, dass ihre Enkelkinder mehr als nur eine Sprache sprechen können (sogar dann, wenn die Großeltern selbst nur eine dieser Sprachen verstehen). Großeltern, die die Zielsprache sprechen, sollten ermuntert werden, diese so häufig wie möglich mit ihren Enkeln zu sprechen und dabei die kindlichen Sprachfehler und -verwechslungen möglichst zu ignorieren. Wie wir bereits in diesem Kapitel hervorgehoben haben, bedeutet das keinesfalls „Sprachunterricht", sondern lediglich eine regelmäßige und sinnvolle Verwendung der Sprache im Alltag.

Tipps

So ermutigen Sie Großeltern, die die Zielsprache sprechen, sich am Sprachlernprozess zu beteiligen

Obwohl sich Großeltern und Enkelkinder oft sehr nahestehen, kann ihre Einbindung in den Sprachlernprozess ihres Kindes eine große Herausforderung darstellen:

- Halten Sie die Großeltern über das Leben Ihrer Kinder auf dem Laufenden. Das ist besonders wichtig, wenn die Großeltern weit entfernt wohnen. Rufen Sie sie an, senden Sie Briefe, Postkarten, E-Mails und selbst gemalte Bilder oder selbst gebastelte kleine Kunstwerke Ihrer Kinder. Das Internet kann dabei erstaunliche Dienste leisten. Eltern können Fotos der Kinder auf Fotoseiten wie picasa oder flickr.com ins Netz stellen oder kleine Videos auf youtube.com. Oder Sie können über Skype telefonieren. All das kann den Großeltern das Gefühl geben, in Verbindung mit ihren Enkeln zu sein und Anteil an deren Leben zu haben, selbst wenn sie nicht oft die Gelegenheit haben, sie zu besuchen. Dadurch werden die echten Treffen und Besuche umso natürlicher und schöner. Wenn es möglich ist, sorgen Sie dafür, dass bei den Treffen und Telefonaten die Muttersprache der Großeltern gesprochen wird.
- Ermutigen Sie die Großeltern zum Babysitten und dazu, generell mehr Zeit mit ihren Enkeln zu verbringen. Tragen Sie Sorge, dass die Treffen für beide Seiten ein Vergnügen werden und keine lästige Pflicht. Anstatt die Großeltern zu bitten, Ihnen beim Abwasch oder der Hausarbeit zu helfen, sollten Sie Aktivitäten vorschlagen, die Interaktion mit den Kindern erlauben, wie Spielen oder ein Spaziergang im Park. Stellen Sie sicher, dass die Großeltern und Enkel Zeit und Raum haben, sich in Ruhe zu unterhalten und dabei nebenbei die Sprache zu üben.
- Wenn Sie mehrere Kinder haben, versuchen Sie sicherzustellen, dass jedes Kind die Möglichkeit hat, Zeit alleine mit den Großeltern zu verbringen. Das ermöglicht beiden Seiten, ihre Beziehung zueinander persönlicher und inniger werden zu lassen, und erlaubt

ihnen, den meisten Nutzen aus der sprachlichen Interaktion zu ziehen.

- Seien Sie aufmerksam zu den Großeltern, und sehen Sie es nicht als selbstverständlich an, dass sie Zeit mit ihren Enkeln verbringen. Bereiten Sie ein gutes Essen und ihr Lieblingsdessert zu, stellen Sie ihren Lieblingswein bereit, und gestalten Sie den Aufenthalt bei Ihnen für die Großeltern so schön wie nur möglich. Das wird sie ermutigen, mehr Zeit mit Ihrer Familie zu verbringen.
- Stellen Sie sicher, dass die Großeltern wissen, wie sehr Sie sie schätzen, und dass Sie ein wichtiger Teil sowohl der Familie als auch Ihrer Sprachenpläne für Ihr Kind sind (und nicht nur Aushilfsbabysitter, wenn einmal Not am Mann ist).

(Vorschläge nach Moore, 2004)

Die „Sprachfehler" Ihres Kindes: Probleme oder Anzeichen für die Weiterentwicklung der Sprache?

Lassen Sie uns auf einen letzten Punkt eingehen, der alle Kinder – aus allen Arten von Familien – betrifft: Fehler sind ein natürlicher Teil des Lernprozesses. Ihre Kinder werden lustige Dinge sagen, wie „Da sind aber viele Hause" oder „Ich haltete das kleine Häschen auf dem Arm". Ein deutsch-englisch bilinguales Kind könnte zum Beispiel auf Englisch sagen „We play now this" (ein englischer Satz, der der deutschen Wortstellung folgt) oder auf Deutsch „Wir jetzt spielen das" (ein deutscher Satz mit englischer Wortstellung). Aber wie wir bereits in Kapitel 2 erwähnt haben, sind viele dieser Fehler nur Anzeichen dafür, dass Ihr Kind sich mit den Sprachen auseinandersetzt und sie lernt. Wenn Ihr Kind zum Beispiel *haltete* anstatt *hielt* sagt, ist das ein Hinweis darauf, dass es beginnt, die regelmäßigen Vergangenheitsformen zu verstehen und anzuwenden, die im Deutschen häufig mit „-te" enden. Es übergeneralisiert diese Regel lediglich („-te" = Vergangenheit) und wendet sie im Moment noch auf unregelmäßige Verben an. Ebenso ist das Wort *Hause* ein Anzeichen dafür, dass Ihr Kind gelernt hat, den Plural zu bilden, und dass es weiß, dass man dafür im Normalfall ein -e an das Wort anfügt. Es muss nur häufig genug die unregelmäßige Form *Häuser* hören, um zu verstehen, dass es auch Ausnahmen gibt.

Machen Sie sich bitte keine Sorgen über diese „Fehler"! Amüsieren Sie sich, und wenn Sie mögen, schreiben Sie sie in ein kleines Notizbuch oder ins Baby-Fotoalbum. Wenn Kinder lernen, wie man Fahrrad fährt, fallen sie auch erst ein paarmal vom Rad, und das passiert ihnen sogar dann noch, wenn sie schon relativ sicher fahren. Wenn Kleinkinder anfangen, selbst mit dem Löffel zu essen, bekleckern sie sich ständig, und Sie finden Flecken auf der Kleidung, dem Tisch, dem Boden. Mit dem Sprachenlernen ist es genauso – in der Erstsprache ebenso wie in der Zweitsprache oder weiteren. Kinder werden beim Lernen Fehler machen. Das ist ein natürlicher Teil des Lernprozesses.

Vielleicht ist Ihnen aufgefallen, dass Ihre Kinder interessanterweise schon manche unregelmäßigen Vergangenheitsformen korrekt verwenden, wie zum Beispiel „Papa ging". Dann plötzlich wirkt es, als würden sie sich zurückentwickeln, denn auf einmal sagen sie wieder „Papa gehte". Was ist passiert? Sie wussten doch schon, wie es richtig heißt! Das, was Sie hier beobachten, ist so etwas wie das Hervortreten eines Systems. Noch bevor Kinder ein wirkliches Verständnis für die Vergangenheitsformen im Deutschen entwickeln, plappern sie häufig nur das nach, was sie von anderen gehört haben (in dem Falle „ging"). Aber wenn die Puzzleteilchen des Systems sich langsam zu einem Ganzen zusammenfügen, beginnen Kinder das System kreativ auf andere Wörter anzuwenden, indem sie grammatische Formen eigenständig bilden. Obwohl also „gehte" grammatisch falsch ist, ist die Verwendung dieses Wortes ein Beweis dafür, dass Ihr Kind die Regel „-te" = Vergangenheit bereits gelernt hat und sich nun im Prozess der Feinabstimmung befindet. Forscher nennen das Phänomen manchmal einen u-förmigen Entwicklungsverlauf, denn das Kind scheint sich für eine Weile abwärtszubewegen, mit zurückgehender Korrektheitsrate, bevor es schließlich wieder zu den korrekten grammatischen Formen zurückfindet. Das ist allerdings im Normalfall nur eine kurze Phase. Vor allem wenn sie viel verbale Stimulation und Interaktion erleben, finden Kinder schnell heraus, bei welchen Verben sie die „-te"-Form korrekt anwenden können und bei welchen nicht. Dasselbe gilt auch für Fehler, die offensichtlich die Sprachstruktur der zweiten Sprache widerspiegeln. Kinder benötigen ausreichende sinnvolle sprachliche Zuwendung in jeder Sprache, und wenn dies gegeben ist, fügen sich die Dinge irgendwann von alleine.

Es ist vollkommen in Ordnung und sogar wünschenswert, dass Eltern und andere Betreuungspersonen diese frühen Fehler nicht korrigieren. In den meisten Fällen nützt es nicht viel, einem zwei- oder auch vierjährigen Kind die Regeln der englischen Wortstellung im Vergleich zur deutschen zu erklären. Ständiges Korrigieren könnte das Selbstbewusstsein Ihres Kindes im Hinblick auf die Sprache schädigen oder sogar dazu führen, dass das Kind mit der Zweitsprache negative Assoziationen verbindet. Stattdessen sollten Eltern ihre Kinder so häufig wie möglich in alltägliche Konversationen und Tätigkeiten einbeziehen und so, durch die natürliche Interaktion, ihrem Kind ermöglichen, die korrekten Formen häufig genug zu hören und schließlich auch selbst zu bilden. Und das alles nur durch einfaches Sprechen. Sie müssen Grammatik- und Vokabelfehler nicht korrigieren, sobald sie auftreten, um so zu verhindern, dass Ihre Kinder die Fehler dauerhaft in ihren Sprachgebrauch aufnehmen. Bei älteren Kindern sind manche Korrekturen hilfreich, aber nachdem Sie Teil 2 des Buches („Wann welche Sprache?“) gelesen haben, wissen Sie das ja schon.

So führen Sie eine Sprachuntersuchung in Ihrer Familie durch

Wir haben bereits weiter oben in diesem Kapitel darüber gesprochen: Wir empfehlen Ihnen, in Ihrer Familie eine Sprachuntersuchung durchzuführen. Sie wird Ihnen dabei helfen, die Quantität und Qualität der sprachlichen Zuwendung, die Ihr Kind in der Familie erhält, besser einzuschätzen und kritisch zu beurteilen. Unsere Wahrnehmung dessen, was in unserem Zuhause passiert, stimmt nicht immer mit dem überein, was tatsächlich passiert. Um eine Vorstellung davon zu bekommen, wie viel sprachliche Zuwendung und Praxis Ihr Kind tagtäglich in jeder Sprache erhält, kann es sinnvoll sein, schriftlich festzuhalten, wie häufig und bei welchen Tätigkeiten jede der Sprachen im Laufe des Tages verwendet wird.

Am Ende des Kapitels finden Sie eine Tabelle. Schreiben Sie hier jede einzelne der Aktivitäten auf, denen Ihr Kind im Laufe des Tages nachgeht, und fügen Sie hinzu, in welcher Sprache das geschieht. Halten Sie darüber hinaus fest, ob diese Tätigkeiten Ihr Kind aktiv oder passiv mit der Sprache in Verbindung bringen. Zum Beispiel benötigt Ihr Kind passive Sprachkenntnisse (hören), um ein Disney-Video auf Englisch anzusehen, während es für ein Spiel wie Mensch-ärgere-dich-nicht interaktive Sprachkenntnisse benötigt (hören, aber auch sprechen und die Figuren über das Spielbrett bewegen). Wenn Sie eine Woche lang alles aufgeschrieben haben, addieren Sie die jeweiligen Tätigkeiten in jeder Sprache und zählen Sie, wie viele davon interaktiv und wie viele passiv waren. Sie bekommen so einen guten Überblick darüber, welche Art der verbalen Stimulation Ihr Kind erhält. Nachfolgend haben wir ein Beispiel aufgeführt, das Ihnen zeigt, wie eine solche Untersuchung funktioniert. Die Familie in diesem Beispiel setzt sich zusammen aus einer deutschsprachigen Mutter, einem spanischsprachigen Vater und einem deutschsprachigen Kindermädchen:

Übung
Eine Sprachuntersuchung in einer Beispielfamilie

Uhrzeit	Aktivität	Interaktiv/ passiv	Vorrangige Sprache
7:00	Aufwachen/Frühstück/ Anziehen gemeinsam mit dem Vater	Interaktiv	Spanisch
8:00	Videos anschauen	Passiv	Spanisch
9:00	In der Stadtbibliothek Geschichten vorgelesen bekommen	Passiv	Deutsch
10:00	Mit dem Kindermädchen im Park spazieren gehen und dabei reden	Interaktiv	Deutsch
11:00	Private Spielgruppe im Park	Interaktiv	Spanisch

Uhrzeit	Aktivität	Interaktiv/passiv	Vorrangige Sprache
12:00	Während des Mittagessens Anschauen spanischer Fernsehsendungen	Passiv	Spanisch
13:00	Mittagsschläfchen	—	—
14:00	Mittagsschläfchen	—	—
15:00	Einkaufen mit dem Kindermädchen	Interaktiv	Deutsch
16:00	Bücher lesen gemeinsam mit dem Kindermädchen	Interaktiv	Deutsch
17:00	Spielen mit der Mutter	Interaktiv	Deutsch
18:00	Abendessen mit Mutter und Vater	Interaktiv	Deutsch
19:00	Spielen mit den Eltern im Garten	Interaktiv	Deutsch
20:00	Badezimmer/Vorlesen/Ins-Bett-Bringen mit dem Vater	Interaktiv	Spanisch

Insgesamt:

Deutsch: 7	Passives Deutsch: 1	Interaktives Deutsch: 6
Spanisch: 5	Passives Spanisch: 2	Interaktives Spanisch: 3

Wenn Sie in diesem Beispiel nur die Gesamtzahl der Stunden anschauen, die mit jeder einzelnen Sprache verbracht werden, wirkt es, als würde das Kind in etwa gleich viel verbale Stimulation auf Spanisch (5 Stunden) und Deutsch (7 Stunden) erhalten. Wenn Sie jedoch die interaktiv mit der Sprache verbrachten Stunden betrachten, sehen Sie, dass das Kind etwa doppelt so viel Zeit mit interaktiven Tätigkeiten auf Deutsch (6 Stunden) wie auf Spanisch (3 Stunden) verbringt. Erinnern Sie sich an das, was bereits beschrieben wurde: Kinder lernen am besten und sinnvollsten durch Interaktion. Wenn Sie eine Bestandsaufnahme dessen machen, wie viel sprachliche Zuwendung Ihr Kind erhält, kann die Art der Beschäftigung ebenso wichtig sein wie die Anzahl der Stunden.

Wir fassen zusammen

Formaler Unterricht in Schulklassen, durch Lehrer und in speziellen Sprachprogrammen, kann ein wichtiger Teil des Zweitsprachenerwerbs sein, und wir werden den Punkt noch genauer in Kapitel 8 betrachten. Indessen kann jeder einzelne Elternteil – ungeachtet des Sprachprofils der Familie –viel zum frühen Sprachenlernen zu Hause beitragen. Die Arten und Menge der Sprachlernaktivitäten, die Sie für Ihr Kind auswählen, hängen dabei natürlich von den Lernzielen und den individuellen Möglichkeiten jeder einzelnen Familie ab. Eines gilt dennoch für jede dieser Aktivitäten: Sie müssen (1) angenehm sein und allen Beteiligten Spaß machen, (2) vollständig in das tägliche Leben integriert sein und (3) sinnvoll sowie interessant sein und mit dem realen Leben in Verbindung stehen.

Es ist wichtig, dass Sie Ihren Sprachlernplan so früh wie möglich ausarbeiten. Das ist besonders von Bedeutung, wenn unterschiedliche Betreuungspersonen verschiedene Sprachen mit dem Kind sprechen werden. Viele Eltern haben uns berichtet, dass es schwierig ist, die Sprachgewohnheiten etwa zwischen dem Babysitter und dem Kind oder dem Vater und dem Kind noch einmal zu ändern, wenn man sich erst einmal an eine bestimmte Sprache gewöhnt hat.

Wir schließen das Kapitel mit einer Erinnerung daran, dass man manchmal ungeplant auf hervorragende Möglichkeiten trifft, um den Zweitsprachenerwerb informell zu fördern. Wir meinen damit, dass es in manchen Gegenden so viele Muttersprachler der Zweitsprache gibt (zum Beispiel Chinesisch sprechende Immigranten in manchen Teilen Kanadas oder Italiener in manchen Gegenden Deutschlands), dass man dort sogar Erstsprachen-Unterricht oder -Aktivitäten für diese Gruppen angeboten bekommt. So gibt es etwa in vielen Stadtteilen von Washington, D.C., gute kleine Buchhandlungen, die regelmäßige Vorlesestunden auf Spanisch veranstalten, Privatschulen, die Tanzstunden für Kleinkinder anbieten, oder Ähnliches.

Diese Angebote bieten Kindern von herkunftssprachigen Familien eine ausgezeichnete Möglichkeit, ihre Kenntnisse der Erstsprache zu erweitern. Aber ebenso hervorragend geeignet sind sie für Kinder von umgebungssprachigen oder gemischtsprachigen Familien; sie bieten ihnen authentische sprachliche Zuwendung in der Zweitsprache. Darüber hinaus haben uns viele Eltern berichtet, dass sie es nach dem Besuch etwa einer Vorlesestunde in der Zweitsprache viel leichter und natürlicher finden als vorher, die Fremdsprache auch mit ihren Kindern anzuwenden. Sie bleiben selbst sprachlich auf dem Laufenden und haben nun etwas, worüber sie mit ihrem Kind in der Zweitsprache sprechen können. Der entscheidende Punkt ist, dass diese Aktivitäten nicht nur für alle Beteiligten unterhaltsam sind und Spaß machen, sondern dass die Sprache auf eine sinnvolle Art angewendet wird. Während kleine Kinder ihre ersten Tanzschritte lernen, zuhören und zuschauen, wie ihnen etwas erzählt und gezeigt wird, oder den Abenteuern von Pu dem Bären lauschen, erwerben sie gleichzeitig Kenntnisse einer zusätzlichen Sprache.

Übung

Die Sprachuntersuchung in Ihrer Familie

Uhrzeit	Aktivität	Interaktiv/ passiv	Vorrangige Sprache
6:00			
7:00			
8:00			
9:00			
10:00			

Uhrzeit	Aktivität	Interaktiv/ passiv	Vorrangige Sprache
11:00			
12:00			
13:00			
14:00			
15:00			
16:00			
17:00			
18:00			
19:00			
20:00			

Insgesamt:

Erstsprache:

Zweitsprache:

Erstsprache (passiv):

Zweitsprache (passiv):

Erstsprache (interaktiv):

Zweitsprache (interaktiv):

7
Sprachen lernen durch Edutainment: Kann Sprachenlernen unterhaltsam sein?

Vom bargeldlosen Zahlungsverkehr bis zum Online-Einkauf: In unserer hektischen und temporeichen Welt verlassen wir uns häufig auf technische Hilfsmittel, die uns dabei helfen, unsere alltäglichen Pflichten schneller erledigen zu können. Und immer mehr Erwachsene finden Spaß daran, Technik auch für ihre persönliche Weiterbildung einzusetzen. Für den Fremdsprachenerwerb gibt es zahlreiche Möglichkeiten: Sprachkurse auf CD-ROM, DVDs mit Spielfilmen in der Fremdsprache, Internet und sogar Podcasts. Im Bereich der Erwachsenenbildung sind viele dieser Lernmittel zweifelsohne sinnvoll. Aber wie ist das beim kindlichen Spracherwerb? Sollten Eltern sogenannte Edutainment-Produkte einsetzen? Und wenn, welche sind wirklich für Kinder geeignet und auch Erfolg versprechend? Glaubt man den Herstellern und ihrer Werbung, funktionieren natürlich alle Edutainment-Produkte wunderbar. Aber stimmt das tatsächlich? In diesem Kapitel stellen wir Ihnen einige der auf dem Markt erhältlichen Produkte vor und überprüfen anhand aktueller Forschungsergebnisse, ob und inwiefern diese sich für die Sprachausbildung Ihrer Kinder eignen.

So haben uns manche Eltern erzählt, dass ihre Kinder „Dora the Explorer" lieben. Dora ist eine ursprünglich englisch-spanisch bilinguale Zeichentrickfigur, deren Abenteuer inzwischen in zahlreiche Sprachen übersetzt wurden. In Deutschland sind die Videos in deutsch-englischer Version erhältlich, außerdem laufen die Episoden regelmäßig auf einem privaten Kindersender im Kabelfernsehen. Dora ist mutig, abenteuerlustig und sehr höflich und besitzt somit einen perfekten Vorbildcharakter. Aber reicht der doch recht begrenzte englische Sprachschatz, der in den Videos zum Einsatz kommt, aus, um Kindern beim Erlernen der Fremdsprache zu helfen? Ähnlich verhält es sich auch mit in Deutschland entwickelten Kinder-Sprachprogrammen, wie etwa dem PC-Spiel „Englisch mit Felix". Können Kinder damit wirklich effektiv Englisch lernen?

Andere Eltern berichten, dass ihre Kinder von ihren Großeltern eine CD mit Volksliedern in deren Muttersprache geschenkt bekommen haben und dass die Kinder es toll finden, die Lieder mitzusingen. Aber lohnt es sich, noch mehr CDs dieser Art zu kaufen? Verstehen die Kinder denn, was sie da mitsingen? Oder anders ausgedrückt: Erkennen sie überhaupt die Sprache, die sie verwenden?

An der Stelle geben wir Ihnen einen Überblick über die zahlreichen verfügbaren elektronischen Sprachprogramme und -hilfen sowie Empfehlungen, die Ihnen bei der Entscheidung für oder gegen das eine oder andere Produkt helfen sollen. Bevor wir jedoch damit beginnen, bitten wir Sie zunächst, sich Gedanken darüber zu machen, welchen Eindruck Sie bisher von den unterschiedlichen Sprachlern-Produkten und -Produkttypen haben, die im Handel angeboten werden. Welche Faktoren der Sprache (zum Beispiel Vokabular, Grammatik, Akzent) können Kinder unterschiedlicher Altersgruppen Ihrer Meinung nach mithilfe der nachfolgend aufgeführten Sprachlernhilfen lernen (und wie gut)? Bitte füllen Sie die Tabelle aus!

Übung

Von welchen Dingen können Kinder lernen? Und was in welchem Alter?

Vor der Geburt/ Im Mutterleib	Im Alter von 0–3 Jahren	Im Alter von 4–8 Jahren	Im Alter von 9–12 Jahren	Ab 13 Jahren
Musik mit fremdsprachigem Text				
Sprechendes Spielzeug und Bücher				
TV/Spielfilme ohne Untertitel				
TV/Spielfilme mit Untertiteln				
Sprachlern-Software				

Vor der Geburt/ Im Mutterleib	Im Alter von 0–3 Jahren	Im Alter von 4–8 Jahren	Im Alter von 9–12 Jahren	Ab 13 Jahren
Sprachlern-Computerspiele				
Sprachlern-Internetseiten				
Sprachlern-DVDs				

Babys und Fernsehen: ja oder nein?

Angesichts der vielen technologischen Innovationen der letzten Jahre haben Eltern heute eine riesige Auswahl an Sprachlern-Materialien, die speziell für Kinder entwickelt wurden. Es gibt DVDs, Computerprogramme, Websites, Audio- und Videoprogramme, drei Sprachen sprechende Spielzeuge und in den USA sogar ganze Fernsehkanäle, die sich ausschließlich diesem Thema widmen. 1997 hatte noch niemand etwas von Baby Einstein gehört. Bis 2003 hatte eines von drei Kindern in den USA zumindest ein Baby-Einstein-Video gesehen, und seit ein paar Jahren sind einige der Videos auch in deutscher Version erhältlich. Der Markt für Videos und DVDs speziell für kleine Kinder ist ungeheuer groß. Allein 2004 wurden in den USA damit etwa 500 Millionen Dollar umgesetzt. Viele der Produkte wurden in der Annahme entwickelt, dass es möglich sei, Kinder zu unterhalten, sie anzuregen und ihnen dabei gleichzeitig etwas beizubringen.

Aber was bedeutet das für den Zweitsprachenerwerb unserer Kinder? Auch wir, die Autorinnen des Buches, wollten das wissen. Als unsere Kinder zur Welt kamen, waren auch wir nur allzu bereit, Edutainment-DVDs wie die von Baby Einstein zu kaufen. Aber nachdem wir einige von ihnen gesehen hatten, wurden wir skeptisch. Wie erfolgt der Spracherwerb über diese Videos? Sollten Babys und kleine Kinder überhaupt fernsehen? Wir beschäftigten uns also ein wenig näher mit den Studienergebnissen zu dem Thema.

Merke
Was empfehlen Hirnforscher oder auch die Vereinigung Amerikanischer Kinderärzte zum Thema Fernsehen?

Kinder, egal welchen Alters, lernen ständig neue Dinge dazu. Die ersten zwei Lebensjahre sind besonders wichtig, denn in der Zeit wächst und entwickelt sich das kindliche Gehirn stark. Danach nimmt das Wachstum stetig ab. Um die Entwicklung des Gehirns optimal zu fördern, benötigen Kinder daher, insbesondere solange sie noch sehr klein sind, viel Stimulation und positive Interaktion mit anderen Kindern und Erwachsenen. Bis zum Vorliegen weiterer Forschungsergebnisse zur Wirkung des Fernsehens auf das kindliche Gehirn empfehlen Hirnforscher wie auch die Vereinigung Amerikanischer Kinderärzte daher, dass Kinder unter zwei Jahren möglichst kein Fernsehen schauen sollten. Für ältere Kinder empfehlen die Ärzte „nicht mehr als ein oder zwei Stunden informativer, pädagogisch wertvoller und vor allem gewaltfreier TV-Programme" täglich. (Quelle: www.aap.org/family/tv1.htm)

Ebenso wie wir selbst fragen sich auch viele andere Eltern, wie etwa Molly, was das Beste für ihr Kind ist. Molly möchte, dass ihr zwei Jahre alter Sohn Aiden Spanisch lernt – und wie viele andere Eltern glaubt sie daran, dass er so früh wie möglich damit beginnen sollte. Molly ist zwar keine spanische Muttersprachlerin, aber sie beherrscht die Sprache ziemlich fließend. Dennoch ist sie nicht davon überzeugt, dass ihre Spanischkenntnisse ausreichen, um Aiden die Sprache beizubringen. Sie möchte, dass Aiden „ein Gehör" für das Spanische bekommt, damit ihm später der Sprachunterricht in der Schule leichter fällt. Aber wie? Reicht es aus, Aiden spanische Sprach-DVDs und TV-Programme (wie zum Beispiel „Plaza Sésamo", die spanische Version der „Sesamstraße") anschauen zu lassen?

Um solche Fragen beantworten zu können, führte die Forscherin Patricia Kuhl gemeinsam mit ihren Kollegen eine Reihe von Experimenten durch. In einer Studie an neun Monate alten Kindern teilte sie die Babys in Gruppen ein. Die eine Gruppe hatte Mandarin sprechende chinesische Betreuer, die ihnen Geschichten vorlasen und mit ihnen spielten. Die andere Gruppe schaute professionelle, speziell für Babys und Kleinkinder entwickelte Sprachvideos auf Chinesisch. Diese Videos zeigten die gleichen chinesischen Muttersprachler beim engagierten und lebhaften Sprechen und Spielen – also dieselben Situationen wie die, die in der ersten Gruppe erlebt wurden. Nur mit dem Unterschied, dass die Kinder der ersten Gruppe alles persönlich erlebten, während die zweite Gruppe lediglich zusah. Die Forscher fanden heraus, dass die Babys, die die qualitativ hochwertigen Videos sahen und hörten, keinen einzigen chinesischen Laut lernten. Tatsächlich schienen sie genauso wenig gelernt zu haben wie die dritte Vergleichsgruppe, die überhaupt keine chinesische Sprachstimulation erhalten hatte. Die Untersuchungsergebnisse lassen direkt darauf schließen, dass kleine Kinder nur dann Sprachen lernen können, wenn sie die Zuwendung lebender, atmender Menschen erhalten, die mit ihnen in dieser Sprache sprechen, spielen und interagieren.

Das Fazit der Studie – dass Babys durch Fernsehen keine Sprachen lernen – ist ein wenig enttäuschend für Eltern, sowohl für Molly als auch für uns selbst. Wie viele andere Eltern hatten auch wir gehofft, dass wir unsere Kinder mithilfe von Sprach-DVDs nicht nur unterhalten, sondern ihnen gleichzeitig einen wertvollen sprachlichen Input bieten könnten. Es war eine bittere Pille für uns, zu erfahren, dass das nicht so ist, und eigentlich wünschen wir uns noch immer, es wäre so einfach. Aber letztendlich hat das Ganze ja auch sein Gutes, denn die Forschungsergebnisse liefern uns einen weiteren Grund dafür, möglichst häufig und intensiv mit unseren Kindern zu interagieren und zu kommunizieren und ihnen mithilfe dieser stabilen zwischenmenschlichen Beziehung den Weg zu einem aktiven und gesunden Lebensstil als Erwachsener zu ebnen. Und vielleicht müssen wir die Fernseher und DVD-Spieler ja auch nicht komplett abschaffen. Vielleicht können sie ja später, wenn die Babys ein wenig älter sind, sinnvoller zum Einsatz kommen?

Kleinkinder und Fernsehen

Im Alter von zwei Jahren sehen die meisten Kinder zumindest ein wenig Fernsehen. Umfragen zufolge verbringen in den USA die meisten zweijährigen, in Japan die meisten zwei- bis sechsjährigen Kinder durchschnittlich zwei Stunden täglich vor dem Fernseher. Bedenkt man die Qualität und den pädagogischen Wert, die viele Kinderprogramme heute haben, sollte man eigentlich annehmen (und natürlich hoffen das auch viele Eltern), dass Fernsehen Kleinkinder beim Erlernen einer Sprache – sei es Erst- oder Zweitsprache – unterstützen kann.

Dennoch haben Studien an vielen unterschiedlichen Kindern deutlich gezeigt, dass Kleinkinder fast ihre gesamten Sprachkenntnisse durch die persönliche Interaktion mit ihren Eltern, Betreuern, Geschwistern oder Freunden erlangen. So wissen wir von Studien an Kindern, die lediglich eine einzige Sprache lernen, dass der Umfang ihres Vokabulars fast gar nicht damit in Verbindung gebracht werden kann, wie viel Fernsehen sie schauen. Dagegen sind Umfang und Verwendung des kindlichen Vokabulars eng damit verknüpft, wie häufig ihre Betreuungspersonen ihnen vorlesen. Ähnliche Rückschlüsse lassen sich aus Studien an hörenden Kindern von tauben Eltern ziehen (also an Kindern, die zu Hause viel Zuwendung in Zeichensprache, nicht jedoch in gesprochener Sprache erhalten). Entgegen der Hoffnung vieler tauber Eltern, die sich natürlich wünschen, dass ihre Kinder bilingual in der Landessprache und in Zeichensprache werden, erwerben hörende Kinder durch Fernsehen keinerlei Sprachkenntnisse. Anders ausgedrückt: Selbst wenn sie die Klangfolgen der Sprache im Fernsehen hören, nehmen sie doch ausschließlich die Sprache auf, die die lebenden Menschen um sie herum verwenden – in dem Falle die Zeichensprache. Das Fernsehen scheint als Sprachlehrer also nicht geeignet zu sein, und zwar weder für Babys noch für Kleinkinder. Menschliche Interaktion dagegen scheint das Gehirn in einer Art zu stimulieren, zu der das Fernsehen nicht in der Lage ist. Zum Beispiel können Kinder während der Interaktion ausprobieren, wie Wörter klingen, und erhalten danach eine Reaktion oder eine Art von Feedback von einer anderen Person. Diese Art des interaktiven sprachlichen Gebens und Nehmens ist extrem hilfreich beim Spracherwerb, und das Fernsehen kann das nicht bieten.

Was aber, wenn Ihr Kind bereits mit zwei unterschiedlichen Sprachen in Kontakt gekommen ist? Kann das Fernsehen in einem solchen Fall den Sprachlernprozess fördern?

Merke

Der Umfang des kindlichen Wortschatzes ist eng damit verknüpft, wie häufig die Betreuungspersonen mit den Kindern reden oder ihnen vorlesen. Durch Fernsehen können Babys keine Sprachen lernen, weder die Mutter- noch eine Fremdsprache. Ebenso wenig vergrößert Fernsehen bei Kleinkindern das Vokabular.

Um eine Antwort auf die Frage zu finden, untersuchte die Wissenschaftlerin Janet Patterson 64 amerikanische spanisch-englisch bilinguale Zweijährige und ihre Eltern. Sie befragte die Eltern im Detail danach, welche Arten von Aktivitäten sie täglich mit ihren Kindern ausführen und in welcher Sprache das geschieht. Darüber hinaus wurden die Eltern gebeten einzuschätzen, wie viel Zeit ihr Kind in beiden Sprachen mit Lesen respektive mit Fernsehen verbringt. Schließlich erhielten die Eltern noch eine Vokabelliste, auf der sie ankreuzen sollten, welche Wörter ihre Kinder verwenden. Patterson fand heraus, dass die Dauer und Häufigkeit des Vorlesens in jeder Sprache in direktem Zusammenhang mit dem Umfang ihres Vokabulars in dieser Sprache steht. Im Gegensatz dazu hat die Häufigkeit des Fernsehens überhaupt keinen Einfluss auf den Umfang des Wortschatzes. Kurz gesagt, durch das Vorlesen lernten die Kinder neue Wörter, durch Fernsehen nicht.

Warum also halten Edutainment-Programme sowie DVDs und fremdsprachige Fernsehsendungen nicht, was sie versprechen? Lise Eliot, eine bekannte Baby-Expertin und Neurologin, sagt dazu: „Babys bevorzugen Menschen gegenüber jeder Art von leblosem Ding." Um es mit ihren Worten zu sagen: „Babys, Kleinkinder und Kinder (und übrigens auch Erwachsene) lernen am besten durch die Interaktion mit anderen Menschen. Diese Tatsache ist fest in uns verankert. Um zu lernen, müssen Kinder sprachliche Situationen erleben, die interaktiv und ihrem Alter und sprachlichen Niveau angepasst sind. Besonders hilfreich ist es dabei, wenn die Gespräche sich unmittelbar auf diejenigen Dinge beziehen, an denen Kinder Interesse haben. Das gilt für jede Art des Lernens und ebenso für das Erlernen von Sprachen."

Bleibt unter diesen Voraussetzungen dann überhaupt noch eine Möglichkeit, dass technische Lernmittel uns beim Sprechen, Vorlesen und anderen Interaktionen unterstützen können? Ja, durchaus. Lassen Sie uns das am Beispiel von Molly und Aiden erklären. Wenn Aiden die „Sesamstraße" auf Spanisch sehen möchte, setzt sich Molly dazu und sieht die Sendung gemeinsam mit ihm. Dann hält sie die DVD regelmäßig an, um einzelne Passagen zu wiederholen, Aiden Fragen nach dem Inhalt zu stellen und mit ihm über die Dinge zu sprechen, die ihn besonders interessieren. Mit ihrem Spanisch-Niveau kann sie das problemlos. Es ist sogar bei Weitem einfacher für sie, als ein Gespräch über ein anderes, eigenes Thema zu führen und dabei zum Beispiel jede einzelne Vokabel selbst zu finden. Molly hat sich darüber informiert, welche spanischsprachigen Fernsehprogramme für Kinder ausgestrahlt werden, und meist zeichnet sie die aktuellen Folgen von „Plaza Sésamo", „Dora the Explorer" oder anderer spanischsprachiger TV-Sendungen auf. Wenn Aiden also fernsehen möchte, kann sie die DVDs oder Videos einlegen und die Sendungen gemeinsam mit ihm schauen.

Tipp
Fernsehen und DVDs ansehen

Was wir mit all dem sagen wollen, ist einfach. Technische Lernhilfen dürfen nicht im Mittelpunkt des Lernprozesses stehen. Sie sind eher als begleitende Hilfsmittel zu sehen, als etwas, dem man gemeinsam Aufmerksamkeit schenkt. Sie sollten diese Lernprogramme immer dann sofort abschalten, wenn eine Möglichkeit besteht, direkt mit Ihren Kindern zu sprechen und zu interagieren. Fernsehprogramme und DVDs können als eine Art Sprungbrett für weitere Interaktion fungieren, aber es ist wichtig, dass Sie sich stets bewusst sind, dass für die Sprachentwicklung nichts so sehr von Bedeutung ist wie die menschliche Interaktion.

Sprechendes Spielzeug und interaktive Bücher

Viele Kinder haben großen Spaß an sprechenden Spielzeugen. Und diese können Ihnen durchaus dabei helfen, Anlässe für eine Kommunikation mit Ihrem Kind zu finden. Das ist nicht einfach als eine Erweiterung dessen zu sehen, was viele Eltern sowieso schon tun. Wenn Aiden mit seinen Zügen spielen möchte, setzt sich Molly oft zu ihm auf den Boden und spricht mit ihm auf *Spanisch* über Züge, Tunnel und Bahngleise. Die Züge sind dabei nur der Anlass für das Gespräch; das Spielzeug selbst trägt nicht allzu viel dazu bei, dass Aiden die eine oder andere Sprache verwendet. Sprechende Spielzeuge dagegen können durchaus inhaltliche Anregungen geben und so Eltern in ihren Bemühungen unterstützen, mit ihren Kindern ein Gespräch in einer Fremdsprache zu führen. Wenn Ihr Kind sich nicht – so wie Aiden – darauf einlässt, mit Ihnen auch ohne Anregung von außen in der Zweitsprache zu sprechen, kann zwei- oder fremdsprachiges Lernspielzeug Ihnen durchaus dabei helfen. Das Spielzeug selbst spricht die Fremdsprache und kreiert so eine Gesprächssituation, die Sie aufnehmen können. Zwar verfügen viele dieser Spielzeuge nur über einen begrenzten Sprachschatz und über eine limitierte Flexibilität und Komplexität, dennoch heißt das nicht, dass Eltern keine kreativen Situationen erfinden können, in denen das Spielzeug (oder ein magischer Bauchredner in Form des spielenden Elternteils) die Zweitsprache spricht und so mit dem Kind sprachlich interagiert.

Es kann unterhaltsam und sinnvoll sein, in anderen Sprachen zählen oder Farben benennen zu können oder Sprichwörter in einer Fremdsprache zu sagen. Aber die meisten Eltern, die ihre Kinder bilingual erziehen möchten, wünschen sich anspruchsvollere Sprachkenntnisse. Zweisprachige Puppen sollten – ebenso wie zwei- oder fremdsprachige TV-Programme – lediglich einen Teil Ihres viel umfangreicheren Werkzeugkastens bilden. Und um es noch einmal zu wiederholen, auch dieses Werkzeug muss in verbindliche, sinnvolle, zwischenmenschliche Interaktion eingebunden werden, egal welche Sprache Ihr Kind lernen soll. Wenn Sie Ihrem Kind ein solches Spielzeug in die Hand geben und es damit alleine lassen, wird das selbstverständlich nicht automatisch dazu führen, dass Ihr Kind ein komplexes, kreatives Gespräch in der entsprechenden Fremdsprache führen kann. Dennoch sind diese Spielzeuge großartige Anlässe für Spiele und sinnvolle Interaktion in einer Sprache, und das wiederum führt zum Erlernen derselben.

Interaktive Bücher sind eine andere großartige Möglichkeit, Technik sinnvoll zur Unterstützung der Interaktion und Kommunikation einzusetzen. Mit „interaktiv" sind hier nicht die klassischen Spiel- oder Bilderbücher gemeint, bei denen man zum Beispiel auf der Abbildung eines Bauernhofes kleine Stalltüren aus Pappe tatsächlich öffnen kann und dahinter etwa die Abbildung einer Kuh findet. Wir bezeichnen damit die sogenannten LeapPads, eine Mischung aus Buch und Computer, bei denen gewöhnlich aussehende Bücher mithilfe von Software „zum Leben erweckt" werden. Wenn das Kind mit dem speziell angehängten Stift auf Bilder oder Texte tippt, erklingt eine Melodie, gackert ein Huhn, wird eine Geschichte vorgelesen. Oder es werden einzelne Wörter buchstabiert oder in einer Fremdsprache vorgelesen. In den USA sind diese Bücher seit fast zwei Jahrzehnten beliebt, auch in Deutschland sind sie seit einigen Jahren erhältlich. Es gibt interaktive Bücher in allen möglichen Varianten: Spiele, Musik, Stimmen, Gedichte und Reime und zahlreiche andere lustige Klänge in vielen Sprachen. Manche LeapPads sollen die Fähigkeiten der Kinder fördern, zu zählen, Dinge zuzuordnen oder einzuschätzen (so gibt es ein Buch, in dem Kinder mit einer Froschfamilie auf einen Einkaufsbummel gehen), andere sollen das Vokabular zu bestimmten Themenbereichen erweitern, wie etwa Haushaltsgegenstände, Möbel, Spielzeug, Musikinstrumente, Farben, Formen, Gefühle oder Körperteile. Da es die Bücher auch in bilingualer Ausführung gibt, können Kinder all diese Dinge gleichzeitig in mehreren Sprachen tun. John zum Beispiel kaufte seinen gerade aus Russland eingetroffenen beiden Adoptivsöhnen (sieben und acht Jahre alt) russisch-englische LeapPads, um sie auf den Besuch der amerikanischen Schule vorzubereiten und während der Sommerferien ihre Englischkenntnisse zu erweitern. Mithilfe des elektronischen Lernspielzeugs war es John möglich, seine Söhne zu ermuntern, spielerisch das Alphabet und die Zahlen zu lernen, ohne zu viel Druck auf sie ausüben zu müssen. Dabei bildeten die LeapPads nur einen der Bausteine seines sprachlichen Ansatzes. Er selbst lernte ausreichend Russisch, um zu Hause mit seinen Söhnen in ihrer Muttersprache sprechen zu können, und verbrachte viel Zeit damit, ihnen in beiden Sprachen vorzulesen.

Die interaktiven Bücher gaben den Jungen spielerisch die Möglichkeit, selbstständig zu lernen, und ergänzten so all die anderen Dinge, die sie mit ihrem Vater unternahmen.

Merkliste für Eltern von Kleinkindern

- Schauen Sie DVDs und Fernsehprogramme in der Zweitsprache gemeinsam mit Ihrem Kind an, stoppen Sie das Programm, wiederholen Sie wichtige Szenen, fragen Sie einfache Dinge nach und diskutieren Sie mit dem Kind. Wenn Sie das von Anfang an so handhaben, wird Ihr Kleinkind die Pausen und Gespräche nicht als Unterbrechung oder Störung ansehen, sondern für völlig normal halten.
- Kaufen Sie Bücher, in denen bekannte Figuren der Sendungen die Hauptrolle spielen, wie etwa Ernie und Bert, und lesen Sie diese mit Ihrem Kind. Sprechen Sie gemeinsam über die Handlung und nutzen Sie die Zeit als Alternative zum Fernsehen.
- Wählen Sie, nachdem Sie eine Kindersendung Ihrer Wahl gesehen haben, ein Wort aus der Sendung zum Wort der Woche, wie etwa das spanische Wort *pájaro* (Vogel), und nutzen Sie dann das Wort als Anlass, um auf Spanisch über Vögel zu sprechen, sie zu zeichnen oder sie auf der Straße oder im Park zu suchen und zu beobachten.
- Nutzen Sie zweisprachige Spielzeuge und Bücher als eine Art Gerüst, um das herum Sie umfangreiche und sinnvolle persönliche Interaktion in einer bestimmten Sprache bauen können.

Schulkinder und elektronische Sprachlernsysteme

Schulkinder sind häufig sehr interessiert an Fernsehen, Video- und Computerspielen und anderen technischen Dingen (wie etwa Handys). Gibt es Zeiten oder Altersstufen, in denen Edutainment alleine ausreichend ist, um den Spracherwerb zu fördern? Können wir als Eltern jemals ein gutes Gewissen dabei haben, wenn wir unseren Kindern erlauben, nach der Schule Fernsehen zu schauen oder ein Sprachspiel auf dem Computer zu spielen, während wir selbst ein Buch oder eine Zeitschrift lesen? Glücklicherweise können wir allen – und insbesondere gestressten – Eltern eine positive Antwort geben. Ja, das ist tatsächlich möglich. Und zwar dann, wenn Ihre Kinder bereits zur Schule gehen.

Aus der Forschung

Sprachenlernen mithilfe des Fernsehers in Belgien

Belgien ist ein kleines Land mit etwa zehn Millionen Einwohnern. Es besteht aus drei eigenständigen und relativ unabhängigen Regionen. In einer dieser Regionen, Flandern, sprechen Kinder zu Hause Niederländisch und beginnen in der Schule ab dem Alter von zehn Jahren Französisch zu lernen. Im Gegensatz zu anderen Regionen Belgiens, in denen Kinder in der Schule eine Fremdsprache wählen können (häufig Englisch), ist in Flandern Französisch in der Schule vorgeschrieben. Englisch ist die zweite Fremdsprache, die die Kinder erst mit 13 oder 14 Jahren anfangen zu lernen. Trotzdem verstehen und beherrschen die Kinder schon vor ihrem ersten Englischunterricht in der Schule viele englische Wörter. Warum? Weil in Belgien die Hälfte aller Kindersendungen im Fernsehen auf Englisch ausgestrahlt wird. Die Sendungen haben niederländische Untertitel, aber die gesprochene Sprache ist Englisch. Und wie überall auf der Welt sind auch in Belgien Zeichentricksendungen bei Kindern beliebt. Sobald also die flämischen Kinder lesen gelernt haben, sind sie auch in der Lage, die niederländischen Untertitel zu lesen, und diese helfen ihnen gemeinsam mit der sichtbaren Handlung der Filme dabei, die englischen Wörter zu verstehen, die sie hören. Diese Art des fernsehunterstützten Spracherwerbs scheint bei flämischen Kindern gut zu funktionieren. Im Vergleich zu den belgischen Kindern französischer Muttersprache, die im Fernsehen mehr Möglichkeiten haben, synchronisierte Sendungen zu schauen, und daher weniger verbale Stimulation auf Englisch erhalten, verfügen flämische Kinder bereits vor Beginn des Englischunterrichts in der Schule über weit bessere Sprachkenntnisse.

In Ländern wie Belgien scheinen Kinder also zumindest einige Wörter der Fremdsprache über das Fernsehen zu lernen. Bevor wir daraus jedoch definitive Rückschlüsse ziehen, sollten wir uns ins Bewusstsein rufen, dass wir hier von unzähligen Stunden sprachlichen Inputs über viele, viele Jahre hinweg sprechen. Und trotz all der sprachlichen Stimulation können die Kinder in Flandern im Normalfall kein Englisch sprechen. Sie verstehen es lediglich. Dennoch kann man aus dem belgischen Beispiel viel lernen, nämlich vor allem, dass Fernsehen und andere Formen des Edutainment wichtige Quellen sind, mit denen der Zweitsprachenerwerb unterstützt werden kann. Und insbesondere können sie die Fähigkeiten fördern, eine Fremdsprache zu verstehen.

Ein weiterer Punkt: Sorgsam ausgewählte Fernsehprogramme, DVDs, Internetaktivitäten, Computerprogramme, Spiele, Musikprogramme und Spielzeuge können dafür sorgen, dass Kinder eine bestimmte Sprache mit positiven Gefühlen in Verbindung bringen. Ihr Kind lernt daraus, dass Sie selbst als Eltern diese Sprache ebenfalls schätzen. Und in manchen Fällen erleben Ihre Kinder mithilfe der elektronischen Lernhilfen eine Vielzahl von realen Situationen, in denen Sprache in alltäglichen Handlungen verwendet wird. Ein Beispiel: Unsere Freundin Cathrine lebt in einer Kleinstadt mitten in den USA. Sie stammt aus Schweden und gibt sich größte Mühe, ihrem sechsjährigen Sohn Magnus Schwedisch beizubringen, aber sie empfindet das als extrem mühsam, denn ihr Mann ist monolingual englisch, und sie hat in der näheren Umgebung weder schwedischsprachige Freunde noch Familie. Und obwohl Schwedisch Cathrines Erstsprache ist, findet sie es häufig nicht sehr einfach oder natürlich, Schwedisch zu sprechen, denn sie lebt seit Anfang 20 in den Vereinigten Staaten. Cathrine rüstete sich mit einem DVD-Spieler aus, der alle internationalen Formate abspielen kann, sowie mit einer kleinen Sammlung schwedischer DVDs, die sie online gekauft hatte. „Diese DVDs waren unsere Rettung", sagt Cathrine. „Sie ermöglichen, dass Magnus andere Kinder sieht, wie sie Schwedisch sprechen und spielen, und er lernt sogar neue Wörter, die es auf Englisch überhaupt nicht gibt, etwa die Bezeichnungen für bestimmte schwedische Süßigkeiten." Cathrine weist darauf hin, dass die Videos und auch die Musikkassetten, die sie gemeinsam im Auto hören, ihr und Magnus lustige und besondere Anlässe für Gespräche geben, die sie ausschließlich auf Schwedisch führen können. Magnus hat darüber hinaus ein Regal mit schwedischem Spielzeug, darunter einiges zu Pippi Langstrumpf. Und auch sie sind ein Teil seiner schwedischsprachigen Aktivitäten gemeinsam mit seiner Mutter. Mit einem Paar Kehrschaufeln und Besen (die natürlich auch Schwedisch sprechen) helfen sie Cathrine bei ihren Bestrebungen, Magnus das Schwedische näherzubringen und in ihm positive Assoziationen mit der Sprache und der Kultur zu wecken.

Es sind aber nicht nur clevere Eltern, die erkannt haben, wie hilfreich elektronische Medien für den Spracherwerb sein können. Auch manche Lehrer und Erzieher beginnen sich – wenn auch vielleicht nur mehr oder weniger spaßeshalber – mit Dingen auseinanderzusetzen, die man als „Cybertropismus" bezeichnen könnte. Diese Wortschöpfung lehnt sich an den biologischen Begriff „Phototropismus" an, mit dem das Wachstum beziehungsweise die Bewegung von Pflanzen zu einer Lichtquelle hin bezeichnet wird. Analog dazu bezeichnet „Cypertropismus" die Anziehung, die Computer auf Schüler und Studenten ausüben. Und tatsächlich sind traditionelle Schulhefte, Stifte und Blätter, die wir alle in unserer Jugend geliebt (oder auch gehasst) haben, der immer größer werdenden Konkurrenz durch elektronische Medien ausgesetzt. Während einige wenige Kinder Spaß daran haben, Vokabellisten auswendig zu lernen, ziehen es die meisten doch vor, online Musikvideos anzusehen, Computerspiele zu spielen, SMS zu schreiben, zu bloggen, Einträge auf Wikipedia nachzuschlagen oder zu verfassen oder Podcasts zu hören.

Wenn Ihr Kind im Schulalter ist, gibt es viele Möglichkeiten, sich Technologien für Bildung und Lernen zunutze zu machen. Unsere Freundin Janette und ihre zwölfjährige Tochter Tanya sind hier ein gutes Beispiel. Tanyas Großeltern väterlicherseits sprechen fließend Russisch, aber Janette verfügt nur über geringe Grundkenntnisse. Sie möchte, dass Tanya diese Sprache lernt, und es frustrierte sie, dass Tanya keine Lust dazu hatte. Stattdessen schien Tanya nach der Schule vor dem Fernseher förmlich angewachsen zu sein. Aber vor Kurzem hatte Janette eine großartige Idee: An Schultagen darf Tanya abends jeweils die Hälfte eines Spielfilms auf DVD sehen – aber nur unter der Bedingung, dass der Ton dabei auf Russisch eingestellt ist. Tanya murrt zwar ab und zu über die „Russisch an Schultagen"-Regel, aber andererseits genießt sie ihre Videoabende auch. Das Ganze war so erfolgreich, dass Janette und Tanya nun an den Wochenenden gemeinsam Spielfilme auf Russisch anschauen. Und das ist für beide ein besonderes Vergnügen.

Merke

Eine Studie an etwa 800 Elf- bis 16-Jährigen kam zu dem Ergebnis, dass mehr als 75 Prozent von ihnen Computerspiele spielen – viele sogar mehr als eine halbe Stunde pro Tag. Eltern sollten die Tatsache für den Spracherwerb ihrer Kinder nutzen.

Computerspiele und Spracherwerb

Es gibt viele unterschiedliche Formen des technikunterstützten Spracherwerbs. Eine mögliche Variante sind interaktive Computerspiele, wie zum Beispiel „Die Sims" oder „Die Sims 2". Die Sprache dieser Spiele lässt sich einfach in den Spieleinstellungen verändern. In „Die Sims" nimmt der Spieler eine virtuelle Persönlichkeit an, deren Charakteristika und Persönlichkeit er sich selbst ausgesucht hat. Der Spieler versucht, eine Arbeitsstelle zu finden, sein Haus einzurichten, Essen zuzubereiten, Gäste zu empfangen, seine Finanzen zu managen und zahlreiche andere Aktivitäten durchzuführen. Die Sprache der Spiele ist authentisch und kreativ. Eltern können sogar eine zweisprachige Spielumgebung schaffen, in der die stärkere Sprache verwendet wird, um die schwächere zu fördern. Natürlich sollten die Eltern auch bei diesem Spiel, so wie bei allen Medien, sorgsam beobachten, welche Inhalte ihr Kind beim Spielen erlebt. „Die Sims 2" richtet sich mehr an Teenager und Erwachsene. Eine grafisch weniger anspruchsvolle, aber dafür kinderfreundliche Variante ist das Spiel „Wo steckt Carmen Sandiego?", das in den USA sehr beliebt und auch in Deutschland erhältlich ist. In diesem Geografie-Spiel übernimmt der Spieler die Rolle eines Detektivs, der die pfiffige Meisterdiebin Carmen durch die ganze Welt verfolgt. Dem Spiel beigefügt ist in der deutschen Ausgabe neben Landkarten und landeskundlichen Informationen auch ein Dolmetscher, denn zur Verfolgung international tätiger Diebe sind Sprachenkenntnisse unerlässlich. Auf diese Weise fördert das Spiel nicht nur die Geografiekenntnisse der Kinder, sondern auch den Spracherwerb.

Wenn Ihre Kinder mehr an Sport- als an Abenteuerspielen interessiert sind, können Sie ihnen auch eine fremdsprachige – etwa japanische – Version eines Computer-Fußballspiels kaufen. Die Grafiken in den Sportspielen werden von Jahr zu Jahr realistischer, und die Sportkommentatoren verwenden zur Ankündigung einzelner Spielzüge und Aktivitäten häufig immer wieder dieselben authentischen Wörter und Wendungen, die denen entsprechen, die Fußballfans auch bei der Übertragung eines Spiels im Fernsehen hören. Häufig werden die Schlagworte schriftlich auf dem Bildschirm angezeigt, und die Sprache ist ganz natürlich in das Spiel eingebettet. Sie kann normalerweise in den Grundeinstellungen des Spiels gewählt werden.

Auch Online-Spiele mit mehr Spielern sind bei Schulkindern beliebt und können für Schüler im Teenageralter ein exzellenter Weg sein, mit anderen realen, lebenden Spielern in Kontakt zu treten. In der virtuellen Gemeinschaft treffen häufig Spieler aus der ganzen Welt aufeinander, sodass man – wenn man das möchte – auf diese Art und Weise die Gelegenheit bekommt, in allen erdenklichen Fremdsprachen miteinander zu kommunizieren. Zum Beispiel spielen mehr als anderthalb Millionen Menschen weltweit mit einer virtuellen Person in einer Online-Welt, die unter dem Namen Second Life bekannt ist (http://secondlifegrid.net/programs/education), in der die Spieler als sogenannte Avatare (oder virtuelle Persönlichkeiten, die sie mithilfe der auf der Seite verfügbaren Werkzeuge kreiert haben) miteinander interagieren. Allerdings ist das Spiel in den letzten Jahren wegen der Darstellung sexueller Akte negativ in die Schlagzeilen geraten. Ihr Kind sollte daher ausschließlich die Teenager-Variante spielen (http://teen.secondlife.com/). In der Second-Life-Welt können die Avatare alles Mögliche tun und sogar eine Fremdsprache lernen (es wird Unterricht für eine Vielzahl von Sprachen angeboten) sowie mit anderen Avataren in der Zweit- oder Fremdsprache kommunizieren. Obwohl wir die Teenager-Variante von Second Life als völlig unbedenklich erachten, sollten Eltern natürlich auch hier – wie bei allen anderen Internetaktivitäten – aufmerksam beobachten, was ihre Kinder online veranstalten und mit wem sie in der virtuellen Welt in Kontakt stehen.

Weitere internetbasierte Möglichkeiten

Es gibt natürlich auch diejenigen internetbasierten Anwendungen, die viele von uns tagtäglich nutzen – zum Beispiel E-Mails und News-Seiten im Netz. Bei vielen E-Mail-Anbietern, wie etwa AOL, lassen sich die Sprachen individuell einstellen, sodass Anleitungen und Werbung in einer anderen Sprache auf der Seite erscheinen, und News- oder Informationsseiten existieren in jeder erdenklichen Sprache.

Sie können im Internet auch gemeinsam mit Ihren Kindern Brieffreunde suchen und finden, zum Beispiel auf www.tesol.net/penpals. Die Website stammt aus den USA und ist in englischer Sprache gehalten, aber es können sich dort auch Brieffreunde mit anderen Sprachkombinationen (etwa Deutsch/Spanisch) finden. Eine vergleichbare deutsche Website ist www.mylanguageexchange.com. Es gibt die Möglichkeiten, Blogs zu lesen oder selbst zu schreiben oder sich auf Videoseiten wie youtube.com auszutauschen. Voraussetzung ist natürlich, dass die Eltern bereit sind, die Zeit zu investieren, die für ihre Kinder passenden Seiten und den Inhalt zu suchen und auszuwählen. Dabei hilft oft ein Programm wie netnanny.com, ein englischsprachiges Filterprogramm, das sicherstellt, dass Ihre Kinder nur auf den Seiten surfen, die Sie für sie freigegeben haben. Das Programm ist auch auf deutsche Internetseiten anwendbar und kann 14 Tage kostenlos getestet werden, bevor man sich für den Kauf entscheidet. Es gibt unzählige kostenlose Online-Radiostationen in vielen Sprachen. Für jeden Geschmack ist etwas dabei. Auf der Internetseite des offiziellen amerikanischen Auslandsradiosenders Voice of America (www.voanews.com/english/portal.cfm) kann man Nachrichten in 45 unterschiedlichen Sprachen hören. Zusätzlich bietet die Seite einen Nachrichtenservice in vereinfachtem Englisch, der für Nicht-Muttersprachler besser zu verstehen ist. Auf der Website www.live365.com kann man kostenlos Musik aus der ganzen Welt hören und auch gezielt nach Musik in einer besonderen Sprache, wie etwa Japanisch, suchen. Für Kinder, die gerne Musikvideos sehen, kann man aus Online-Datenbanken die Texte heraussuchen und sie auf manchen Seiten sogar als Untertitel zu den entsprechenden Videos lesen. Mit ein wenig Recherche werden Sie hier mit Sicherheit die richtige Seite für Ihr Kind finden.

Außerdem bestehen zahlreiche Möglichkeiten, Lernmaterial für den Erwerb einer Zweitsprache aus dem Internet zu laden und auf Handys oder MP3-Player zu übertragen, die dann von den Jugendlichen überall genutzt werden können. Online-Händler wie iTunes sind eine großartige Quelle, um Material zu finden. Hier können Sie nach bekannten Interpreten wie auch nach Sprachen suchen. Aber es gibt auch viele kostenlose Dienste im Internet. Video- und Audio-Podcasts können kostenfrei heruntergeladen werden. Die Möglichkeiten reichen von Amateur-Produktionen bis zu professionellen staatlichen Radio- und TV-Programmen. Wenn Ihr Kind Französisch lernt und Fantasy-Filme liebt, können Sie zum Beispiel nach französischen Podcasts suchen, die sich an Fans des berühmten Tolkien-Romans „Der Herr der Ringe“ richten.

Mithilfe der digitalen Medien können Sie das Sprachenlernen nahtlos in Ihren Alltag und den Ihrer Kinder integrieren. Und Schulkinder jeden Alters können davon einfach und auf unterhaltsame Art profitieren. Vielleicht werden sogar Sie selbst Spaß daran finden. Bedenken Sie jedoch stets, dass die Verwendung dieser Art Medien primär der Unterhaltung dient, sodass Ihre Kinder dabei möglicherweise relativ passiv agieren. Der Fokus liegt mehr auf dem Verständnis der Sprache, sowohl in schriftlicher als auch in mündlicher Form. Wie bei allen anderen Sprachlernmaterialien sollten Sie also nicht aus dem Auge verlieren, welche Ziele Sie damit verfolgen. Das könnte zum Beispiel die Entwicklung von Kommunikationsstrategien in einer Fremdsprache sein oder auch Sprachgewandtheit und eine Erweiterung des Vokabulars. Sie sollten aber auf keinen Fall erwarten, dass Ihre Kinder durch die Nutzung dieser Medien ihre Grammatik verbessern. Je weiter die Technik fortschreitet, desto mehr Möglichkeiten haben ältere Kinder und Erwachsene, sie auch für das Erlernen einer Fremdsprache zu nutzen. Die Zahl und die Art der Angebote wachsen täglich: Bitte beachten Sie die folgende Merkliste, in der wir einige unserer bevorzugten Ideen und Möglichkeiten auflisten, die Sie gemeinsam mit Ihrem Schulkind nutzen könnten.

Merkliste für Schulkinder

- Wenn es Ihnen finanziell möglich ist, erwerben Sie einen DVD-Spieler, der internationale Formate abspielt, und schauen Sie sich die Filme gemeinsam mit Ihren Kindern an. Oder kaufen Sie eines der leider häufig teuren Software-Programme, die Ihnen ermöglichen, alle DVD-Formate auf Ihrem Computer anzusehen.
- Kaufen Sie fremdsprachige DVDs (Spielfilme, Comics, Musik) oder leihen Sie sie in Ihrer Videothek oder Stadtbibliothek aus. Oder Sie leihen Videos und DVDs online aus (in Deutschland zum Beispiel über Amazon.de); hier finden Sie im Normalfall eine große Auswahl internationaler DVDs. Über Amazon ist es auch möglich, Kauf-DVDs aus anderen Ländern zu bestellen.
- Sichten Sie die DVDs, bevor Sie sie mit Ihren Kindern gemeinsam anschauen. Sie sollten überprüfen, ob der Inhalt für Ihr Kind altersgemäß ist. Außerdem können Sie sich so schon vorab auf die Handlung und das für die DVD notwendige Vokabular vorbereiten. Ihre Kinder werden mehr Spaß daran haben und auch mehr von der Sprache lernen, wenn sie die Handlung verstehen und ihr mit Leichtigkeit folgen können.
- Stimmen Sie andere Aktivitäten inhaltlich auf die DVD ab (Fotos, Mahlzeiten oder Lebensmittel, Spielzeug, besondere Spiele). So stellen Sie einen aktiven Bezug zum Leben Ihres Kindes her und machen die Sprache real erlebbar.
- Zelebrieren Sie das gemeinsame Anschauen der DVDs als eine besondere und unterhaltsame Aktivität für die ganze Familie.
- Suchen Sie nach geeigneten Spielen und Websites mit Videos.
- Vielleicht schenken Sie Ihrem Kind auch einen iPod oder andere digitale Abspielgeräte und laden darauf Sprachlernmaterial und andere geeignete Software herunter.

Wir fassen zusammen

In diesem Kapitel haben wir gelernt, dass bestimmte, ausgewählte Technologie Eltern in ihren Bemühungen, ihrem Baby oder Kleinkind eine zweite Sprache näherzubringen, unterstützen kann. Das gilt insbesondere für Eltern, die nur geringe Kenntnisse dieser Sprache haben. Zur Verfügung stehen interaktives Spielzeug, fremdsprachige Musik oder auch interaktive Bücher. Sie sollten die Aktivitäten jedoch immer gemeinsam mit Ihrem Kind durchführen. So erzielen Sie weit größere sprachliche (und auch andere) Lernerfolge. Zwar möchten Ihnen viele Hersteller von Edutainment-Spielzeug für Babys und Kleinkinder weismachen, dass ihre Produkte die idealen, kinderleichten und effektiven Lernmittel darstellen. Sie sollten sich jedoch stets bewusst sein, dass die Forschung diese Behauptung nicht unterstützt und sogar viele Studien das Gegenteil bewiesen haben.

Bei Schulkindern dagegen können Sie mit gutem Gewissen alle möglichen Arten von Edutainment einsetzen und damit gleichzeitig den Erwerb der Zweitsprache fördern. Fremdsprachige Fernsehsendungen, DVDs, Podcasts, Sprachlern-Software, Videospiele und sogar fremdsprachige Musik und Musikvideos können bei älteren Kindern positive Assoziationen wecken. Sie können dabei helfen, die Sprache sinnvoll mit der Kultur des Landes zu verbinden. Und ältere Kinder, insbesondere diejenigen, die bereits in der Lage sind, Untertitel zu lesen, und schon über Grundkenntnisse der Fremdsprache verfügen, können durch die Kombination aus Bildung und Unterhaltung ihre Sprachkenntnisse erweitern. So können diese technischen Hilfsmittel ein wertvoller Baustein sein, der Ihre Kinder beim Spracherwerb unterstützt.

Übung

Sammeln Sie Ideen, um eine positive Umgebung für den Spracherwerb herzustellen

Hier finden Sie einige Fragen, die Ihnen bei der Entscheidung helfen können, ob und wie Sie Edutainment in Ihrer Familie einsetzen sollten:

- *Ist mein Kind im richtigen Alter, um von Edutainment wirklich profitieren zu können?*
- *Wie kann ich aus dem Betrachten einer fremdsprachigen DVD eine interaktive Erfahrung für die ganze Familie machen?*
- *In welchem Verhältnis zueinander sollten das Vorlesen/Lesen von Büchern und Fernsehen/DVDs-Schauen stehen?*
- *Welche Regeln und Beschränkungen für Edutainment sollten wir in unserer Familie einführen?*
- *Welche Quellen kann ich nutzen, um Edutainment in den Sprachen, die mich interessieren, zu finden?*

8

Wodurch zeichnen sich gute Sprachschulen, -kurse und -lehrer aus? Und wie können Sie sie finden?

Viele Eltern, die ihre Kinder zweisprachig erziehen möchten, wünschen sich eine Sprachförderung über das familiäre Umfeld hinaus, sei es in Form einer zweisprachigen Schulausbildung, von Sprachunterricht außerhalb der Schule oder auch privatem Einzelunterricht. Jedoch ist die Vielzahl unterschiedlicher Angebote und Alternativen verwirrend. In Anbetracht der großen Anzahl von Auswahlmöglichkeiten fragen sich daher Eltern häufig, was die Hauptmerkmale eines guten Sprachlernprogramms sind und wie sie bei der Suche nach geeigneten Schulen und Lehrern am besten vorgehen sollten.

In den USA immer beliebter wird der bilinguale Unterricht nach dem sogenannten dualen System (die in den Vereinigten Staaten übliche Variante der Immersion, bei der etwa die Hälfte der Schüler zum Beispiel englische Muttersprachler, die andere Hälfte Muttersprachler einer anderen Sprache, etwa Spanisch, sind. Siehe dazu auch Kapitel 1 und 2, in denen wir auf den Begriff der Immersion bereits kurz eingegangen sind.) Diese Form des Unterrichts, die auch „Two-way-Immersion" genannt wird, wird in letzter Zeit auch in Deutschland stark diskutiert. Ziel des Unterrichts ist es, die Schüler voneinander lernen zu lassen und so nach einigen Jahren eine komplette Zweisprachigkeit zu erreichen. Für viele Eltern klingt das nahezu ideal, und mit Sicherheit ist diese Variante der Immersion auch die Art Unterricht, die Kendall sich für ihren Sohn in Washington, D. C., wünscht. Leider wird diese Form des Immersionsunterrichts jedoch nicht überall angeboten. Aber zumindest in den USA nimmt die Zahl der nach dem System unterrichtenden bilingualen Schulen weiter zu, und auch in deutschen Großstädten werden immer mehr bilinguale Kindertagesstätten und Schulen eröffnet, die sich an Kinder sowohl deutscher wie auch fremdsprachiger Eltern richten (wie etwa der Japanisch-Deutsche Kindergarten in Düsseldorf oder die Deutsch-Portugiesische Europaschule in Berlin). Jedoch ist der Zugang zu diesen Bildungsinstitutionen meist begrenzt: Die Schüler müssen häufig vor Aufnahme in die Schule einen Sprachtest in beiden Sprachen absolvieren, und aufgrund der hohen Nachfrage ist es recht schwierig, einen der begehrten Plätze zu ergattern. Und die Schulen sind nicht für jedes Kind die Patentlösung. In diesem Kapitel werden wir Ihnen die unterschiedlichen Schul- und Unterrichtsmodelle vorstellen, auch und insbesondere für Eltern wie Alison, deren Kinder nicht die Möglichkeit haben, eine Europaschule oder einen bilingualen Kindergarten zu besuchen, die sich aber dennoch wünschen, den üblichen Sprachunterricht in der Regelschule von außen zu unterstützen.

Die Auswahl des Unterrichtssystems: Begriffe und Definitionen

Eltern, die nach einem geeigneten Sprachlernprogramm für ihre schulpflichtigen Kinder suchen, werden häufig mit einer erschreckend großen Anzahl unterschiedlicher Termini konfrontiert, die die einzelnen Unterrichtssysteme bezeichnen. Hinzu kommt, dass die Bezeichnungen nicht einheitlich verwendet werden und die Grenzen zwischen den einzelnen Programmen verschwimmen oder überlappen. Bevor wir uns also den Pros und Contras der unterschiedlichen Unterrichtsmethoden zuwenden, sollten wir zunächst einige grundsätzliche Begriffe definieren.

Was genau ist unter bilingualem Unterricht zu verstehen? Genau genommen gibt es viele verschiedene Methoden des bilingualen Unterrichts. Insbesondere die USA, ein Land, in dem in bestimmten Regionen große Gruppen mit anderer Muttersprache als dem Englischen leben (wie etwa die gesamte Grenzregion zu Mexiko oder auch Chinatown in New York), haben eine stark ausgeprägte Tradition unterschiedlicher zweisprachiger Schulmodelle. Auch in Deutschland, Österreich und natürlich erst recht in der mehrsprachigen Schweiz gibt es inzwischen zahlreiche Schulen, in denen verschiedene Formen des bilingualen Unterrichts angeboten werden. Sie unterscheiden sich jedoch von Bundesland zu Bundesland und innerhalb der einzelnen Schulformen erheblich. Eine gute Informationsquelle für den bundesdeutschen Raum ist die Internetseite des Vereins für Frühe Mehrsprachigkeit an Kindertageseinrichtungen und Schulen e.V. (www.fmks-online.de). Hier finden Sie nicht nur viele allgemeine Informationen zum Thema zweisprachige Kindererziehung, sondern auch eine laufend aktualisierte Adressliste der zweisprachigen Kindertagesstätten und Schulen in Deutschland.

Generell kann man den bilingualen Unterricht grob in drei Gruppen einteilen. Wir verwenden an dieser Stelle die amerikanischen Begriffe, weil sie auch in der deutschen Fachsprache Anwendung finden und es bisher keine allgemeingültige deutsche Entsprechung für sie gibt: Maintenance, Transition und Immersion. Dabei beziehen sich Maintenance und Transition auf Schüler, deren Muttersprache eine andere als die Umgebungs- beziehungsweise Landessprache ist, immersiver Unterricht kann sowohl von Muttersprachlern der Landessprache als auch von Kindern mit einer anderen Muttersprache besucht werden. Diese Unterteilung richtet sich nach dem amerikanischen Modell, kann aber mit geringen Abweichungen auch auf die Schulsysteme im deutschsprachigen Raum übertragen werden.

Ob nun in den USA oder in Europa: Gemeinsames Ziel all der Unterrichtsformen ist es, Kindern beizubringen, mehr als nur eine Sprache zu sprechen. Dennoch bestehen innerhalb der einzelnen Kategorien von Schule zu Schule und von Land zu Land erhebliche Unterschiede in der Art der Umsetzung, wie etwa:

- wann das Kind an die Zweitsprache herangeführt wird (zum Beispiel schon im Kindergarten oder erst später).
- ob im Sprachunterricht die Erstsprache des Kindes als Unterrichtssprache verwendet wird, und wenn, wie oft und wie lange.
- ob die Zweitsprache die Muttersprache der Mehrheit oder einer Minderheit der in der Umgebung der Schule lebenden Bevölkerung ist.
- was das Ziel des Unterrichts ist (Bilingualität oder der Übergang zu einer einzigen Sprache).
- ob es gesetzliche Regelungen oder Beschränkungen gibt, nach denen sich der bilinguale Unterricht richten muss (mehr dazu weiter unten).
- welche Zugangsvoraussetzungen es gibt und wie sich Schüler zu diesen Sprachprogrammen anmelden können.

Maintenance: Bilingualer Unterricht mit dem Ziel der Beherrschung beider Sprachen – der Umgebungs- sowie der Herkunftssprache

Bei dem bilingualen Sprachunterricht nach diesem Prinzip erfolgt der gesamte Schulunterricht in beiden Sprachen, im Normalfall zunächst in der Muttersprache der Kinder, also der Einwanderersprache. Die Landessprache wird als erste Fremdsprache gelernt, und nach und nach werden weitere Schulfächer in dieser Sprache unterrichtet. In welchem Alter, in welcher Schulklasse und in welchem Umfang das geschieht, variiert von Schule zu Schule. Ziel ist eine sogenannte additive Zweisprachigkeit. Diese Programme haben sich in den USA als recht effektiv herausgestellt. Die Schüler erzielen im Durchschnitt sehr gute akademische Ergebnisse unter gleichzeitiger Beibehaltung der Sprachkompetenz in ihrer Muttersprache. Im deutschsprachigen Raum findet diese Unterrichtsform meist nur in Grenzgebieten oder in mehrsprachigen Landesteilen Anwendung (etwa in Teilen Brandenburgs zur Bewahrung der sorbischen Minderheitssprache).

Transition: Bilingualer Unterricht mit dem Ziel des Übergangs zur Landessprache

In vielen Teilen der Welt sind transitorische Unterrichtsformen die am weitesten verbreitete Art des bilingualen Unterrichts. Die Schüler erhalten zunächst über einen begrenzten Zeitraum hinweg ausschließlich Unterricht in ihrer Muttersprache, mit dem Ziel, ihnen zunächst dieselben Inhalte zu vermitteln wie ihren monolingualen landessprachigen Mitschülern, etwa in den Schulfächern Mathematik oder Erdkunde. Gleichzeitig erhalten die Kinder Unterricht in der Zweit-, also der Landessprache. Später, im Normalfall nach ein oder zwei Schuljahren, werden die Schüler in „normale" Schulklassen integriert. Eventuell erhalten sie weiterhin zusätzlichen Unterricht in ihrer Muttersprache. Ziel dieser Unterrichtsform ist nicht Bilingualität, sondern flüssige Beherrschung der Landessprache und damit Integration der Immigrantenkinder in das Schulsystem des Landes. In Deutschland gibt es echten transitorischen Unterricht bisher nur in Modellversuchen, in denen Kinder mit Migrationshintergrund zunächst in eigenen „Ausländerklassen" unterrichtet werden, bevor sie in allgemeine deutsche Regelklassen integriert werden.

Verbreiteter als beide oben erläuterten Unterrichtsformen ist in Deutschland der Besuch des deutschen Regelunterrichts mit gleichzeitigem freiwilligem Unterricht in der Muttersprache. Das Modell kann im weitesten Sinne als transitorisch bezeichnet werden, zielt es doch in erster Linie auf eine Integration der Schüler in das deutsche Schulsystem und nur in zweiter Linie auf den Erhalt der muttersprachlichen Kompetenz ab. Die Regelungen, ob und inwiefern die Kinder vor dem regulären Schulbesuch Unterweisung in der Landessprache Deutsch erhalten und in welcher Form und über welche Dauer sie zusätzlich muttersprachlichen Ergänzungsunterricht besuchen können, unterliegen den Kultusministerien der einzelnen Bundesländer und manchmal sogar den Konsulaten der jeweiligen Einwandererländer. Umfang und Form der Förderung der muttersprachlichen Kompetenz von Kindern mit Migrationshintergrund weichen daher von Bundesland zu Bundesland stark voneinander ab.

Transitorische Unterrichtsmodelle der unterschiedlichsten Art werden – so wie auch alle anderen bilingualen Modelle – seit jeher kritisch diskutiert. Manche Gegner der Methode kritisieren, dass die Kinder zu lange ausschließlich in ihrer Muttersprache sozialisiert würden und dass das den Erwerb der Umgebungssprache als zweite Fremdsprache erschwere. Nach Ansicht vieler dieser Kritiker sollten die Kinder von vornherein in den landessprachlichen Regelunterricht integriert werden (also ohne eine vorherige bilinguale Unterrichtsphase). Andere wiederum meinen, transitorische Programme konzentrierten sich zu sehr auf den Erwerb der Landessprache. Die Folge sei der Verlust der Kompetenz in der Muttersprache ebenso wie eine mangelnde allgemeine akademische Bildung. Während das Erlernen der grundsätzlichen Fähigkeit zur mündlichen Kommunikation (manchmal auch Spielplatz-Sprache genannt) nur wenige Jahre dauere, benötige das Erlernen der akademischen Formen einer bestimmten Sprache (die Konzepte und Fähigkeiten, die die Grundlage von erfolgreichem Lernen in der Schulklasse bilden) viel länger – nämlich zwischen fünf und sieben Jahre. Außerdem lassen manche Forschungsergebnisse darauf schließen, dass transitorische Programme auf lange Sicht weit weniger effektiv sind als Maintenance-Programme, die neben dem Erwerb der Landessprache die Aufrechterhaltung der Muttersprache zum Ziel haben. Letztere erwiesen sich im wissenschaftlichen Vergleich als weit effektiver bei der Förderung sowohl der sprachlichen als auch der akademischen Fähigkeiten der Schüler.

Aus der Forschung
Transitorische bilinguale Unterrichtsmodelle

2005 erstellten Kellie Rolstad und Kollegen eine Übersicht von Studien zur Effektivität unterschiedlicher Modelle für das Erlernen einer Zweitsprache. Die Forscher untersuchten 17 verschiedene Studien und fanden dabei heraus, dass sich bei Schülern der englischen Sprache die transitorischen bilingualen Unterrichtsmodelle als die am wenigsten effektiven im Hinblick auf die allgemeinen akademischen Fähigkeiten herausgestellt hatten. Programme, die darauf ausgerichtet waren, Kinder zur Bilingualität zu erziehen (in dem Falle waren das Maintenance-Programme), waren im Hinblick auf allgemeine akademische Fähigkeiten effektiver, und zwar sowohl im Vergleich mit den transitorischen Programmen als auch mit einsprachigen, ausschließlich englischen Unterrichtsmodellen. Die Forscher zogen daraus unter anderem den Schluss, dass in Zukunft in den USA die bilingualen Maintenance-Programme gefördert und ausgebaut werden müssten.

Die Debatte wird unter Pädagogen und Sprachwissenschaftlern hitzig weitergeführt und ist weit davon entfernt, zu einem allgemeingültigen Ergebnis zu führen. Eltern mit einer Einwanderersprache als Muttersprache werden sich daher Alternativen zu transitorischen Modellen wünschen, wenn sie ihre Kinder wirklich bilingual erziehen wollen. Transitorische Modelle sind im Grunde auf Monolingualität in der Landessprache ausgerichtet.

Merke
Transitorische bilinguale Unterrichtsformen sind unter Umständen nicht die ideale Wahl für Eltern, die sich wünschen, dass ihre Kinder zwei Sprachen – sowohl die Einwanderer- als auch die Landessprache – flüssig beherrschen.

Immersion: Bilingualer Unterricht mit dem Ziel der Zweisprachigkeit

Ein weiteres wichtiges und weit verbreitetes Modell des bilingualen Unterrichts ist die Immersion. Es gibt verschiedene Ausprägungen, die unter den Bezeichnungen totale Immersion, partielle Immersion und reziproke Immersion bekannt sind.

- Bei der *totalen Immersion* werden alle Unterrichtsfächer komplett in der Fremdsprache unterrichtet, insbesondere in den ersten Schuljahren. Später wird dann auch Unterricht in der Landessprache (zum Beispiel in Kanada auf Englisch) eingeführt und (abhängig von der jeweiligen Schule und ihrer Ausrichtung) schließlich auf 20 bis 50 Prozent des Unterrichtsanteils ausgeweitet, sodass die Schüler letztendlich in beiden Sprachen unterrichtet werden.
- Bei der *partiellen Immersion* wird der Unterricht von Anfang an zum Teil in der Fremdsprache abgehalten (zum Beispiel die Hälfte der Unterrichtsfächer). In manchen Schulen liegt dabei der Schwerpunkt auf den Schulfächern, die in der Fremdsprache unterrichtet werden.
- Die *reziproke Immersion* hat einen leicht anderen Ansatz, denn sie zielt darauf ab, dass Muttersprachler der Landessprache (also in den USA Englisch oder in Deutschland Deutsch) lernen, eine andere Sprache fließend zu beherrschen (etwa Spanisch), und gleichzeitig Muttersprachler dieser anderen Sprache lernen, die entsprechende Landessprache fließend zu sprechen. Um das Ziel zu erreichen, setzen sich die Klassen in der Regel jeweils zur Hälfte aus Muttersprachlern der Umgebungs- und der Einwanderersprache zusammen, die den gesamten Unterricht gemeinsam absolvieren. Alle Schüler erhalten Unterricht in beiden Sprachen.

Das Ziel aller drei Formen des immersiven Unterrichts ist eine hohe Sprachkompetenz in beiden Sprachen – und damit möglichst eine echte Bilingualität – sowie eine hohe interkulturelle Kompetenz der Schüler. Zahlreiche Studien lassen vermuten, dass Immersionsmodelle beide Ziele erfolgreich erreichen können. Wie wir in Kapitel 1 erwähnt haben, gibt es Hinweise darauf, dass Kinder, die an zweisprachigen Immersionsprogrammen teilnehmen, eine positivere Einstellung zu den Muttersprachlern anderer Sprachen und Kulturen haben (im Vergleich zu Kindern, die rein monolingual erzogen werden), was sie wiederum offener macht für Freundschaften mit Kindern anderer ethnischer und sprachlicher Herkunft. Zudem lassen Studienergebnisse den Schluss zu, dass diese Unterrichtsmodelle die Bilingualität der Schüler fördern, ohne dabei negativen Einfluss auf die allgemeinen akademischen Fähigkeiten zu nehmen.

Merke

Die verschiedenen Arten des bilingualen Unterrichts

Maintenance: Diese bilingualen Unterrichtsmodelle richten sich an Kinder, die zu Hause eine andere Sprache als die Landessprache sprechen. Die Landessprache ist dabei die erste Fremdsprache, die nach und nach in den gesamten Unterricht integriert wird. Ziel ist eine additive Zweisprachigkeit.

Transition: Diese bilingualen Unterrichtsmodelle richten sich an Kinder mit Migrationshintergrund. Sie zielen darauf ab, den Kindern beim Übergang von ihrer Muttersprache (also zum Beispiel Spanisch, Türkisch, Portugiesisch) in die Umgebungssprache zu helfen und die Kinder letztendlich in den Regelunterricht in der Landessprache zu integrieren. In den USA werden die Schulfächer zunächst in der Muttersprache der Kinder unterrichtet, während das Kind gleichzeitig Sprachunterricht in der Landessprache als Zweitsprache erhält. Später werden die Kinder in den Regelunterricht eingegliedert. In Deutschland erfolgt die Transition meist durch Eingliederung in den deutschen Regelunterricht von Anfang an. In Ergänzung können die Kinder auf freiwilliger Basis an zusätzlichem Unterricht in der Muttersprache teilnehmen.

Immersion: Die Schüler dieser bilingualen Unterrichtsmodelle sind im Normalfall Muttersprachler der Landessprache (das heißt zum Beispiel in Deutschland deutsche Muttersprachler), und der Unterricht erfolgt zu einem großen Anteil (50 Prozent oder auch mehr) in einer Zweitsprache (der prozentuale Anteil ist von Schule zu Schule verschieden). Der Unterricht folgt der Grundidee, dass die Schüler während des gesamten Schultages komplett in die Fremdsprache eintauchen. Diese Unterrichtsform hat sich in den letzten Jahren in Deutschland fest etabliert, wobei sie sich meist auf den frühen Spracherwerb in Kindertagesstätten oder Grundschulen beschränkt.

Reziproke Immersion: Bei diesen bilingualen Unterrichtsmodellen setzen sich die Schulklassen zu etwa 50 Prozent aus Schülern mit nichtlandessprachlichem Hintergrund und Muttersprachlern der Landessprache zusammen (also zum Beispiel in Deutschland zu 50 Prozent aus deutschen und zu 50 Prozent aus italienischen Schülern). Ziel ist es, dass beide Gruppen die jeweils andere Sprache erlernen. Die Kinder beider Gruppen verbringen fast den ganzen Schultag zusammen, und die Schulfächer werden in beiden Sprachen unterrichtet. Diese Unterrichtsform zielt ab auf echte Bilingualität und hohe interkulturelle Kompetenz. Sie ist in Deutschland nur in einigen Modellversuchen verfügbar, zum Beispiel an den Europaschulen.

Aus der Forschung

Englisch als Zweitsprache an einer bilingualen Schule

In ihrem 1998 veröffentlichten Buch präsentieren Annemarie Peltzer-Kampf und Renate Zangl eine Studie, die an Schülern der ersten bis vierten Klasse einer bilingualen Schule in Wien durchgeführt wurde. Der Unterricht an dieser Schule erfolgte nach dem Prinzip der reziproken Immersion, etwa die Hälfte der Schüler waren englische Muttersprachler, die andere Hälfte deutsche Muttersprachler. Die Klassen wurden häufig von einem Team aus deutsch- und englischsprachigen Lehrern unterrichtet. Die Forscher beobachteten über vier Jahre hinweg die Aktivitäten in den Klassen sowohl zwischen Lehrern und Schülern als auch der Schüler untereinander. Die Kinder machten rasch Fortschritte in der jeweiligen Fremdsprache und durchliefen dabei viele der Lernphasen, die wir auch vom Erstsprachenerwerb kennen. Am wichtigsten ist aber wohl die Tatsache, dass die Kinder schnell in der Lage waren, die Zweitsprache kreativ in unterschiedlichen Kontexten und Unterrichtsfächern einzusetzen. Durch die konstante und sinnvolle Interaktion mit ihren Lehrern und Mitschülern erwarben sie eine hohe Sprachkompetenz.

Welche außerschulischen Unterrichtsmodelle bieten sich an, wenn Sie nicht die Möglichkeit haben, Ihre Kinder auf eine bilinguale Schule zu schicken?

Es gibt viele andere Möglichkeiten, wie Kinder sprachliche Zuwendung in einer Zweitsprache erhalten können. Dazu zählen zum Beispiel die Sprach-AGs, die in zahlreichen Schulen angeboten werden. In vielen Städten organisieren der Ausländerbeirat oder die ausländischen Botschaften Sprachkurse und Stammtische für interessierte Deutsche oder für Migranten, die ihre jeweilige Einwanderersprache verbessern möchten. Das Angebot wird ergänzt durch Ferienkurse oder durch Kulturinstitute wie etwa das spanische Instituto Cervantes, private Sprachschulen und religiöse Organisationen.

Förderung der Einwanderersprache durch muttersprachlichen Unterricht

In klassischen Einwandererländern wie Deutschland, den USA und Großbritannien können Kinder von Migranten muttersprachlichen Unterricht besuchen. In Deutschland existieren auf schulischer Ebene bisher keine verbindlichen Regelungen, jedoch bieten auf Empfehlung der Kultusministerkonferenz manche allgemeinbildenden Schulen muttersprachlichen Ergänzungsunterricht an. Auch die Konsulate der Einwandererländer oder gemeinnützige und private Stiftungen, wie etwa die Robert Bosch Stiftung oder die Gemeinnützige Hertie Stiftung, setzen sich mit unterschiedlichen Programmen für die sprachliche und akademische Förderung von Kindern mit Migrationshintergrund ein. Und in den Vereinigten Staaten und Großbritannien wächst die Anzahl der sogenannten „language heritage schools" – Sprachschulen speziell für Einwandererkinder, an denen diese die Kenntnisse ihrer Muttersprache erweitern können. Besonders beliebt sind hier unter anderem Chinesisch, Japanisch, Koreanisch, Persisch, Russisch oder auch die beiden Indianersprachen Navajo und Cree (im Anhang des Buches und auf unserer Website haben wir Quellen aufgelistet, wie und wo Sie diese Schulen finden können). In den USA haben solche Sprachschulen eine lange Tradition, meist sind die Eltern aktiv in die Arbeit einbezogen und arbeiten ehrenamtlich oder gegen eine geringe Aufwandsentschädigung in der Verwaltung oder sogar als Lehrer mit. In Deutschland kennt man diese Art von Sprachschulen nicht, aber solche Einrichtungen müssen nicht unbedingt offizieller Natur sein. Denkbar wäre zum Beispiel auch eine derartige Schule auf der Basis von Elterninitiativen. Vielleicht können Sie sich sogar vorstellen, gemeinsam mit anderen Eltern eine eigene kleine Nachmittagsschule zu gründen, in der Sie die Kinder abwechselnd in Ihrer Muttersprache unterrichten?

Kulturvereine und –clubs

In vielen Städten Deutschlands gibt es Kulturvereine, Clubs und Zentren für die Familien von Migranten, die Kindern dabei helfen können, die Kultur des Herkunftslandes besser kennenzulernen und Kontakt mit anderen Kindern aus demselben Kulturkreis zu bekommen. Diese Organisationen bieten eine Vielzahl unterschiedlicher kultureller Veranstaltungen und Kurse an, von Musik über Kunst, Kochen und Sport bis hin zu Religion. Kulturelle Aktivitäten können den Spracherwerb fördern und die Motivation der Kinder steigern. Sie dürfen nie vergessen: Wir als Eltern wissen um die Vorteile einer Zweitsprache, aber für unsere fünfjährige Tochter kann der Kinderkochkurs, in dem traditionelle Gerichte zubereitet werden, oder der regelmäßige Tanzkurs am Samstag, in dem sie so hübsche bunte Kostüme tragen kann, ausschlaggebend für ihre Motivation sein.

Unterricht an Sprachschulen und in Kulturinstituten

Wenn Sie als Eltern die Landessprache als Muttersprache haben und Ihr Kind eine Zweitsprache erlernen soll, können Sie es auch auf eine Sprachschule schicken. So bieten etwa die Kulturinstitute vieler Länder Sprachkurse für Kinder und Jugendliche an. Sie finden die Angebote zum Beispiel auf den Websites der jeweiligen Organisationen.

Eine weitere Möglichkeit sind private Sprachschulen. Manche bieten neben Kursen für Erwachsene auch Unterricht für Kinder an, andere haben sich komplett auf Sprachunterricht für Kinder spezialisiert. Obwohl diese Schulen und Kurse normalerweise nicht billig sind, sind sie doch für viel beschäftigte Eltern eine gute Alternative.

Da Qualität und Inhalt des Unterrichts von Schule zu Schule unterschiedlich sind, sollten sich Eltern zunächst verschiedene Schulen in der Umgebung anschauen und ihr Kursangebot und die Unterrichtsmethoden genau prüfen. Nachfolgend einige Tipps für die Suche nach dem passenden Sprachprogramm für Ihr Kind:

Tipps

So finden Sie die richtigen Sprachschulen und Kurse für Ihr Kind

- Fragen Sie bei der Stadtverwaltung nach einer Liste der Sprachschulen in Ihrer Umgebung.
- Fragen Sie bei Kulturvereinen und -clubs in Ihrer Stadt nach Informationen zu Sprachschulen und -kursen.
- Fragen Sie bei Botschaften und Konsulaten nach Informationen zu Sprachschulen und -kursen.
- Fragen Sie bei den Sprach-Fakultäten der Universitäten in Ihrer Umgebung – häufig verfügen sie über Informationen zum Sprachlehrangebot in der jeweiligen Stadt.
- Suchen Sie im örtlichen Telefonbuch unter „Sprachschulen".
- Suchen Sie im Internet (häufig gibt es interaktive Stadtpläne, in denen Sie nach Sprachschulen und anderen Institutionen suchen können).

Welche Voraussetzungen sollte ein Sprachprogramm erfüllen?

Bereits am Anfang des Kapitels haben wir erwähnt, dass es für Eltern schwierig sein kann, sich im Dschungel der unterschiedlichen schulischen und außerschulischen Sprachangebote zurechtzufinden. Es gibt unzählige gute Sprachprogramme jeder Art und Größe, und was für die eine Familie ideal ist, kann für die andere völlig ungeeignet sein. Sie sollten sich also genau informieren und sich eventuell einige der Institutionen persönlich ansehen, um herauszufinden, welches Angebot Ihr Engagement, Zeit und Geld wert ist.

Eine der ersten und vielleicht auch wichtigsten Fragen, die Eltern stellen sollten, betrifft die Philosophie der Schule oder Institution. Gute

Sprachorganisationen können Ihnen im Normalfall eindeutige Angaben darüber machen, welche Sprachkenntnisse sie voraussetzen und erzielen wollen, und viele definieren Zweisprachigkeit als Ziel ihres Unterrichts. Wenn die Schule keine konkreten Ziele zu haben scheint, sollten Sie sich nach einer anderen umsehen. Gute Schulen respektieren außerdem die kulturellen Identitäten und Unterschiede und streben danach, das interkulturelle Verständnis ihrer Schüler zu fördern – ihr Ziel ist nicht nur (so wie es früher manchmal bei bilingualen Programmen der Fall war) die Assimilation der Migranten in die Kultur der Mehrheitsgesellschaft des Aufnahmelandes. Viele von uns würden gerne glauben, dass das heutzutage die Regel ist, dass also all diese Programme aktiv Bilingualität und Anerkennung der kulturellen Vielfalt fördern. Die noch immer andauernde Debatte um bilinguale Erziehung zeigt jedoch, wie politisch brisant solche Themen sein können.

Nachdem Sie sich bei Lehrern und Verwaltung über diese Themen informiert haben, sollten Sie die Schule unbedingt auch persönlich besuchen. Fragen Sie, ob Sie die Klassenräume besichtigen und als Zuschauer an einer Unterrichtsstunde teilnehmen können. Schreiben Sie sich auf, was Sie sehen und hören, und achten Sie insbesondere auf die folgenden Punkte:

Allgemeiner Lehrplan und Unterrichtsinhalte: Ein Überblick über den allgemeinen Lehrplan und die Unterrichtsinhalte einzelner Stunden kann Ihnen viel darüber sagen, wie viel fremdsprachliche Zuwendung Ihr Kind in der jeweiligen Schule erhalten wird und was die übergreifenden Lernziele sind. Es mag überflüssig erscheinen, das zu erwähnen, aber wenn der Unterricht in der Hauptsache gängige Themen wie Farben, Nummern und Wochentage behandelt und fast ausschließlich in der Umgebungssprache – also in Deutschland auf Deutsch – stattfindet, sollten Sie sich noch andere Schulen ansehen. Zu Beginn können zwar eine Handvoll wöchentlicher Unterrichtstunden in der Fremdsprache ausreichend sein, aber wenn Sie möchten, dass Ihr Kind die Zweitsprache wirklich flüssig beherrscht oder aktiv bilingual wird, ist die Menge der fremdsprachigen Zuwendung extrem wichtig. Sie lesen diesen Ratgeber sicher nicht, weil Sie erwarten, dass eine halbe Stunde Französisch pro Woche dazu führen wird, Ihr Kind im Alter von sechs Jahren in die Lage zu versetzen, „Madeline" (eine in Frankreich populäre Buch- und Filmserie um die gleichnamige pfiffige Internatsschülerin) in Originalsprache zu verstehen. Also können Sie auch nicht davon ausgehen, irgendeine Schule mit nicht mehr als einer Stunde sprachlicher Zuwendung pro Woche könne solche Wunder vollbringen.

Lernmaterialien und –umgebung: Welche Materialien werden im Unterricht verwendet? Gibt es eine ausreichende Auswahl an Angeboten, die sowohl visuellen als auch auditiven Lernern entgegenkommen (wie etwa Ausschnitte aus DVDs und anderen Medien, ebenso wie Kunst, Basteln und Bücher)? Wenn es Pausen oder Freizeit gibt, die zum gemeinsamen Spielen genutzt werden: Ist ein Betreuer dabei, der währenddessen mit den Kindern in der Fremdsprache spricht? Sehen Sie sich auch genau in den Klassenzimmern um: Ist die Aufstellung der Tische und Stühle variabel, sodass sie für Gruppenarbeiten zusammengestellt werden können? Welche Poster und Bilder hängen in Klassenräumen und Fluren an der Wand? All diese Dinge haben Einfluss auf den Lernprozess und sollten das komplette Gegenteil von „schulischem Drill" vermitteln.

Muttersprachliche Lehrer: Finden Sie heraus, wie viele muttersprachliche Lehrer in der Schule unterrichten, und wenn möglich, unterhalten Sie sich mit ihnen ein wenig. So erhalten Sie einen Eindruck von den Unterrichtsmethoden und der Atmosphäre in der Schule. Wie wir schon erwähnt haben, ist die Interaktion mit einem Muttersprachler keine zwingende Voraussetzung, aber in einer Sprachenschule kann der Einsatz von muttersprachlichen Lehrern ein positives Qualitätsmerkmal darstellen.

Qualifikation, Erfahrung und Dauer der Anstellung der Lehrer: Welche Qualifikation und Ausbildung haben die Lehrer? Haben sie Erfahrung mit Fremdsprachenunterricht bei Kindern? Mit Kindererziehung im Allgemeinen? Wie lange unterrichten sie schon an dieser Schule beziehungsweise seit wann unterrichten sie Schüler dieser Altersgruppe? Wie häufig wechseln an dieser Schule die Lehrer? Begeben sich die Lehrer beim Unterrichten auf das Niveau der Kinder? Spielen und sprechen sie mit ihnen in der Fremdsprache?

Der Spaßfaktor: Verwenden Lehrer und Schüler die Sprache aktiv (und hören nicht nur ruhig zu und arbeiten still an ihren Schreibtischen)? Sind sie motiviert und begeistert? Gibt es ausreichendes Spielmaterial in beiden Sprachen?

Aktivitäten außerhalb des Unterrichts: Bietet die Schule außerhalb des Unterrichts weitere Aktivitäten oder Unterstützung an? In einer Schule, die ihre Schüler und Lernziele wirklich ernst nimmt, kann die aktive Einbeziehung der Eltern in außerschulische Aktivitäten ein Qualitätsmerkmal darstellen.

Aus der Forschung

Die Bedeutung der aktiven Sprachanwendung

In einer frühen und wichtigen Studie untersuchte Merrill Swain (1985) Schüler mit englischer Muttersprache, die im frankophonen Teil Kanadas Französisch lernten. Die Schüler erhielten sowohl während des Unterrichts als auch während ihrer Freizeit viel sprachliche Zuwendung auf Französisch, jedoch legte der Lehrplan keinen gesteigerten Wert auf aktives Sprechen und Schreiben in der Sprache, und das Sprachverständnis der Schüler übertraf bei Weitem ihre Sprech- und Schreibfähigkeit. Ihre Verständnisfähigkeit des Französischen entsprach der eines Muttersprachlers, aber sie waren nicht in der Lage, einigermaßen fehlerfrei zu sprechen. Die Schule unterrichtete nach der Immersionsmethode. Eine Schülerin, die diese Schule vor Kurzem abgeschlossen hat, beschrieb ihre Erfahrungen dort so: „Wir legten los und lasen. Und das war es. Wir lasen. Alles, woran ich mich erinnern kann, ist lesen." Sie wies auch darauf hin, dass sie manchmal, wenn sie in der Klasse Französisch sprach, hier und da englische Wörter verwendete, weil sie die französischen nicht wusste, und ihre Lehrer wiesen sie im Grunde nie darauf hin, noch legten sie Wert darauf, dass die Schüler ausschließlich Französisch sprachen. Angesichts dieser und vieler ähnlicher Tatsachen folgert Swain, dass es nicht genug ist, wenn Schüler sprachliche Zuwendung in einer Fremdsprache bekommen. Stattdessen müssen die Schüler Gelegenheit bekommen, die Sprache aktiv zu sprechen. Sie müssen üben und die ihnen zur Verfügung stehenden sprachlichen Mittel sinnvoll anwenden, um wirklich sprachgewandt zu werden. Manchmal kann es sogar notwendig sein, sie zu zwingen, auf mehr als nur die Bedeutung des Gehörten zu achten und ihr Augenmerk insbesondere auf die Grammatik zu richten. Häufig ist es möglich, sich den Sinn einer Äußerung mithilfe des Kontextes und des Allgemeinwissens zu erschließen, ohne dass man jedes einzelne Wort verstehen muss. Selbstständig eigene Sätze zu bilden und sich in der Fremdsprache auszudrücken dagegen macht Schüler aufmerksam auf ihre Lücken, also auf das, was sie bisher noch nicht können. Das sollten Sie bedenken, wenn Sie versuchen, das für Ihr Kind geeignete Immersionsprogramm auszuwählen. Lassen Sie es sich von den Kanadiern gesagt sein: Dort hat man seit Jahrzehnten untersucht, wie die Immersion funktioniert (oder eben auch nicht).

Merke

Gute Sprachschulen und -programme haben

- klare Lernziele, die Bilingualität und Bikulturalismus beinhalten
- motivierte und begeisterte Lehrer und Schüler
- Schüler und Lehrer, die die Zielsprache aktiv anwenden
- Förderung durch die Stadt oder Gemeinde oder durch die Eltern der Schüler
- eine Politik der offenen Tür, die sich unter anderem darin äußert, dass man gerne und bereitwillig Ihre Fragen beantworten wird.

Ein anderer Bereich, nach dem Sie sich erkundigen sollten, ist die finanzielle Förderung der Schule. Manche Sprachprogramme haben ein äußerst knappes Budget und sind aufgrund guter Förderung dennoch erfolgreich. Informationen über die finanziellen Unterstützungen der Einrichtung können Ihnen bei der Entscheidungsfindung helfen.

Sie können auch fragen, ob die Stadt oder Gemeinde die Einrichtung unterstützt. Besuchen Sie Stadtteilzentren, Kirchengemeinden oder Eltern von Schülern. Gespräche mit diesen Personen werden Ihnen Aufschluss darüber geben, ob die Schule einen guten Ruf genießt. Auch

Online-Foren, in denen die Eltern miteinander kommunizieren, können Ihnen grundlegende Informationen liefern. Es ist wichtig, dass Sie sich vor Augen halten, dass es nicht immer die finanzielle Situation der Schule ist, die den Ausschlag geben sollte. Ein eventuelles Manko in dem Bereich kann durch das Engagement von Eltern oder Nachbarn mehr als wettgemacht werden.

Ebenso gut wie eine Schule: So finden Sie private Sprachlehrer

Manchmal können Eltern keine geeignete Schule in ihrer Umgebung finden – sei es aus logistischen oder anderen Gründen. In einem solchen Fall können Sie sich überlegen, ob Sie einen Privatlehrer für Ihr Kind einstellen: jemanden, der Ihrem Kind seine ungeteilte Aufmerksamkeit schenken und es so optimal beim Sprachenlernen fördern kann. Das bedeutet individualisierten Unterricht und ist damit weit besser als das, was eine Schule oder andere Institution bieten kann. Es ist aber auch ein Mittelweg möglich: Manchmal schließen sich einige Eltern zusammen und engagieren einen Privatlehrer für ihre Kinder, der diese dann gemeinsam in einer der Wohnungen oder einem der Häuser der Familien unterrichtet.

Wie wir alle aus eigener Erfahrung als Schüler wissen, gibt es viele unterschiedliche Arten von Lehrern – gute wie schlechte. Vielleicht war Ihr persönlicher Lieblingslehrer damals besonders freundlich und hatte eine sanfte Stimme. Andere wiederum mochten vielleicht den kommunikativen und humorvollen Lehrer besonders gern. Es gibt keine festen Kriterien, nach denen Sie einen wirklich guten Lehrer definieren könnten, daher sollten Sie sich mit ihm zusammensetzen und sich mit ihm unterhalten – und zwar persönlich und nicht nur am Telefon. Das kann Ihnen dabei helfen herauszufinden, welche Persönlichkeit der Lehrer hat und ob er Ihre Einstellung zum Sprachenlernen teilt. Im Kapitel, in dem wir über die Mythen gesprochen haben, haben wir bereits erwähnt, dass Kinder nicht zwangsläufig immer in kompletten Sätzen angesprochen werden müssen (jede Art der verbalen Stimulation und Interaktion ist sinnvoll), noch muss der Lehrer in jedem Fall ein Muttersprachler sein. Dennoch gibt es einige Charakteristika, die hilfreich für Ihre Entscheidung sein können. Hier eine Liste von Beispielfragen, die Sie mit dem Lehrer ansprechen können:

- Was ist Ihre Philosophie beziehungsweise Ihr grundsätzlicher Ansatz beim Sprachunterricht?
- Welche Vorteile erlangen Kinder Ihrer Meinung nach durch das Erlernen einer Zweitsprache? Sehen Sie auch Nachteile?
- Was sind die Besonderheiten beim Unterrichten von Kindern (oder Jugendlichen)?
- Über welche Referenzen verfügen Sie?
- Welche Erfahrungen im Unterrichten dieser Sprache und Altersgruppe haben Sie?
- Was halten Sie von explizitem Grammatikunterricht?
- Bilden Sie sich weiter? Ist es Ihnen wichtig, über den aktuellen Stand der Forschung zum effektiven Unterrichten und dem Zweitspracherwerb bei Kindern informiert zu sein?
- Wie gestalten Sie im Normalfall Ihre Unterrichtsstunde? Wie läuft sie ab?
- Welche Arten von Lehrmaterialien und Aktivitäten verwenden Sie?
- Wie versuchen Sie sicherzustellen, dass Ihre Schüler ausreichende Sprachpraxis erhalten und die Sprache aktiv anwenden?
- Wie versuchen Sie Ihre Schüler zu ermutigen und zu motivieren?
- Wie wichtig für das Sprachenlernen ist es für Sie, dass die Schüler auch die Kultur der Zielsprache kennenlernen?
- Wie behandeln sie die „Fehler" der Schüler?
- Wie passen Sie Ihren Unterricht den Bedürfnissen der einzelnen Schüler an?
- Können Sie mir Vorschläge machen, wie mein Kind auch außerhalb des Unterrichts sprachliche Zuwendung in der Zielsprache erhalten könnte?
- Sind Sie bereit zu einer Probestunde? Oder haben Sie vielleicht ein Video einer Ihrer Unterrichtsstunden, sodass wir uns ein besseres Bild davon machen können, wie Sie unterrichten?
- Was machen Sie, um Ihre Schüler für das Lesen und Schreiben zu begeistern? Und für das Sprechen und Zuhören?

Ganz oben auf Ihrer Liste sollten Lehrer stehen, die sich mit Begeisterung für das Ziel einsetzen, Kindern dabei zu helfen, zweisprachig zu werden. Aber auch Lehrer, die erkennen lassen, dass ihre Unterrichtsstunden mehr als nur Vorträge und Grammatik-Drill sind, verdienen einen der obersten Plätze. Denn wie wir schon gesagt haben: Das Erlernen einer Sprache erfordert die aktive Anwendung dieser Sprache. Das reine Hören der Sprache oder die Lösung grammatischer Probleme sind nicht ausreichend. Auch Lehrer, die Erfahrungen im Unterrichten einer Zweitsprache und Referenzen (etwa in Form eines Studienabschlusses in Linguistik oder auch eines Empfehlungsschreibens von Eltern früherer Schüler) nachweisen können, sollten in Betracht gezogen werden. Am wichtigsten ist jedoch die Einstellung. Lehrer mit positiver Einstellung (in anderen Worten: Lehrer, die daran glauben, dass jedes Kind lernen und auch jedes dabei erfolgreich sein kann) sind diejenigen, die sich die meiste Mühe mit Ihrem Kind geben werden.

Tipps

So finden Sie den richtigen Kandidaten

Verfügt der Lehrer, den Sie in Betracht ziehen, über diese Dinge?

- eine positive Einstellung zum Erlernen einer Zweitsprache und zum Lernen im Allgemeinen
- Empfehlungsschreiben von früheren Schülern oder ihren Eltern
- einen langfristigen Lehrplan sowie einen Arbeits- und Unterrichtsplan für jede Stunde ebenso wie für mögliche alternative Aktivitäten
- eine Unterrichtsphilosophie, die den Schwerpunkt auf die aktive Teilnahme des Schülers legt (und nicht nur auf reine Vorträge des Lehrers, etwa über einzelne grammatische Probleme)
- Erfahrung im Unterrichten von Kindern oder Jugendlichen, entweder als Lehrer an einer Schule oder als Privatlehrer
- eigene Erfahrungen im Erlernen einer Zweitsprache
- Interesse und Begabung für die Kommunikation mit Kindern in derselben Altersgruppe wie der Ihres Kindes
- Kenntnisse über den aktuellen Forschungsstand zur Didaktik des Fremdsprachenunterrichts (zum Beispiel durch eine Aus- oder Fortbildung, die noch nicht allzu lang zurückliegt)

Bewerbungsunterlagen und eventueller Probeunterricht

Viele der möglichen zukünftigen Privatlehrer Ihres Kindes werden zum Vorstellungsgespräch Bewerbungsunterlagen mitbringen. Darin enthalten sind meistens ein Lebenslauf, Lehrpläne, Empfehlungsschreiben, Studien- oder Ausbildungszertifikate, Videobänder oder DVDs und andere Belege, die Auskunft darüber geben, wie die Bewerber unterrichten. Bewerbungsunterlagen gehören inzwischen zum Standard im Bewerbungsverfahren auch für viele private Lehrtätigkeiten, und ein erfahrener Lehrer oder Privatlehrer wird das wissen und berücksichtigen. Manchmal haben die Lehrer auch einige Arbeiten ihrer Schüler zusammengestellt, die Ihnen einen Eindruck geben von der Art der Lehrinhalte und Projekte und davon, ob und wie geschickt und begeistert die Schüler sie bewältigt haben. Es kann hilfreich für Sie sein, die Unterlagen gemeinsam mit dem Bewerber durchzusehen und einzelne Beispiele mit ihm zu besprechen. Gelegentlich werden Sie aber auch Bewerbungsunterlagen sehen, die lediglich die theoretische Qualifikation zur Ausübung einer Lehrtätigkeit bescheinigen und mehr Standardformulierungen oder Textbausteine enthalten als Begeisterung vermitteln. Fragen Sie die Lehrer nach ihren Lehrplänen und danach, warum sie welche Unterrichtsinhalte und Aktivitäten auswählen, wie und warum sie ihre Bewerbungsunterlagen so und nicht anders zusammengestellt haben, und inwiefern ihre Unterlagen Auskunft über ihre aktuelle Lehrtätigkeit geben können.

Vielleicht vereinbaren Sie vor dem Abschluss eines festen Vertrags mit dem Lehrer zunächst einige Probeunterrichtsstunden, an denen Sie selbst als Beobachter teilnehmen. Probeunterricht vermittelt Ihnen einen besseren Eindruck vom jeweiligen Lehrer, seinen Methoden und Fähigkeiten und auch davon, ob und wie der Lehrer und Ihr Kind miteinander auskommen. Scheuen Sie sich nicht davor, darauf zu bestehen, an diesen Stunden teilzunehmen – wenn jemand in Zukunft ziemlich viel Zeit mit Ihrem Kind verbringen wird, ist es nur natürlich, sie oder ihn zuvor bei der Arbeit zu beobachten. Die meisten qualifizierten Lehrer werden daher auch keine Probleme damit haben. Vor einem sei jedoch gewarnt: Wenn Sie eine Unterrichtsstunde beobachten, sind Sie lediglich Gast. Die wenigsten Lehrer werden es mögen, wenn Sie den Unterrichtsfluss ständig unterbrechen oder Kommentare abgeben.

Schließlich möchten Sie ja auch sowohl für den Lehrer als auch für Ihr Kind eine Vorbildfunktion erfüllen, daher sollten Sie dem Unterricht höflich und zurückhaltend folgen und den Unterrichtsfluss nicht unterbrechen. Machen Sie sich stattdessen lieber Notizen und sprechen Sie nach der Stunde, wenn Sie beide mehr Zeit haben, über Ihre Eindrücke oder Fragen.

Selbstverständlich spielen bei der Auswahl eines Privatlehrers für Ihr Kind auch die Kosten eine Rolle. Wir erinnern an der Stelle noch einmal daran, dass Sie sich mit anderen Eltern zusammentun können. Wenn Ihre Kinder in kleinen Klassen unterrichtet werden, wird der Privatunterricht erheblich kostengünstiger. Und wie in Kapitel 6 diskutiert, können auch Kindermädchen und Babysitter, die die gewünschte Zweitsprache sprechen, eine hervorragende Alternative oder Ergänzung zum Unterricht in allgemeinbildenden Schulen sein.

Der Lehrer ist für mein Kind offenbar nicht geeignet. Was mache ich jetzt?

Bob und Melinda haben vor Kurzem einen privaten Französischlehrer für ihren achtjährigen Sohn Andrew eingestellt. Nachdem sie eine Anzahl von Unterrichtsstunden beobachtet haben, müssen sie nun feststellen, dass Andrew nur wenig begeisterte Kommentare über den Lehrer von sich gibt (zum Beispiel: „Er ist langweilig – er spricht die ganze Zeit nur über Verben.“). Sie machen sich nun Sorgen, dass sie vielleicht den falschen Lehrer ausgesucht haben könnten. Aber sie möchten ihn nicht beleidigen und sind sich nicht sicher, wie sie das Thema möglichst diplomatisch zur Sprache bringen können. Was sollen sie tun? Bob und Melinda sehen sich einer Situation gegenüber, die viele von uns in der einen oder anderen Form schon häufig erlebt haben. Wir kaufen etwas, und dann passt es nicht. Wir stellen jemanden ein, und dann ist derjenige nicht genau so, wie wir ihn uns vorgestellt haben. Wir treffen eine Entscheidung und stellen später fest, dass es nicht die beste war. Genau das kann Ihnen auch passieren, wenn Sie einen Privatlehrer einstellen. Alison etwa hatte über eine lange Zeit ein unzuverlässiges Kindermädchen, das sie aber zunächst nicht entließ, weil ihre Tochter Miranda es offensichtlich gern mochte. Und das, obwohl Alison schon nach kurzer Zeit bewusst wurde, dass das Kindermädchen allem Anschein nach nur am Geld interessiert war und weder besonders an Miranda noch daran, ihr die Zweitsprache näherzubringen. Wie auch immer, irgendwann verließ das Kindermädchen die Familie von alleine. Miranda sprach nie wieder von ihr, ihre Sprachkenntnisse verbesserten sich mit anderen Babysittern, und letztendlich war die ganze Familie glücklicher als zuvor. Rückblickend wünscht Alison sich häufig, dass sie und ihre Tochter sich schon viel früher von diesem Kindermädchen getrennt hätten.

Wenn Sie einen Privatlehrer eingestellt haben, der zwar pflichtbewusst wirkt, aber dessen Methoden dennoch irgendwie nicht mit Ihren eigenen Vorstellungen davon übereinstimmen, was das Beste für Ihr Kind sei, nehmen Sie sich ein Herz und reden Sie mit ihm. Sagen Sie ihm, dass Sie eigentlich einen etwas anderen Ansatz erwartet hätten, wie Ihr Kind die Zweitsprache lernen sollte. So könnten Bob und Melinda dem Privatlehrer ihres Sohnes sagen, dass sie zwar überzeugt von seiner Kompetenz und Erfahrung sind, aber nicht davon, dass es für Andrew das Beste sei, eine komplette Stunde damit zu verbringen, Sätze in der Vergangenheitsform zu hören und zu üben. Sie könnten den Lehrer auch nach seinen langfristigen Plänen für den Unterricht fragen. Schließlich könnte es ja sein, dass er mithilfe der langweiligen theoretischen Stunden nur die Grundlagen bilden will und für die Zukunft andere, viel interessante Tätigkeiten geplant hat.

Wenn Sie sich selbst in einer solchen oder ähnlichen Situation befinden sollten, könnten Sie dem Lehrer vielleicht auch dieses Buch geben (und bestimmte Teile darin markieren), um ihm oder ihr zu zeigen, welche Vorstellungen Sie selbst haben und woher Sie diese haben. Sie könnten damit nicht nur dem Lehrer helfen, seine Lehrmethoden zu überdenken und eventuell neu zu strukturieren – Sie würden auch dazu beitragen, die Beziehung zwischen Ihnen und dem Lehrer offener und kooperativer zu gestalten. Vergessen Sie nicht: So wie jedes Kind ist auch jeder Privatlehrer ein Individuum. Manche Lehrer mögen autoritärer sein als andere, weil sie selbst zum Beispiel auch auf diese Art unterrichtet wurden. Aber wenn Sie wirklich das Gefühl haben, dass der Privatlehrer nicht zu Ihrem Kind passt, sollten Sie sich tatsächlich besser nach einer Alternative umschauen.

Auch das kann in der Praxis manchmal ein schwieriges Unterfangen sein (erinnern wir uns: Alison hat es trotz aller berechtigten Zweifel nicht übers Herz gebracht, das unzuverlässige, nicht wirklich ideale Kindermädchen zu entlassen). Und wir wollen Sie auch nicht zu sehr in Sicherheit wiegen. Denn manche Programme oder Organisationen, die Privatlehrer vermitteln, sowie auch einige Lehrer selbst verlangen das Honorar für einige Zeit im Voraus und werden das bereits gezahlte Geld bei Aufhebung des Vertrags nicht zurückzahlen. Deshalb sollten Sie die möglichen Lehrer, Methoden und den generellen Modus Operandi sorgsam prüfen, bevor Sie sich festlegen. In unserem letzten Kapitel, in dem wir über Probleme und deren Lösungen sprechen, werden wir auch auf diese Situationen im Detail eingehen.

Wir fassen zusammen

Es gibt eine unglaublich große Anzahl an Möglichkeiten, wie Sie auch außerhalb der Familie die bilinguale Erziehung Ihres Kindes fördern können – von allgemeinbildenden Schulen über muttersprachlichen Unterricht, Kulturvereine und -clubs, kirchliche Organisationen bis zu Privatlehrern. Wenn Sie sich für eine der Alternativen entscheiden, sollten Sie unbedingt darauf achten, dass die gewählte Institution oder Person tatsächlich geeignet ist, die Entwicklung und Förderung der Zweisprachigkeit sicherzustellen. Zum Glück für Sie, die Eltern, gibt es inzwischen immer mehr Institutionen, die sich diesem Ziel verpflichten und tatsächlich in der Lage sind, Kindern dabei zu helfen, bilingual und damit auch bikulturell zu werden.

Übung
Sammeln Sie Ideen, welche Fragen Sie möglichen Lehrern und Schulen stellen könnten

In diesem Kapitel haben wir einige Fragen aufgelistet, die Ihnen dabei helfen sollen, gute Programme und Lehrer zu finden. Dennoch wird jede Familie darüber hinaus eigene Fragen haben. Nehmen Sie sich ein wenig Zeit und überlegen Sie, welche Ihnen besonders wichtig sind. Bedenken Sie dabei auch praktische Erwägungen, wie die Zeitplanung und -verfügbarkeit (sowohl Ihre eigene als auch die der Institution oder des Lehrers), Kosten, eventuelle Fahrtwege sowie immaterielle Werte, die die Qualität einer Schule mitbestimmen. Dazu zählen Dinge wie die Kollegialität der Lehrer untereinander, das soziale Umfeld der Schule, die Erwartungen der Schule an die Qualität der Lehrer und die persönliche Entwicklung der Schüler, eine angenehme Atmosphäre, die das Wohl der Schüler in den Mittelpunkt stellt, das Bewusstsein für kulturelle Unterschiede und ganz allgemein der Level an Energie und Begeisterung.

D Was mache ich, wenn …

9
Was mache ich, wenn mein Kind die Sprachen verwechselt und vermischt?

Viele Eltern machen sich große Sorgen, dass ihr Kind die beiden Sprachen vermischen könnte. Wir haben sogar mit Eltern gearbeitet, die aus dem Grund ihre ursprünglichen Pläne einer bilingualen Erziehung ihres Kindes wieder aufgegeben haben. Andere Eltern befürchten, ihr Kind könnte durch die zwei Sprachen so überfordert sein, dass es letztendlich gar nicht mehr in der Lage sei, zwischen ihnen zu unterscheiden. Oder dass es nicht verstehen könnte, dass zwei verschiedene Wörter sich auf dasselbe beziehen können. Was, wenn das Kind niemals in der Lage wäre, die beiden Sprachen auseinanderzuhalten?

Linguisten und Sprachforscher haben versucht, einige der Fragen zu beantworten. Bis heute sind zahlreiche Studien dazu durchgeführt worden, wie und warum Kinder und Erwachsene Sprachen vermischen. Die Forschungen gehen weiter, aber schon jetzt stehen die folgenden fünf Punkte fest:

- Machen Sie sich keine Sorgen, wenn Ihr Kind die Sprachen vermischt – das ist eine vollkommen normale und weit verbreitete (und im Allgemeinen nur sehr kurze) Phase des bilingualen Spracherwerbs.
- Vertrauen Sie ruhig darauf, dass Ihr Kind nicht verwirrt wird – es ist sich zwar möglicherweise gar nicht bewusst (oder kann zumindest nicht erklären), dass es zwei Sprachen verwendet, aber es gibt zahlreiche wissenschaftliche Belege dafür, dass Ihr Kind zwei linguistische Systeme auseinanderhalten kann.
- Informieren Sie sich darüber, wie und warum Kinder Sprachen mischen. So werden Sie die Sprachverwendung Ihres Kindes besser verstehen.
- Einwanderersprachen benötigen eventuell ein wenig mehr Förderung und Unterstützung. Die häufige Verwendung beider Sprachen kann es schwierig machen, beide ausreichend und gleichmäßig zu fördern.

- Stellen Sie realistische Erwartungen an Ihren jungen Schüler – es gibt keine perfekten bilingualen Personen auf der Welt, und das Erlernen einer Sprache ist ein lebenslanger Prozess, der nie wirklich aufhört.

Sprachmischung ist eine normale und weit verbreitete Phase des bilingualen Spracherwerbs

Ob wir eine Rede vor Fachpublikum halten, im Radio interviewt werden oder uns auf dem Spielplatz mit anderen Müttern unterhalten: Die Frage nach der Sprachmischung ist (zusammen mit der nach einem eventuellen verzögerten Spracherwerb) eine der am häufigsten geäußerten Fragen, die immer wieder gestellt wird. Und tatsächlich vermischen Kinder, die zwei Sprachen lernen, diese von Zeit zu Zeit. Jeder, in dessen Nähe Kinder aufwachsen, die zwei oder mehr Sprachen lernen, wird bestätigen, dass sie gelegentlich Wörter oder Satzstrukturen aus zwei unterschiedlichen Sprachen in einem einzigen Satz zusammenfügen. Hier ein kurzes Beispiel einer Zweijährigen (Tania) in einem Gespräch mit ihrer spanischsprachigen Großmutter (die deutsche Übersetzung steht in Klammern):

Großmutter: *Vamos al parque.* (Lass uns in den Park gehen.)
Tania: Park, Park, Park! *Sí. Sí. Sí.* (Ja. Ja. Ja.)
Großmutter: Okay. *Vamos.* (Lass uns losgehen.)
Tania: Jaa! *Yo quiero ir al Park.* (Ich will in den Park gehen.)
Großmutter: Okay. *Vamos.* (Lass uns losgehen.)
Tania: *Vamos a ver los* Hundis. (Wir werden die Hündchen sehen.)

An dem Beispiel können wir sehen, wie die zweijährige Tania zwischen den beiden Sprachen hin und her springt. Sie verwendet Spanisch, um ihre Begeisterung über den Park auszudrücken („Sí. Sí. Sí."). Aber sie drückt ihre Begeisterung auch in Deutsch aus („Jaa!"), und es mag verblüffend sein, dass die deutschen Wörter (*Park* und *Hundis*) in Sätze eingebaut sind, die ansonsten korrekt nach den Sprachregeln des Spanischen gebaut sind. Warum wohl wechselt Tania so zwischen den Sprachen hin und her? Hierfür gibt es unterschiedliche mögliche

Erklärungen. Erstens: Tanias Familie spricht mit ihr auf Spanisch, sie lebt aber in einer deutschsprachigen Umgebung. Daher ist es möglich, dass sie die deutschen Wörter Park und Hundis häufiger hört als die spanischen Wörter *parque* und *perritos* und aus diesem Grund die deutschen Wörter bevorzugt. Eine andere Möglichkeit wäre, dass die Aussprache von *Park* und *Hundis* ein wenig einfacher für sie ist als *parque* und *perritos*, weil die deutschen Wörter kürzer und klanglich einfacher sind. Vielleicht versteht sie das spanische Wort *parque*, hat es aber selbst noch nicht häufig verwendet und weiß, dass ihre ebenfalls bilinguale Großmutter auch die deutschen Wörter versteht. Oder sie kann die spanischen Wörter verstehen und aussprechen, assoziiert aber sowohl *Park* als auch *Hundis* mit den deutschen Freunden, die sie normalerweise im Park trifft. Wir könnten noch ewig weiterspekulieren und werden doch nie sagen können, welcher Grund letztendlich wirklich zutrifft.

Während der genaue Vorgang des sogenannten Code-Mixing häufig nicht genau geklärt werden kann, ist das Ergebnis am Ende eindeutig: Diese Phase ist nicht dauerhaft, und Kinder lernen, die beiden Sprachsysteme zu trennen. Auf Eltern wirkt die Code-Mixing-Phase zwar oft beunruhigend, aber sie dauert normalerweise nur kurz und ist längst beendet, wenn das Kind ins schulpflichtige Alter kommt. Auf lange Sicht gibt es damit keinerlei Anlass zur Besorgnis. Viele Studien haben belegt, dass Kinder sehr sensibel für die unausgesprochenen Regeln sind, welche Sprache oder Sprachen wann mit wem gesprochen werden sollten, und dass sie das von alleine herausfinden.

Merke
Code-Mixing ist normalerweise eine kurzfristige Phase, die fast jedes Kind durchläuft, das zwei Sprachen erlernt. Das ist vollkommen normal und weit verbreitet.

Die meisten Kinder benötigen dazu *keinerlei* Hilfe oder Unterricht. Das ist vergleichbar mit der Verwendung des -e im deutschen oder des -s im englischen Plural, wie wir bereits in Kapitel 6 erklärt haben. Während Kinder die Sprache lernen (Klänge, Wörter und die Regeln, nach denen diese zusammengesetzt werden, damit sie das erhalten, was sie wollen: etwa „Ich will jetzt Eis haben!“), lernen sie gleichzeitig, wie Sprachen in sozialer Interaktion eingesetzt werden (zum Beispiel, wie Menschen sich im Gespräch gegenseitig abwechseln, was das Erheben oder Senken der Stimme bedeutet und dass ein angefügtes „bitte“ bei den angesprochenen Erwachsenen die Forderung nach Eiscreme viel eher zu einem positiven Ergebnis führt). Durch Beobachtung und Teilnahme an den Unterhaltungen, die um sie herum und mit ihnen geführt werden, lernen Kinder, welche Sprachen sie wann und wie mit welchen Personen verwenden sollten.

Sprachmischung ist kein Zeichen für Sprachverwirrung – stattdessen scheinen Kinder ihre beiden Sprachen von Anfang an differenzieren zu können

Eine Zeit lang wurde die Art der Sprachmischung, die wir hier erläutert haben, als ein Zeichen dafür interpretiert, dass bilinguale Kinder ihre beiden Sprachsysteme nicht klar voneinander unterscheiden können – zumindest solange sie noch sehr klein sind. Diese Meinung war sowohl unter Wissenschaftlern als auch unter Eltern weit verbreitet. Man nahm an, Kinder wie Tania seien sich nicht bewusst, über zwei Sprachen zu verfügen, und unfähig, sie voneinander zu trennen. Obwohl – wie wir weiter unten sehen werden – die Auffassung inzwischen weitgehend widerlegt wurde, ist sie in das allgemeine Bewusstsein eingegangen. Wir sehen uns also auch noch heute mit den Überresten dieser im Grunde gegenstandslosen Behauptung konfrontiert, die auf die meisten Kinder überhaupt nicht zutrifft.

Die Forschung zu der Thematik konzentriert sich vor allem auf die folgende Frage: Wie können wir wirklich sicher sein, welche Wörter Kinder kennen? Eltern von ein- bis zweijährigen Kindern haben – basierend auf den Wörtern, die ihre Kinder sprechen – eine vage Vorstellung davon, welche Wörter sie kennen. Aber die Forschung hat aufgezeigt, dass Kinder mit 16 Monaten etwa zwei bis fünf Mal mehr Wörter verstehen, als sie artikulieren können. Und kurz nach ihrem zweiten

Geburtstag, wenn Kinder beginnen, sehr schnell Wörter zu lernen, wird es sogar noch schwieriger, genau zu bestimmen, welche Wörter sie kennen. In diesem Alter nehmen Kinder etwa 200 neue Wörter pro Monat in ihren Sprachschatz auf – deshalb nennt man diese Phase den Vokabelspurt. Wir waren verblüfft, welche Dinge unsere zweijährigen Kinder plötzlich korrekt benennen konnten – und das alles innerhalb der nur ein oder zwei Monate, die wir benötigten, um die ersten beiden Kapitel des Buches zu schreiben. Wer konnte ahnen (wir ganz bestimmt nicht!), dass unsere Kinder in ihrem Gehirn bereits die Wörter *trapezförmig* und *Mähdrescher* vorrätig hatten? Und wenn es schon für Eltern schwierig ist zu wissen, welche Wörter ihre Kinder können, wie viel schwieriger ist es dann für Forscher, die im Normalfall im Vergleich wesentlich weniger Zeit mit den kleinen Lebewesen verbringen? Es ist fast unmöglich, alle Wörter zu identifizieren, die Kinder bereits kennen. Und noch schwieriger ist es, herauszufinden, ob sie dieselben Wörter in einer weiteren Sprache kennen oder nicht.

Einige wenige Forscher haben versucht, sich dem Problem zu nähern, indem sie über eine lange Zeit hinweg die tägliche Sprachverwendung einer kleinen Anzahl von Familien beobachtet haben. So untersuchte zum Beispiel Elizabeth Lanza – eine in Oslo lebende amerikanische Linguistin – die Sprachentwicklung zweier Kinder, die in zwei unterschiedlichen norwegisch-amerikanischen Familien in Norwegen aufwuchsen. Beide Kinder hatten eine amerikanische Mutter und einen norwegischen Vater, und beide Familien hatten geplant, die Kinder zweisprachig aufzuziehen. Die Mutter wollte mit dem Kind Englisch, der Vater Norwegisch sprechen. Lanza begann ihre Untersuchung kurz nach dem zweiten Geburtstag der Kinder. Über einen Zeitraum von sieben Monaten hielt sie die sprachliche Interaktion zwischen Kindern und Eltern regelmäßig fest. Dann führte sie eine detaillierte Analyse der Sprachverwendung der Kinder in unterschiedlichen Situationen mit beiden Elternteilen durch.

Lanza fand dabei heraus, dass bilinguale Kinder bereits im Alter von nur zwei Jahren in der Lage sind, zwei verschiedenartige Sprachen zu unterscheiden und gezielt anzuwenden. Die von ihr untersuchten Kinder nutzten sowohl Norwegisch als auch Englisch und hatten ein genaues Gefühl dafür, welche Sprache sie wann und mit wem verwenden sollten (in dem Falle Englisch mit der Mutter und Norwegisch mit dem Vater). Auch waren sich die Kinder bewusst, wann es angemessen war, beide Sprachen zu mischen (etwa beim Abendessen mit beiden Elternteilen).

Lanzas Untersuchungsergebnisse bestätigen die Erfahrungen vieler Eltern, inklusive unserer eigenen: Kleinkinder wissen im Allgemeinen ganz genau, wann sie welche Sprache verwenden sollten. So hat zum Beispiel Kendalls Sohn im Alter von 20 Monaten das Wort *árbol* (spanisch für *Baum*) verwendet, wenn er mit seiner Mutter sprach. Im Gespräch mit seinem Vater gebrauchte er das englische Äquivalent *tree*. Alisons Tochter Miranda wusste, dass es an den japanischen Familienabenden viel aussichtsreicher war, das japanische Wort *manju* für Kuchen zu verwenden (*manju* ist eine süße gefüllte Teigware mit roten Bohnen, die Alison im Asiamarkt in ihrer Nachbarschaft kauft). Der Bitte nach *cake* wäre ihre Mutter wahrscheinlich nicht nachgekommen.

Unsere Kollegin Miriam berichtete uns von einer ähnlichen Strategie ihrer bilingualen zweijährigen Enkelin Anabela. Als diese einen Lippenstift haben wollte, den ihre Mutter in ihrer Handtasche hatte, sagte Anabela Folgendes:

Anabela: Lippenstift. Meiner.
Anabelas Mutter: Nein, das ist nicht deiner.
Anabela: *Es mío. Es mío.* (Das ist meiner. Das ist meiner.)
Anabelas Mutter: *No es tuyo. En español, tampoco.* (Auch auf Spanisch ist es nicht deiner.)

Beobachtungen wie diese stimmen auch mit dem überein, was wir über die ersten Lautäußerungen noch kleinerer Kinder wissen. Forschungsergebnisse lassen vermuten, dass bei den ersten Aussprachefehlern bilingualer Kinder dasselbe System zum Tragen kommt. Unabhängig davon, ob ein Kind bi- oder monolingual aufwächst, ist der Lautbildungsmechanismus noch nicht immer ausreichend genug entwickelt, um alle Laute und Klänge der Sprache(n) korrekt artikulieren zu können. Dennoch scheinen bilinguale Kleinkinder, schon wenn sie anfangen zu sprechen, zwischen ihren beiden Sprachen unterscheiden zu können. Das heißt: Sie scheinen über zwei unterschiedliche Lautsysteme zu verfügen, zum Beispiel eines für spanische Klänge und eines für deutsche. In einer Studie wurde die Sprache eines zweijährigen spanisch-englischen bilingualen Kindes mit Namen Fernando untersucht. Fernando war nicht in der Lage, den Klang F (entsprechend dem deutschen F wie in *Fisch*) auszusprechen. Lassen Sie uns darüber einen Moment nachdenken. Um den Laut F zu produzieren, muss man die obere Zahnreihe an die Unterlippe legen und die Luft mit einer Art Zischlaut herauspressen (versuchen Sie jetzt einmal, diesen Laut auszusprechen – es klingt ein wenig, als ob die Luft aus einem Reifen gelassen wird). Den Laut zu produzieren kann für ein kleines Kind schwierig sein. Weil Fernando Schwierigkeiten mit dem F hatte, wandte er unterschiedliche Strategien – oder Ersatzlaute – an, abhängig davon, in welcher Sprache er gerade sprach. Wenn er Englisch sprach, verwendete er etwas Ähnliches wie den Konsonanten P (indem er seine Lippen aufeinanderpresste und dann mit einem Knall wieder öffnete). Wenn er Spanisch sprach, verwendete er zunächst denselben P-Laut, dann aber wechselte er vollständig zu einem anderen Ersatzlaut, bei dem er die Luft mit einem Zischlaut durch seine beiden Lippen – anstatt durch die Zähne und die Unterlippe – entweichen ließ. Diesen bestimmten Laut verwendete er ausschließlich im Spanischen und niemals im Englischen. Kurz gesagt, obwohl er noch immer etwas sprach, was für die meisten Erwachsenenohren wie hinreißende Babysprache klang, hatte er längst gelernt, zwischen den Klangsystemen der beiden Sprachen zu unterscheiden (wenngleich er sie noch nicht korrekt wiedergeben konnte).

Der maßgebliche Punkt hier ist, dass Kinder offenbar von Anfang an zwei unterschiedliche Sprachsysteme entwickeln. Sie sind definitiv nicht verwirrt. Vielmehr haben sorgsam durchgeführte Studien bewiesen, dass kleine Kinder schon sehr früh zwischen ihren beiden Sprachen unterscheiden und die Regeln der Sprachverwendung rasch erwerben und anwenden – und zwar viel früher, als man lange Zeit gedacht hatte. Das Vermischen der sprachlichen Codes ist vollkommen normal und sogar schon im Brabbel-Stadium sichtbar, also bereits lange bevor Kinder die ersten Worte sprechen können. Wenn Kinder anfangen Wörter und Sätze zu sprechen, lernen sie gleichzeitig, wann und mit welcher Person es angebracht ist, die eine oder die andere Sprache zu verwenden, und wann es sinnvoll ist, hin- und herzuspringen und beide Sprachen gleichzeitig zu gebrauchen. Man kann sogar sagen, dass diese Form der linguistischen Praxis oder mentalen Übung zu besseren Ergebnissen bei bestimmten Intelligenzmessungen führt (siehe dazu unsere Erläuterungen in Kapitel 2).

Die (kurzzeitige) Sprachmischung bei Kindern und der Sprachwechsel bei bilingualen Erwachsenen: zwei völlig unterschiedliche Dinge

Die Wissenschaft unterscheidet zwischen zwei unterschiedlichen Formen der gleichzeitigen Verwendung zweier Sprachen beziehungsweise des Hin- und Herspringens zwischen ihnen: *Sprachmischung* (Code-Mixing) und *Sprachwechsel* (Code-Switching). Sprachwechsel lässt sich häufig bei erwachsenen Bilingualen beobachten: Je nach Situation und Zweck setzen sie bewusst die eine oder die andere Sprache ein. Kinder lernen die Regeln, wann und in welcher Situation sie welche Sprache verwenden sollten, durch Beobachten und Teilnehmen an den sprachlichen Interaktionen innerhalb der Familie, aber auch in ihrem weiteren Umfeld. Anders ausgedrückt: Kinder sind sehr sensibel dafür, wie zum Beispiel ihre Cousins und Spielkameraden im Park zwischen zwei Sprachen hin- und herwechseln, aber auch dafür, wie ihre Eltern, Tanten, Babysitter und Großeltern ihre verschiedenen Sprachen miteinander verweben oder getrennt halten. In einigen Gegenden und Gemeinschaften, in denen es sehr verbreitet ist, zwei Sprachen zu sprechen, ist das Code-Switching, also der Sprachwechsel, häufig anzutreffen. Innerhalb einer einzigen Unterhaltung wird nach bestimmten Regeln zwischen den Sprachen hin- und hergewechselt. Sprachwechsel wird von bilingualen Menschen, die in beiden Sprachen über ein hohes Sprachniveau verfügen, bewusst eingesetzt, etwa um die eigene Persönlichkeit oder komplexe Zusammenhänge gezielt auszudrücken. Im Gegensatz dazu ist Code-Mixing, also die Sprachmischung, das, was Schüler machen, wenn sie zwei Sprachen lernen. Wir werden im Laufe des Abschnitts sehen, dass es für Eltern wichtig ist, den Unterschied zu kennen.

Der Sprachwechsel ist in vielen zweisprachigen Gemeinschaften verbreitet und hat häufig eine wichtige kommunikative und strategische Bedeutung. Mit seiner Hilfe ist es möglich, unterschiedliche Bedeutungen auszudrücken. So untersuchte die Wissenschaftlerin Ana Celia Zentella die gleichzeitige Verwendung der englischen und spanischen Sprache bei puerto-ricanischen Einwanderern in New York. Sie fand heraus, dass der Sprachwechsel in dieser Gemeinschaft eingesetzt wird, um die eigene kulturelle Identität hervorzuheben, effektiver mit den verschiedenen Mitgliedern der Gemeinschaft zu kommunizieren (zum Beispiel nicht nur mit Menschen, die schon seit langer Zeit in New York leben, sondern auch mit denjenigen, die erst vor Kurzem aus Puerto Rico eingewandert sind) und um Gespräche entsprechend den Normen der Gemeinschaft oder dem eigenen individuellen Stil zu führen. Code-Switching kann also aus vielen kreativen und funktionellen Gründen eingesetzt werden: um die Solidarität untereinander zu betonen, eine bestimmte Aussage zu treffen oder um besondere oder subtile sprachliche Nuancen auszudrücken, die mithilfe nur einer einzigen Sprache nicht geäußert werden könnten. Das folgende Beispiel entstammt der Arbeit, die Zentella über einen puerto-ricanischen Wohnblock in New York City geschrieben hat. Hier steht Lolita in einem kleinen Laden und hat 25 Cents auf den Tresen gelegt, um eine Tüte Chips zu bezahlen. Allerdings weiß sie nicht, dass die Chips inzwischen teurer geworden sind. (Der besseren Verständlichkeit halber haben wir die englischen Wörter durch deutsche ersetzt).

Lolita: *Bolo, cobra esto.* (Bolo, rechne das mal ab.)
Bolo: *Esto vale treinta centavos.* (Das kostet 30 Cent.)
Lolita: *¿Esto?* (Das hier?)
Bolo: *Si, treinta centavos.* (Ja, 30 Cent.)
Lolita: *¿¡Esto?!* (Das hier?!)
Bolo: Ja.
Lolita: Bist du sicher?!
Bolo: Ja, ich bin sicher.
Lolita: Bist du sicher?
Bolo: Ja, 30 Cent. Du hast keine fünf Cent? Okay, dann nimm die Tüte. Du schuldest mir fünf Cent.

Der Ladenbesitzer in dem Beispiel, Bodegeuro (genannt „Bolo"), war ein älterer Mann, der lieber Spanisch sprach. Lolita dagegen war ein achtjähriges Mädchen aus der Nachbarschaft. Zentella erklärt die Verwendung der Sprachen in dieser kleinen Geschichte als etwas Ähnliches wie „dem Anführer zu folgen". Lolita fühlt sich wohler, wenn sie Englisch spricht, aber mit dem Erwachsenen spricht sie Spanisch. Den Grund dafür sieht Zentella in einer unausgesprochenen Regel innerhalb der puerto-ricanischen Gemeinschaft: Mit Menschen, die man nicht besonders gut kennt, spricht man Spanisch. Wenn der Ladenbesitzer ins Englische wechselt (um dem Kind entgegenzukommen und den geänderten Preis des Produkts, das sie kaufen will, zu erklären), wechselt auch Lolita ins Englische. Aber sie hätte das nie getan, bevor der Erwachsene nicht die Sprache gewechselt hat. In diesem Beispiel kann man also den Sprachwechsel als Ausdruck komplexer sozialer Zusammenhänge innerhalb einer Gemeinschaft bezeichnen.

Merke
In vielen zweisprachigen Gemeinschaften auf der ganzen Welt ist der Sprachwechsel weit verbreitet.

Es ist wichtig, dass Eltern zwischen dieser Art des Sprachwechsels und der Sprachmischung unterscheiden. Viele Kinder durchlaufen eine Phase der Sprachmischung – sie werden diese im Laufe der Zeit, wenn sie beide Sprachen besser beherrschen, überwinden. Die Sprachmischung ist das Ergebnis mangelnder Sprachbeherrschung. Denken Sie an Ihre Schulzeit zurück: Sicher erinnern Sie sich daran, wie schwer es Ihnen als Schüler einer Fremdsprache gefallen ist, ein Gespräch ausschließlich in dieser Sprache zu führen. Aufgrund unserer vielen Sprachlücken haben wir häufig Sätze gesagt wie „Quiero una habitación Nicht-Raucher" (Ich hätte gerne ein Nicht-Raucher-Zimmer). Wir haben einfach das deutsche Wort für „Nicht-Raucher" verwendet, weil wir das spanische Wort nicht kannten oder es uns gerade nicht einfiel.

Tipp
So sollten Sie die Sprachmischung oder den Sprachwechsel Ihres Kindes interpretieren

Wenn Kinder in einer Familie oder Gemeinschaft aufwachsen, in der der Sprachwechsel weit verbreitet ist, werden sie selbst wahrscheinlich auch die Sprachen wechseln. Das ist kein Zeichen für mangelnde Sprachbeherrschung, sondern ein wichtiges linguistisches und kulturelles Mittel, das bewusst eingesetzt wird. Wenn Kinder in einer Familie oder Gemeinschaft leben, in der die Sprachen strikt voneinander getrennt werden, ist die Sprachmischung wahrscheinlich eine kurzfristige Phase, in der die Kinder die Regeln herausfinden, die die Verwendung der jeweiligen Sprachen kennzeichnen, und die schrittweise endet, je besser die Kinder beide Sprachen beherrschen.

Die Unterscheidung zwischen Sprachwechsel und Sprachmischung ist vor allem deshalb wichtig, weil viele Eltern sich große Sorgen machen, ihre Kinder könnten die beiden Sprachen dauerhaft vermischen. So haben wir sogar bilinguale Eltern kennengelernt, die Angst davor hatten, ihre Kinder würden die Sprachen auf Dauer nicht unterscheiden können.

Im Gegensatz zur Sprachmischung setzen Menschen den Sprachwechsel bewusst ein, um damit komplexe Zusammenhänge zu erläutern und sich selbst als bilinguale Persönlichkeiten auszudrücken. Wir wissen heute, dass der Sprachwechsel im Normalfall komplexen grammatischen Regeln folgt, dass also die Sprecher gemeinhin beide Sprachen flüssig beherrschen. Wir meinen hier nicht die Grammatikregeln, die wir in der Schule lernen, wie etwa „nach der Präposition für steht das Objekt immer im Akkusativ“. Was wir meinen, sind die systematischen Regeln, denen der Sprachwechsel folgt. Natürlich gibt es keine Grammatikbücher, in denen wir Anleitungen dazu finden, wie man den Sprachwechsel anwenden sollte. Dennoch konnte die Wissenschaft durch die genaue Beobachtung der Sprachverwendung bilingualer Menschen einige Regeln identifizieren.

Aus der Forschung

Welchen Regeln folgt der Sprachwechsel?

Um die Frage zu beantworten, führte Shana Poplack 1980 eine Untersuchung an spanisch-englisch bilingualen Puerto Ricanern in New York City durch. Nachdem sie unzählige Beispiele analysiert hatte, stellte sie eine Regel auf, die sie „Äquivalenz-Beschränkung" nannte. Danach erfolgt der Sprachwechsel immer an Punkten, an denen weder die grammatischen Regeln der einen noch der anderen Sprache verletzt werden. Ein Beispiel dafür finden wir im folgenden Satz:

Si tú eres puertorriqueño (wenn du Puerto Ricaner bist) your father's Puerto Rican, you should at least de vez en cuando (manchmal), you know, hablar español (Spanisch sprechen).

In diesem Satz wechselt der Sprecher die Sprachen vier Mal, aber er verletzt die grammatischen Regeln keiner der beiden Sprachen. Der Grund dafür liegt darin, dass der Sprecher die Sprachen an Schlüsselpunkten des Satzes wechselt, entweder zwischen Nebensätzen oder bei eingefügten eigenständigen Satzteilen oder Kommentaren.

Hier ein weiteres Beispiel aus dem Deutschen und Russischen (es stammt nicht aus Poplacks Untersuchung). Die meisten Bilingualen würden diesen Satz als seltsam oder inkorrekt bezeichnen:

Prishel ein Lehrer.

(Traf ein) ein Lehrer.

Der Satz klingt seltsam, weil er die Regeln des Deutschen verletzt. Im Deutschen steht das Subjekt normalerweise vor dem Verb. Im Russischen allerdings ist es korrekt und manchmal sogar notwendig, dass das Nomen dem Verb folgt. Dennoch würden die meisten Bilingualen den Satz als seltsam empfinden, weil der Sprachwechsel mitten im Satzteil erfolgt. „Prishel ein Lehrer" und „Ein Lehrer traf ein" sind nicht äquivalent, weil die Wörter nicht in derselben Reihenfolge stehen. „Prishel ein Lehrer" würde die Regeln des Sprachwechsels verletzen, nach denen man nicht innerhalb eines einzigen grammatischen Ausdrucks die Sprache wechselt. Und daher würden wohl auch die meisten bilingualen Menschen diese Konstruktion vermeiden.

Wenn jemand in der Lage ist, den Sprachwechsel korrekt durchzuführen, bedeutet das, er beherrscht die grammatischen Regeln beider Sprachen im Detail und weiß genau, was man machen kann und was nicht. Diese Fähigkeit ist beeindruckend und wichtig. Bedauerlicherweise wird der Sprachwechsel keinesfalls als herausragende linguistische Fähigkeit wertgeschätzt. Viele bilinguale Menschen nutzen ihn zwar, halten ihn aber eher für eine Art schlechte Angewohnheit, wie etwa Kaugummi kauen, lästern oder die Klatschpresse lesen. Etwas, was zwar angenehm und zufriedenstellend ist, was man aber zum Beispiel nicht in Gegenwart der Schwiegermutter machen würde (und erst recht nichts, was man für seine Kinder für erstrebenswert hält). Es ist, als würden sie sich des Sprachwechsels fast schämen, und das liegt zum Teil daran, dass viele Menschen denken, der Sprachwechsel sei ein Ausdruck mangelnder Sprachkenntnis (obwohl, wie wir gerade gezeigt haben, das Gegenteil der Fall ist). Dieses negative Klischee ist sowohl falsch als auch bedauerlich.

Merke

Unter Code-Mixing oder Sprachmischung versteht man die Kombination aus zwei Sprachen aufgrund mangelnder Kenntnisse in einer oder beiden Sprachen. Er kommt häufig bei Sprachschülern vor. Code-Switching oder Sprachwechsel dagegen ist unter erfahrenen Erwachsenen und Kindern weit verbreitet. Er ist ein Anzeichen für ein hohes Sprachniveau in beiden Sprachen.

Was bedeutet das für meine Kinder?

Der Sprachwechsel ist ein wichtiger Aspekt bei der bilingualen Erziehung von Kindern. Wie wir weiter oben angemerkt haben, wird ein Kind, das in einer Familie oder Gemeinschaft aufwächst, in der Code-Switching normal und weit verbreitet ist, mit ziemlicher Sicherheit auch anfangen, die Sprachen zu wechseln. Wie das geht, lernt es durch Beobachten, Zuhören und aktive Teilnahme an Unterhaltungen, in denen Code-Switching verwendet wird, um bestimmte Effekte zu erzielen. Das Kind wird lernen, dass der Sprachwechsel ein wichtiges sprachliches Mittel ist, und wird ebenfalls lernen, wann es angemessen (und von Vorteil) ist, ihn einzusetzen, wann man welche Sprache mit welchen Personen sprechen sollte und wann es am besten ist, beide Sprachen gleichzeitig zu sprechen. Der Sprachwechsel stellt kein Problem dar und muss daher auch nicht bekämpft oder verbessert werden. Er ist nachweislich für viele Kinder, Erwachsene und ganze Gemeinschaften ein wichtiges und wertvolles sprachliches Mittel.

Aber: Manchmal verbirgt sich hinter dem Sprachwechsel ein Mangel an Qualität oder Quantität der Interaktion in jeder der beiden Sprachen

Obwohl der Sprachwechsel für viele bilinguale Menschen wichtig und sinnvoll ist, kann er Sie als Eltern auch vor einige Herausforderungen stellen. Was meinen wir damit? Hinter häufigem Sprachwechsel können sich bestimmte Sprachgewohnheiten innerhalb einer Familie oder auch Gemeinschaft verbergen. Ein Beispiel: Eine Familie in Paris, die etwa zur Hälfte – sagen wir – Französisch und Arabisch spricht, kann Kinder haben, die in der Hauptsache Französisch sprechen und manchmal arabische Wörter einflechten. Von außen betrachtet, könnte man denken, dies sei die ideale bilinguale Familie, in der beide Sprachen gleichwertig verwendet werden. Sieht man jedoch genauer hin, wird deutlich, dass das Französische in der Familie und in ihrer Umgebung mehr und mehr die Oberhand gewinnt. Wenn Eltern und Kinder häufig die Sprachen wechseln, gibt es für keine der beiden Sprachen ausreichenden Raum, um sich zu entwickeln. Die Kinder haben eventuell nicht die Möglichkeit oder auch Notwendigkeit, ihre schwächere Sprache zu verwenden, neues Vokabular oder grammatische Strukturen auszuprobieren – wenn sie nicht weiterwissen, wechseln sie einfach in die stärkere Sprache. Für die Eltern wird es durch den häufigen Sprachwechsel schwierig, die jeweilige Qualität und Quantität der beiden Sprachen im Auge zu behalten.

Eltern sollten die Sprachgewohnheiten innerhalb der Familie genau beobachten. Die kombinierte Verwendung von zwei Sprachen ist an sich kein Problem. Sie kann es aber erschweren, zu erkennen, ob innerhalb der Familie beide Sprachen qualitativ und quantitativ gleichwertig behandelt werden. Lassen Sie uns noch einmal nach Oslo zurückkehren, um genauer zu erklären, wie die simultane Verwendung von zwei Sprachen sich in der sprachlichen Interaktion einer Familie darstellt. Erinnern wir uns: Elizabeth Lanza untersuchte zwei norwegisch-amerikanische Familien mit zweijährigen Kindern. Beide Familien hatten im Vorfeld der Studie angegeben, dass sie ihre Kinder nach dem Prinzip „eine Person – eine Sprache“ erziehen würden. Und genau deshalb hatte sich Lanza auch für diese beiden Familien entschieden. Sie ging davon aus, dass sie dieselben idealen Voraussetzungen für einen Vergleich erfüllten.

Wie so häufig, zeigte sich jedoch auch im Verlauf dieser Untersuchung, dass Theorie und Praxis manchmal weit auseinanderliegen können. Es stellte sich heraus, dass in der Realität der Sprachstil beider Familien unterschiedlich war. Die eine Familie hielt sich strikt an die Regel „eine Person – eine Sprache“. Das Kind hörte von der Mutter ausschließlich Englisch, vom Vater Norwegisch. Die andere Familie dagegen war weitaus nachlässiger (oder auch lässiger, abhängig von der Sichtweise). Sie wechselte innerhalb derselben Situation häufig die Sprachen. So nahm Lanza zum Beispiel eine Unterhaltung während eines gemeinsamen Abendessens auf, bei der die Mutter ständig zwischen Norwegisch und Englisch hin- und herwechselte.

Die unterschiedlichen Sprachgewohnheiten wurden besonders deutlich, als Lanza untersuchte, wie die Eltern in Situationen reagierten, in denen das Kind nicht die angemessene oder erwartete Zielsprache verwendete (wenn es also etwa mit dem norwegischen Vater Englisch oder mit der amerikanischen Mutter Norwegisch sprach). Unter den möglichen Reaktionen identifizierte Lanza diejenigen fünf Strategien, die die Eltern am häufigsten verwendeten – vom einfachen Behaupten, nichts zu verstehen, bis zum Sprachwechsel.

Aus der Forschung

Fünf Strategien, mit denen Eltern reagieren, wenn das Kind nicht die Zielsprache verwendet

- *So tun, als würde man nicht verstehen*: Wenn das Kind etwas in der anderen Sprache sagt, bitten die Mutter oder der Vater um eine Erklärung, indem sie auf ihrer eigenen Muttersprache sagen „Ich verstehe dich nicht" oder „Sag das noch einmal". Das Kind muss dann einen Weg finden, sich verständlich zu machen, und der erfolgversprechendste Weg ist es, die Sprache zu wechseln und in der Muttersprache des jeweiligen Elternteils zu sprechen.
- *Einen Rateversuch in der eigenen Sprache unternehmen*: Die Mutter oder der Vater raten, was das Kind gesagt haben könnte, und verwenden dabei ihre eigene Muttersprache. Wenn zum Beispiel die Mutter fragt: „Was möchte der Hund denn?", und das Kind antwortet „ben" (das norwegische Wort für Knochen), könnte die Mutter in ihrer Muttersprache Englisch fragen: „Knochen?" Bei dieser Strategie verwenden Eltern meist geschlossene Fragen, auf die Kinder mit Ja oder Nein antworten. Die Eltern zeigen dem Kind damit deutlich, welche Sprache in dieser Situation vorgezogen werden sollte.
- *Wiederholen in der eigenen Sprache*: Die Mutter oder der Vater wiederholen, was das Kind gesagt hat, übersetzen den Satz oder die Äußerung jedoch in die eigene Muttersprache. Bei dieser Form der Wiederholung wird keine Frage gestellt wie beim Rateversuch, daher fordert diese Strategie auch keine Antwort seitens des Kindes. In dem Sinne könnte man die Strategie im Vergleich als die bilingualere bezeichnen, denn sie zwingt das Kind nicht zu einem unmittelbaren Sprachwechsel beziehungsweise einer nachträglichen Änderung dessen, was es gesagt hat.
- *Ignorieren und die Unterhaltung weiterführen*: Die Mutter oder der Vater führen die Unterhaltung einfach in ihrer eigenen Sprache weiter, ohne auf den Sprachwechsel des Kindes einzugehen. Sie zeigen dabei, dass sie verstanden haben, was das Kind in der je-

weils anderen Sprache gesagt hat, und somit auch, dass sie die Äußerungen des Kindes in jeder der beiden Sprachen akzeptieren und keine Sprache bevorzugen. Das Kind wird demnach nicht dazu aufgefordert, seine Äußerung nachträglich zu verändern.

- *Code-Switching/Sprachwechsel*: Die Mutter oder der Vater nehmen die Äußerung des Kindes auf, integrieren das Wort oder die Wörter in der anderen Sprache in die eigenen Äußerungen oder wechseln die Sprache. Diese Strategie ist die bilingualste von allen, denn der jeweilige Elternteil orientiert sich an der Sprachwahl des Kindes und folgt ihr. Im Grunde sagt die Strategie dem Kind Folgendes: „Okay, wenn du lieber Norwegisch sprechen möchtest, ist das in Ordnung. Dann spreche ich jetzt auch Norwegisch." Die Kommunikation zwischen Eltern und Kind steht damit bei dieser Strategie in einem komplett bilingualen Kontext.

Was ist nun das Ergebnis dieser unterschiedlichen Vorgehensweisen? Einsprachig orientierte Strategien nach dem Prinzip „eine Person – eine Sprache" führen zu einer Erweiterung der Kenntnisse des Kindes in der jeweils gewählten Sprache. Um das am Beispiel oben zu erklären: Wenn das Kind mit seiner englischsprachigen Mutter Norwegisch spricht, die Mutter aber vorgibt, sie verstehe das Gesagte nicht, und auf Englisch nachfragt, stärkt das die Englischkenntnisse des Kindes. Für Eltern ergeben sich daher aus dieser wichtigen Untersuchung zwei Punkte, die sie bei der Erziehung ihrer Kinder berücksichtigen sollten: Erstens lässt Lanzas Arbeit den Schluss zu, dass die Kompetenzlevel der Kinder höher sind, wenn Eltern verstärkt einsprachige Strategien verfolgen. Das trifft besonders dann zu, wenn eine Sprache gegenüber der anderen viel schwächer ist. So war bei dem Beispiel in Norwegen das Englische die schwächere Sprache, in Deutschland würde die nicht-deutsche Sprache einer speziellen Förderung bedürfen. In welchem Maße die einsprachige Strategie verfolgt wird, ist natürlich eine persönliche Entscheidung jeder Familie und abhängig von vielen unterschiedlichen Faktoren (etwa auch von Ihren schauspielerischen Fähigkeiten: Wie lange und wie überzeugend können Sie die Behauptung aufrechterhalten, Sie würden die stärkere Sprache nicht verstehen?). Aber die Osloer Untersuchung lässt vermuten, dass es sich durchaus lohnt, diese einsprachigen Strategien – zumindest so weit es möglich ist – auszuprobieren. Natürlich muss man dabei einkalkulieren, dass die möglichst konsequente Verwendung der gewünschten Zielsprache durchaus Nachteile mit sich bringt, etwa zeitweise Frustration sowohl bei dem Kind als auch bei den Eltern, und von Zeit zu Zeit Verständnisprobleme. Und diese Nachteile werden sich in jeder Familie und ihrer individuellen Sprachsituation anders äußern. Dennoch kann diese Vorgehensweise die Entwicklung der schwächeren Sprache effektiv unterstützen und fördern.

Zweitens ruft uns Lanzas Arbeit erneut ins Bewusstsein, dass es selbst Familien, die sich eindeutig auf eine bestimmte Sprachpolitik oder eine Systematik für die sprachliche Erziehung der Kinder geeinigt haben (wie zum Beispiel das Prinzip „eine Person – eine Sprache"), nicht immer möglich ist, das gewählte System konsequent umzusetzen. Und wenn man die sprachliche Interaktion genauer untersucht, zeigt sich, dass im Grunde jede Familie ihre Sprachstrategie unterschiedlich umsetzt. Für sich betrachtet mögen die Unterschiede gering sein – unter Berücksichtigung der vielen Hundert Interaktionen, die täglich stattfinden, haben sie in ihrer Gesamtheit jedoch großen Einfluss auf die sprachliche Entwicklung des Kindes. Eltern sollten diese kleinen Details der täglichen Unterhaltungen mit ihren Kindern genau beobachten. Das fordert zwar einen erheblichen Aufwand an Zeit und Energie (ganz davon zu schweigen, dass manche Familienmitglieder das alles seltsam finden könnten), kann jedoch auch viel Spaß machen. Sie werden sehen: Das „Forschungsprojekt" ist unterhaltsam und bietet gleichzeitig eine gute Möglichkeit, das sprachliche Bewusstsein aller Familienmitglieder – die ja letztendlich alle dasselbe Ziel haben – zu fördern.

Übung
Schätzen Sie die sprachlichen Muster in Ihrer Familie ein

Nehmen Sie mit Erlaubnis der weiteren Familienmitglieder einige der folgenden Sprachsituationen auf Band (Video oder Audio, jeweils etwa 20 Minuten lang) auf:
eine Unterhaltung während des gemeinsamen Abendessens;
eine Spielsituation zwischen Mutter und Kind;
eine Spielsituation zwischen Vater und Kind;
eine gemeinsame Aktivität, an der jedes Familienmitglied teilnimmt und alle zusammenarbeiten (zum Beispiel kochen, aufräumen, den Hund baden).

Teil eins: Wie viel verbale Stimulation erhält das Kind in jeder der beiden Sprachen?
1. *Spulen Sie das Band ungefähr bis zur fünften Minute der Aufnahme vor.*
2. *Schreiben Sie die ersten fünf bis zehn Sätze auf, die die Eltern sagen.*
3. *Zählen Sie die Anzahl der Wörter in jeder Sprache und rechnen Sie den prozentualen Anteil aus (zum Beispiel die Anzahl der deutschen Wörter in Relation zur Gesamtzahl der Wörter).*
4. *Analysieren Sie, welche Wörter und Ausdrücke in welcher Sprache am meisten verwendet werden. Gibt es Bereiche, die meist in der einen Sprache und seltener in der anderen beschrieben werden (zum Beispiel werden in manchen Haushalten alle Dinge, die mit Essen und Lebensmitteln zu tun haben, ausschließlich mit ihren deutschen Namen bezeichnet)?*
5. *Machen Sie sich auf Überraschungen gefasst: Als Kendall die Untersuchung in ihrer eigenen Familie durchführte, war sie mehr als erstaunt darüber, wie viele englische Wörter sie verwendete, obwohl sie der Meinung war, sie hätte die ganze Zeit Spanisch gesprochen.*

Teil zwei: Was könnte sich hinter dem Sprachwechsel verbergen?
1. *Spulen Sie die Aufnahme etwa bis zur Hälfte vor und achten Sie auf eventuelle Sprachwechsel. Zählen Sie, wie oft insgesamt die Sprachen gewechselt werden.*

2. *Schreiben Sie dann auf, wer die Sprachwechsel vollzogen hat (zum Beispiel, ob es das Kind, der Vater oder die Mutter war).*
3. *Notieren Sie sich auch, in welche Richtung der Wechsel vollzogen wird (ins Deutsche? in eine andere Sprache?).*
4. *Wie reagieren die einzelnen Familienmitglieder auf den Sprachwechsel (wird das Gespräch zum Beispiel in der ursprünglichen oder in der Sprache, in die gewechselt wurde, weitergeführt? Fühlt sich jeder mit dem Sprachwechsel wohl?)?*
5. *Welche Muster und Schemata können Sie erkennen (so folgen in manchen Familien die Eltern dem Vorbild ihres Kindes und wechseln ebenfalls die Sprache, wenn das Kind den Sprachwechsel initiiert)?*

Klare Regelungen für den Sprachgebrauch in der Familie haben einige Vorteile und können Ihnen – zumindest zeitweise – das Leben erleichtern. Einer der möglichen Wege, den Sie einschlagen können und mit dessen Hilfe Sie ein ungefähres Gleichgewicht beider Sprachen aufrechterhalten können, ist die bereits vorgestellte Regel „eine Person – eine Sprache", nach der die Mutter mit dem Kind stets in der einen, der Vater in der anderen Sprache spricht. Vergessen Sie jedoch nicht, dass das nur unter der Voraussetzung gilt, dass beide Eltern ungefähr gleich viel Zeit mit dem Kind verbringen. Und bleiben Sie realistisch: 24 Stunden am Tag und sieben Tage die Woche eine strikte Trennung der Sprachen aufrechtzuerhalten ist für die meisten Eltern so gut wie unmöglich. In den 30 Jahren unserer Berufserfahrung haben wir keine Familie kennengelernt, der es gelungen wäre, die Sprachen immer und in jeder Situation hundertprozentig getrennt zu halten. Auch ist die perfekte Trennung mit Sicherheit nicht der einzige, ja noch nicht einmal der beste Weg, um Kinder zweisprachig zu erziehen (tatsächlich berichtet die Forschung über viele Kinder, die nach dem Prinzip, eine Person – eine Sprache" erzogen wurden und beide Sprachen sehr gut verstehen, aber doch nur eine sprechen). In Anbetracht dieser Punkte raten wir allen Eltern, sich auf das übergeordnete Ziel der zweisprachigen Erziehung zu konzentrieren: Stellen Sie sicher, dass Ihr Kind ein ausreichend aktives Sprachangebot in jeder Sprache erhält. Unabhängig davon, ob und wie die Sprachen in jedem Moment und jeder Situation des Lebens Ihrer Kinder getrennt werden können.

Tipp
Verbirgt sich hinter dem Sprachwechsel ein Problem?

Familien, in denen die Sprache häufig gewechselt wird, sollten sich die Zeit nehmen, über die Qualität und Quantität des sprachlichen Inputs in jeder Sprache nachzudenken. Es besteht aber dennoch kein Grund zur Sorge: Die Sprachen müssen keinesfalls stets und in jedem Moment und jeder Situation getrennt werden.

Sprache wird im Kontext und durch Erfahrungen gelernt (und das spiegelt sich im Sprachniveau wider)

Ein letzter entscheidender Punkt, den wir an dieser Stelle bedenken sollten, ist die Definition des Begriffs Bilingualität als abstraktes Konzept im Vergleich zur täglichen Realität lebender, atmender, realer bilingualer Kinder und Erwachsener. Viele Menschen (monolinguale ebenso wie bilinguale) idealisieren die Zweisprachigkeit und definieren eine „echte" bilinguale Person als jemanden, der in fast jeder Situation in jeder der beiden Sprachen wie ein Muttersprachler agieren kann. Anders ausgedrückt: Eine „echte" bilinguale Person ist in der Vorstellung der meisten Menschen so etwas wie zwei monolinguale Personen in einer. Diese „echte" Bilingualität ist jedoch ein Mythos beziehungsweise fast nicht existent. Und das, obwohl es unzählige Menschen gibt, die in einer bilingualen Umgebung perfekt leben und funktionieren.

Lassen Sie uns den Punkt genauer erklären. Immer wenn wir einen Workshop für Eltern durchführen, fragen wir sie, ob sie persönlich jemanden kennen, der perfekt bilingual ist. Normalerweise hebt bei dieser Frage etwa die Hälfte von etwa 30 Teilnehmern die Hand. Wir fragen dann gewöhnlich nach und bitten die Gruppe, noch einmal genauer über die „echten Bilingualen" nachzudenken und sich selbst zu fragen, ob die Personen zum Beispiel die folgenden Dinge beherrschen:

1. Können sie in jeder der beiden Sprachen einen Zeitungsartikel gleich schnell und mit gleich gutem Verständnis lesen? *(Hier sinken im Normalfall sofort die Hälfte der Hände.)*
2. Können sie auf beiden Sprachen gleich gut und amüsant einen Witz erzählen oder einen Trinkspruch auf jemanden ausbringen? *(Und schon senken sich noch ein paar Hände.)*
3. Können sie ihrem Kind in beiden Sprachen erklären, warum es nicht in Ordnung ist, sagen wir, ihre Freundin Theodora auf den Kopf zu hauen? *(Nach kurzem Nachdenken sinken ein oder zwei weitere Hände.)*

Normalerweise sehen wir nach der dritten Frage entweder gar keine erhobenen Hände mehr oder höchstens die von ein oder zwei Personen. Wenn wir diejenigen dann fragen, wer die betreffende bilinguale Person ist (manchmal ist es sogar der Betreffende selbst), beschreiben sie ausnahmslos jemanden mit einem ausgeprägt ausbalancierten und in gewisser Weise auch ungewöhnlichen Werdegang oder Lebensweg. Zum Beispiel erzählte uns eine junge Mutter mit Namen Anna, ihre Eltern wären beide Lehrer und beide spanisch-englisch bilingual, viele ihrer Verwandten sprächen ebenfalls beide Sprachen, sie hätte jeweils über längere Zeiträume in Puerto Rico, Argentinien und den Vereinigten Staaten gelebt, mehrere Jahre lang Schulen in beiden Sprachen besucht und jetzt einen spanischsprachigen Partner.

Anna wurde perfekt bilingual, weil ihr Lernkontext, ihre Erfahrungen und die Möglichkeiten, die Sprachen anzuwenden, ausbalanciert waren. Was wir uns anhand der Geschichte merken sollten, ist: Alle Kinder (und Erwachsenen) lernen Sprachen im Kontext. Damit meinen wir, Kinder lernen, welche Erfahrungen sie in einer Sprache und welche Dinge sie mit ihr machen können (wie etwa Geschichten erzählen, Bilder beschreiben, nach einem bestimmten Essen fragen, geschriebene Texte verstehen, Briefe an Brieffreunde schreiben und so weiter), indem sie ebendiese Sprache genau dafür benutzen. Einer der hauptsächlichen Gründe, warum es so wenige echte oder perfekte Bilinguale gibt, ist der, dass die meisten Menschen einfach nicht alle Dinge und Erfahrungen in beiden Sprachen machen. So haben zum Beispiel viele bilinguale Personen, die in den Vereinigten Staaten leben, erfahren müssen, dass ihre Herkunftssprache (etwa Spanisch, Russisch, Koreanisch, Tagalog) zu Hause oder vielleicht in der Nachbarschaft gesprochen wurde, und dennoch war Englisch die Sprache, die in der Schule und später auf der Arbeit gesprochen wurde. Es ist nicht weiter verwunderlich, dass diese Menschen hervorragend darin sind, auf Spanisch, Russisch, Koreanisch oder Tagalog Geschichten oder Witze zu erzählen und persönliche Dinge zu besprechen. Aber möglicherweise fällt es ihnen ziemlich schwer, in ihrer Herkunftssprache formale Memos zu schreiben oder technische Präsentationen zu halten (auf Englisch dagegen hätten sie mit diesen Aufgaben wahrscheinlich nicht viele Probleme). Das ist vollkommen normal und vorhersehbar. Menschen lernen bestimmte Dinge in einer Sprache zu sagen und zu tun, wenn sie regelmäßig gefordert werden, ebendiese Dinge in dieser Sprache zu sagen und zu tun.

Zwei Sprachen zu lernen, zu kennen und zu verwenden beeinflusst unweigerlich auch die Sichtweise, die Ausdrucksform und -fähigkeit und die Form der Verarbeitung und Verwendung sprachlicher Erfahrungen. Die meisten Bilingualen stellen fest, dass das von Zeit zu Zeit ein wenig frustrierend sein kann. Selbst wenn bilinguale Menschen mit monolingualen sprechen, gelingt es ihnen zum Beispiel nur selten, die andere Sprache, die sie gerade nicht sprechen, vollständig zu deaktivieren. Und das führt mitunter zu geringfügigen Beeinträchtigungen der sprachlichen Wahrnehmung oder Ausdrucksfähigkeit. Dennoch überwiegen die kognitiven, sozialen, akademischen und anderen Vorteile der Bilingualität die Nachteile bei Weitem (und wir sind noch nie jemandem begegnet, der sich wünschte, weniger Sprachen zu beherrschen). Wie wir in Kapitel 1 erläutert haben, stellen die Auswirkungen der Bilingualität für die kognitiven Fähigkeiten von Kindern häufig einen großen Vorteil dar. Anders ausgedrückt: Die Tatsache, dass ein Bilingualer nicht einfach mit zwei Monolingualen in einer Person gleichzusetzen ist, ist in vieler Hinsicht positiv zu bewerten.

Der Spracherwerb ist ein lebenslanger Prozess

Sprachen zu lernen – in welcher Form auch immer – ist ein anhaltender Prozess, und das Sprachniveau kann sich abhängig von den sprachlichen Gegebenheiten und Erfordernissen der Umgebung verbessern oder auch sinken. Im Laufe unserer Arbeit haben wir festgestellt, dass viele Eltern die Bilingualität ihrer Kinder als eine Art Endziel betrachten, als den finalen Meilenstein, zu dessen Erreichen sie ihnen (und auch sich selbst) gratulieren können, um dann das nächste Ziel in Angriff zu nehmen. Leider kann man den Spracherwerb nicht mit anderen Entwicklungsschritten, wie etwa dem Krabbeln, dem Selbstständig-aufs-Töpfchen-Gehen oder dem Abschluss des Kindergartens, vergleichen. Der Spracherwerb ist ein lebenslanger Prozess, und es gibt keinen Endpunkt, an dem er ein für alle Mal abgeschlossen ist und von dem an man die Sprache für alle Zeit perfekt beherrscht. Zumindest gibt es keinerlei wissenschaftliche Grundlage dafür, das zu vermuten.

Eltern sollten daher stets die Quantität und Qualität der sprachlichen Erfahrungen im Auge behalten, die ihre Kinder in beiden Sprachen sammeln. Sprachen lernt man am besten durch natürliche und lebendige Interaktion, und diese sollte ausreichend sein – nicht nur im Hinblick auf die Anzahl und Länge der sprachlichen Kontakte, sondern auch auf den Umfang der Themen und Arten der Sprachverwendung. Das sprachliche Angebot und die Interaktion sollten dem intellektuellen Niveau des Kindes entsprechen. So können zum Beispiel französische Bilderbücher für Ein- bis Zweijährige angemessen sein, wenn das Kind älter wird, muss man jedoch andere Mittel suchen. Die grundsätzliche Lesefähigkeit kann, zumindest in einem gewissen Rahmen, von der einen auf die andere Sprache übertragen werden, aber wenn die Sprache Schulniveau erreichen soll, müssen sich Vokabular und Ausdrucksfähigkeit entsprechend entwickeln.

Die gute Nachricht für Eltern: Da das Sprachenlernen ein lebenslanger Prozess ist, ist es – wie wir in Kapitel 4 erläutert haben – nie zu spät, damit anzufangen. Das heißt auch, dass Sie sich ein wenig entspannen können und auch sollten: Bleiben Sie gelassen und machen Sie sich nicht allzu große Sorgen, wenn Ihr Kind nicht sofort damit anfängt, die eine oder andere Sprache zu verwenden. Ein typisches Beispiel dafür wurde uns vor Kurzem auf einer Konferenz in Kanada (ein Staat, der offiziell zwei Landessprachen hat) vorgestellt. Ein renommierter Forscher sprach über eine Studie, die er an einigen bilingualen Familien in Europa durchgeführt hatte. Die Eltern sprachen mit ihren Kindern von Geburt an zwei Sprachen (Deutsch und Französisch), und der Wissenschaftler besuchte sie einmal pro Monat, um die Äußerungen der

Kinder auf Band aufzuzeichnen. Nach etwa sechs Monaten stellte sich heraus, dass die Kinder mit ihren Eltern ausschließlich auf Deutsch sprachen. Der Forscher war so entmutigt und desillusioniert, dass er beschloss, die Studie abzubrechen. Die Eltern dagegen waren untröstlich und wollten die Untersuchung unbedingt fortführen, und um sie nicht allzu sehr zu enttäuschen (aber lediglich aus diesem Grunde und nicht, weil er hoffte, doch noch andere Ergebnisse zu finden), führte er seine monatlichen Tonaufzeichnungen fort. Und siehe da, nach fast einem ganzen Jahr, in dem die Kinder ausschließlich Deutsch gesprochen hatten (und in dem sich ihre Umgebung kaum verändert hatte), fingen sie plötzlich an, mehr und mehr Französisch zu sprechen.

Wir fassen zusammen

Eltern sollten nicht aufgeben, wenn ihre Anstrengungen nicht sofort Früchte tragen und in der Sprache ihrer Kinder sichtbar werden. Sie können sich über alternative Ansätze informieren, aber vor allem sollten sie sich vor Augen halten, dass Kinder monatelang darauf beharren können, ihre dominante Sprache zu sprechen, ohne dass das gleich heißen muss, dass sie die Zweitsprache nicht aufnehmen oder sie gar verweigern. Auch unsere eigenen Kinder antworten uns oft auf Englisch, wenn wir sie in ihrer Zweitsprache ansprechen. Außerdem mischen sie häufig ihre beiden Sprachen. Als wir dieses Buch schrieben, hatte Kendalls Sohn eine Zahnbürste mit Stiel in Form eines Rennautos, und beim Zähneputzen mischte er ständig das Englische und Spanische und sagte „The wheels no van" („The wheels" heißt auf Englisch „die Räder", „no van" ist Spanisch und heißt „funktionieren nicht"). Und er hatte recht, denn die Räder waren nur angeklebt und tatsächlich nicht beweglich. Darüber hinaus hatte er auch sprachlich gesehen recht, denn seine Verwendung der beiden Sprachen ergab eine sinnvolle, verständliche und in vieler Hinsicht grammatisch korrekte Äußerung. Und eines ist sicher: Lange bevor er tatsächlich ein Rennauto fahren wird (was Gott verhindern möge!), wird er in der Lage sein, die Räder in vollständigen, lebendigen Sätzen in beiden Sprachen zu beschreiben.

Merke

- Machen Sie sich keine Sorgen, wenn Ihr Kind die Sprachen mischt – Sprachmischung ist eine normale und im Regelfall vorübergehende Phase der bilingualen Entwicklung. Ihr Kind wird seine beiden Sprachen im Laufe der Zeit von alleine auseinandersortieren.
- Vertrauen Sie darauf, dass Ihr Kind nicht verwirrt ist – es mag sich nicht bewusst sein, dass es zwei Sprachen verwendet, aber es gibt hinreichend belegte Fälle, die vermuten lassen, dass Ihr Kind über zwei linguistische Systeme verfügt und sehr schnell lernen wird, wann es welche Sprache verwenden sollte.
- Machen Sie sich den Unterschied zwischen Sprachmischung und Sprachwechsel bewusst. Wenn Ihr Kind in einer Umgebung aufwächst, in der häufig die Sprache gewechselt wird, wird es das Code-Switching ebenfalls lernen und anwenden.
- Achten Sie sorgsam auf die Quantität und Qualität des sprachlichen Angebots und der Interaktion in jeder Sprache. Insbesondere, wenn Code-Switching in Ihrer Familie normal ist, könnte die schwächere Sprache zusätzlicher Förderung bedürfen.
- Stellen Sie realistische Erwartungen an Ihr Kind: Vergessen Sie nie, dass es auf der Welt keine perfekten bilingualen Sprecher gibt und dass Sprachenlernen ein lebenslanger Prozess ist – weder wird er jemals abgeschlossen sein, noch es ist je zu spät, damit anzufangen.

10
Was muss ich über verzögerten Spracherwerb, über die Ratschläge sogenannter Experten, spezielle Bedürfnisse und offensichtlich mangelnde Fortschritte meines Kindes wissen?

Bilingualität nimmt zwar an Bedeutung zu und erfährt auch zunehmende Wertschätzung, dennoch ist Monolingualität noch immer in vielen Ländern der Erde die Norm. Entsprechend treffen die meisten Eltern, die ihre Kinder zweisprachig erziehen wollen, auf zumindest einige Skeptiker und auch Probleme. Manchmal führt die einsprachige Umgebung sogar dazu, dass die Eltern selbst Zweifel an ihrem Plan bekommen.

Was, wenn Sie die nagenden Zweifel nicht abschütteln können, die Bilingualität könne bei Ihrem Kind zu verzögertem Spracherwerb führen?

Kinder haben nach all dem, was wir inzwischen wissen, offenbar die natürliche Fähigkeit, Sprachen zu lernen. In der richtigen Umgebung und unter den richtigen Voraussetzungen sind sie problemlos und mit Leichtigkeit in der Lage, zwei oder sogar drei Sprachen zu erlernen. Alle Kinder benötigen ungefähr fünf Jahre, bis sie ihre Erstsprache flüssig beherrschen, und die Forschung hat herausgefunden, dass dies bei zweisprachig erzogenen Kindern identisch ist: Auch sie beherrschen ihre beiden Sprachen ungefähr im Alter von fünf Jahren. Besonders ausgeglichen sind die Sprachkenntnisse, wenn Kinder in beiden Sprachen in gleichem Umfang ausreichenden Input und die Möglichkeit der Interaktion erhalten. Bilinguale Kinder durchlaufen etwa zur selben Zeit dieselben Entwicklungsschritte wie monolinguale Kinder. Und ebenso wie bei monolingualen gibt es auch bei bilingualen Kindern viele individuelle Unterschiede, zum Beispiel im Tempo der Entwicklung. Aber im Durchschnitt erreichen sowohl monolinguale als auch bilinguale Kinder die Ein-Wort- und Zwei-Wort-Phasen ungefähr zur selben Zeit.

Aus der Forschung

Führt Bilingualität zu verzögertem Spracherwerb?

Um diese Frage zu beantworten, führte ein Team von Wissenschaftlern 1992 an zwei Gruppen von Kindern im Alter von acht Monaten bis zweieinhalb Jahren einen Vergleich durch. Die eine Gruppe lernte ausschließlich Englisch, die andere gleichzeitig Englisch und Spanisch. Die Forscher (Pearson, Fernandez und Oller) baten die Eltern, Fragebögen auszufüllen, in denen sie die Wörter ankreuzen sollten, die ihre Kinder bereits sprechen konnten. Die Eltern der monolingualen englischsprachigen Kinder erhielten diese Vokabellisten in einer englischen, die Eltern der bilingualen Kinder je in einer englischen und einer spanischen Version.

Die Ergebnisse zeigten, dass die bilingualen Kinder ihre beiden Sprachen innerhalb desselben Zeitraums erlernten wie die monolingualen die englische Sprache. Zum Beispiel zeigten beide Gruppen über den gesamten Zeitraum der Studie eine ähnliche Geschwindigkeit beim Spracherwerb, und beide erreichten ungefähr zur Zeit des zweiten Geburtstags die Phase des Vokabelspurts, in der Kinder innerhalb kürzester Zeit viele neue Wörter lernen. Als schließlich die englischen und spanischen Wörter der bilingualen Kinder in einer einzigen Liste zusammengeführt und addiert wurden, zeigte sich, dass das Gesamtvolumen ihres Vokabulars ähnlich war wie das der monolingualen.

Ein möglicher geringfügiger Mangel an Vokabular in jeder der beiden Sprachen ist normalerweise bis zum vierten oder fünften Lebensjahr überwunden, sodass die Kinder beim Eintritt ins schulpflichtige Alter über dasselbe oder sogar ein größeres Vokabular verfügen als ihre monolingualen Mitschüler (wenn Sie das Vokabular in beiden Sprachen zusammenzählen, übertreffen sie monolinguale gleichaltrige Kinder natürlich sogar bei Weitem). Eltern sollten also ruhig abwarten: Obwohl ihre Kinder möglicherweise eine Phase durchlaufen, in der ihr Vokabular kleiner ist als das monolingualer Gleichaltriger (und obwohl das eventuell von den Eltern monolingualer Kinder entsprechend negativ kommentiert wird), werden sie zu Beginn der Schulzeit aufgeholt, wenn nicht sogar die monolingualen Kinder überholt haben.

Alle Eltern wollen sichergehen, dass ihre Kinder auf dem richtigen Weg sind. Das ist nur natürlich. Innerhalb des normalen Rahmens der sprachlichen Entwicklung von Kindern gibt es große individuelle Schwankungen und Abweichungen, und in diesem Buch haben wir versucht, Ihnen ein Gefühl dafür zu geben. Wir hoffen, damit einen Beitrag zu leisten, Ihre wie auch immer gearteten Ängste beim Vergleich der Entwicklung Ihres bilingualen Kindes mit der monolingualer Altersgenossen abzubauen beziehungsweise erst gar nicht aufkommen zu lassen. Viele Sorgen, die uns Eltern geschildert haben, erwiesen sich im Laufe der Zeit als unbegründet. Wir sind also besonders glücklich, wenn es uns gelingen konnte, Sie vor Kopfschmerzen oder schlaflosen Nächten zu bewahren.

Das Erlernen der Sprache gilt oft als Kriterium für die allgemeine Entwicklung eines Kindes, an dem auch Entwicklungsstörungen wie Autismus oder Lernschwächen gemessen werden. Es ist wichtig für alle Eltern, auf offenkundige Sprachentwicklungsverzögerungen zu achten, ebenso wie darauf, ob die Kinder die Entwicklungsstadien in anderen Bereichen erreichen oder nicht. Das gilt umso mehr, wenn mehrere Entwicklungsbereiche betroffen sind. Mehr über den Spracherwerb und Kinder mit besonderen Bedürfnissen finden Sie weiter unten in diesem Kapitel. Für Kinder, die Schwierigkeiten mit der Sprache haben, gibt es spezialisierte Ärzte und Therapeuten (Logopäden und Sprachpathologen), die man bereits in einem sehr frühen Stadium einschalten kann und sollte. In den meisten Ländern gibt es darüber hinaus Therapeuten, die sich auf Bilingualität spezialisiert haben. Es ist Aufgabe dieser besonders ausgebildeten Spezialisten, Ihnen bei der Suche nach der Ursache eventueller Probleme behilflich zu sein und daran zu arbeiten, dass Kinder mit Sprachverzögerungen jeglicher Art – unabhängig davon, ob sie monolingual, bilingual oder gar multilingual sind – schulischen Erfolg erzielen können.

Was Sie sich aus diesem Abschnitt merken sollten, ist, Sprach- und Entwicklungsstörungen nicht auf die Bilingualität selbst zurückzuführen. Selbstverständlich werden sich die Störungen bei bilingualen Kindern in beiden Sprachen bemerkbar machen, aber die Ursachen können vielfältig sein, etwa auch genetisch. Manche Kinder fangen früher an zu sprechen, andere erst viel später. Dafür kann es zahlreiche Gründe geben, aber das gleichzeitige Erlernen zweier Sprachen wird das Tempo weder verlangsamen noch erhöhen. Eltern sollten stets aufmerksam die Entwicklung ihres Kindes beobachten und sich im Falle des Falles auch nicht scheuen, die Schulpsychologen aufzusuchen, die es in vielen Schulen gibt. Aber es besteht definitiv kein Anlass zu glauben, das zugrunde liegende Problem wäre durch die zweisprachige Erziehung ausgelöst worden.

Merke
Bilingualität verursacht weder Sprachverzögerung noch irgendeine andere Entwicklungsstörung.

Was, wenn Ihr Kind offenbar keinen Fortschritt in der Zweitsprache erzielt?

Manche Kinder saugen Zweitsprachen regelrecht auf, sei es im Englischunterricht in einer öffentlichen Schule, in einer schwedischen Mutter-Kind-Spielgruppe oder ihrem Arabisch-Privatunterricht am Wochenende. Andere brauchen mehr Zeit. Jedes Kind – und jede Lernumgebung – ist einmalig, und es ist unmöglich, genaue Vorhersagen über individuelle Lernfortschritte und Zeitschienen zu treffen. Manche Kinder machen langsam, aber stetig Fortschritte, während andere losrasen wie eine Rakete, aber dann plötzlich auf einem Niveau stecken zu bleiben scheinen. Andere hören vielleicht nur still zu und sagen über Monate kein einziges Wort in der zweiten Sprache. Wie immer die Entwicklung Ihres Kindes ablaufen sollte: Wichtig ist vor allem, dass Sie sich nie entmutigen lassen und am Ball bleiben.

Manchmal kann das allerdings schwierig sein. Eunjin zum Beispiel, eine Koreanerin, die in den USA in Linguistik promoviert, war sich stets bewusst, dass man Sprachen nicht über Nacht lernen kann.

Dennoch erlebte sie die zweisprachige Erziehung ihres Sohnes Christian zeitweise als eine sorgenvolle Zeit. Sie erklärt: „Mein Mann Suk-Young und ich sprechen zu Hause mit Christian ausschließlich Koreanisch. Wir wollten sein Koreanisch unbedingt fördern. Aber als Christian mit etwa 20 Monaten in die Kita kam, wurde ich plötzlich nervös und war mir unsicher, ob er seine Herkunftssprache wirklich lernen sollte. Er verstand damals sehr gut Koreanisch und reagierte auf koreanische Ansprache recht schnell. Aber in der Kita wusste er nicht, was er tun sollte. Wenn ich ihn im Klassenzimmer mit verstörtem Gesicht in der Ecke stehen sah, brach es mir das Herz. Die ersten Tage in der Kita weinte er viel – so wie das auch andere Kinder tun –, aber ich dachte, dass er vielleicht mehr weinen würde als andere, weil er nicht verstand, was die anderen Kinder und die Erzieherin auf Englisch sagten. Ich dachte, das würde sich innerhalb von einer Woche geben, aber es dauerte länger. Jetzt, nachdem er sechs Monate lang die Kita besucht, kann er endlich mit seinen Erziehern kommunizieren. Aber er hinkt den englischsprachigen Kindern in seiner Klasse noch immer ein wenig hinterher."

Christian durchlief etwas, was manchmal als „silent period" oder auch Inkubationsphase bezeichnet wird. Obwohl es von außen nicht so aussehen mag, ist das für das Kind eine sehr aktive Zeit. Während dieser Phase lernen Schüler Laute und Klangkombinationen, Wortgrenzen, Grammatik sowie Vokabular, und sie beobachten, wie man die Sprache in unterschiedlichen Situationen angemessen verwendet. Das Kind ist während dieser Zeit ein dynamischer, stiller Beobachter und lernt aktiv die Bedeutungen in der neuen Sprache. Die Kinder mögen zwar ruhig sein, aber glauben Sie uns: Sie denken.

Aus der Forschung

Die Inkubationsphase oder „silent period"

1998 beschrieb Magdalena Krupa-Kwiatowski in einer Studie die ersten drei Monate, die sie und ihr sechsjähriger Sohn nach ihrem Umzug von Polen in die Vereinigten Staaten durchlebten. Ihr Sohn Martin, in Polen ein kontaktfreudiges und gesprächiges Kind, war ruhig und zurückgezogen und ging nur selten auf seine gleichaltrigen Spielkameraden zu. Während der ersten drei Monate in den USA verwendete Martin verschiedene Strategien, um mit anderen Kindern und mit Erwachsenen in Kontakt zu kommen. So nutzte er andere Personen als Vermittler, indem er etwa einen Erwachsenen dazu aufforderte oder ermutigte, sich einzuschalten, wenn er andere Kinder traf. Wenn zum Beispiel im ersten Stock des Hauses Kinder spielten, bat er seine Mutter, ihn hinaufzubringen, damit sie ihm helfen konnte, mitspielen zu können. Eine andere seiner Strategien war die, Aufmerksamkeit zu erregen. Damit wollte Martin erreichen, dass die anderen Kinder sich länger mit ihm beschäftigten. So imitierte er eine bekannte Fernsehserie, indem er in unterschiedlichen Verkleidungen aus dem Zimmer lief, um so die anderen Kinder zu amüsieren. Beide Strategien ermöglichten es ihm, mehr Zeit beim Spielen mit anderen Kindern zu verbringen, ohne zu viel Englisch sprechen zu müssen.

Martins Sprachverwendung während der Inkubationszeit variierte und war abhängig von den Menschen und der Umgebung. Am Anfang fühlte er sich nur wohl, wenn die Kinder um ihn herum auch Englisch-Anfänger waren. Als er sich ein bisschen besser an seine neue Umgebung gewöhnt hatte und entspannter wurde, begann er langsam mehr mit dem Englischen zu experimentieren. Er übte häufig, und das sowohl alleine als auch mit anderen, indem er ein Wort oder einen Satz immer wieder wiederholte. Er fragte andere polnischsprachige Menschen nach der Bedeutung von Wörtern oder Sätzen. Dann, nach etwa drei Monaten, hatte er genug Selbstvertrauen, um andere Kinder und Erwachsene auf Englisch anzusprechen, auf Fragen oder Aufforderungen zu reagieren und neue Gedanken auszudrücken. Nach drei Monaten endete die „silent period", und er fing an, sehr viel Englisch zu sprechen.

Eltern sollten sich nicht allzu viele Sorgen machen, wenn ihr Kind in den ersten Monaten diese sogenannte „silent period“ durchläuft. Das gilt insbesondere, wenn das Kind in einer immersiven Umgebung ist, in der von ihm erwartet wird, dass es die neue Sprache versteht und anwendet. Das ist normal. Üben Sie keinen Druck aus, und drängen Sie Ihr Kind nicht – das wird die Sache nicht beschleunigen, sondern kann im Gegenteil die Ängste Ihres Kindes verstärken. Lassen Sie Ihrem Kind die Zeit, die es braucht. Wenn es bereit dazu ist und sich damit wohlfühlt, vor allem, wenn es in ausreichendem Umfang und ausreichender Qualität mit der Zweitsprache in Kontakt kommt, wird es von alleine anfangen, in der Zweitsprache zu sprechen. Und wenn es erst einmal angefangen hat, werden Sie sich noch oft genug nach ruhigen Momenten sehnen.

Nach der Inkubationszeit wird Ihr Kind vielleicht schnell Fortschritte machen und dann plötzlich zum Stillstand kommen. Der Spracherwerb ist nur selten ein gleichmäßiger und gleichbleibender Prozess. In manchen Fällen wird das wirken, als seien die Kinder stecken geblieben. Sie machen dann zum Beispiel über Monate hinweg ständig dieselben Fehler (etwa „Er gehte zur Schule"). Dieser sogenannte „Plateau-Effekt" resultiert mitunter auch daraus, dass Ihr Kind nicht in ausreichendem Maße gefordert wird.

Eventuell müssen Sie im Falle einer Phase der Plateaubildung eingreifen und handeln. Es könnte zum Beispiel notwendig sein, dass Sie den Umfang der sprachlichen Zuwendung und Interaktion in der Zweitsprache erhöhen müssen, etwa indem Sie Ihr Kind mehr mit Muttersprachlern der Fremdsprache in Kontakt bringen. Manchmal müssen die Kinder auch der Sprache nur deutlich mehr Aufmerksamkeit widmen, um das Plateau überwinden zu können. Sprachspiele bieten hier eine hervorragende Möglichkeit, die sprachliche Experimentierfreudigkeit Ihres Kindes zu fördern und die Aufmerksamkeit auf bestimmte Grammatik- oder Ausdrucksformen zu lenken. Wenn ein Kind zum Beispiel ein Plateau hat und die Endung -e der Vergangenheitsform für jedes Verb benutzt, egal ob regulär oder irregulär – also etwa gehte anstatt ging –, könnten Sie versuchen ihm zu helfen, indem Sie ihm erst die korrekte Form sagen und dann ein Spiel daraus machen, bei dem Sie beide alle Plätze aufzählen, die Sie gemeinsam an dem Tag besucht haben („Erst gingen wir zum Postamt, dann aßen wir zu Mittag, dann gingen wir zur Bank …"). Diese Art Sprachspiel könnten Sie auch mit Kindern einer privat organisierten Spielgruppe spielen, wenn Sie an der Reihe sind, die Kinderbetreuung zu übernehmen. Im Grunde geht es darum, dass Sie die Aufmerksamkeit Ihres Kindes auf die Bereiche lenken, in dem es wiederholt Fehler macht. Die Forschungsergebnisse zum Zweitsprachenerwerb deuten darauf hin, dass der Lerneffekt bei Kindern längerfristiger ist, wenn sie nicht nur Regeln auswendig lernen, sondern diese auch mit Inhalten verbinden können. Lenken Sie also die Aufmerksamkeit Ihres Kindes auf bestimmte Verbformen, und zwar nicht durch stures Vorbeten der korrekten Formen, sondern durch eine interessante Tätigkeit, wie etwa das gemeinsame Betrachten von Motiven auf dem Display einer Fotokamera, auf denen zu sehen ist, was sie an dem Morgen gemacht haben. Fragen Sie Ihr Kind in der Zweitsprache oder in der schwächeren Sprache, wo es an diesem Tag war (um es dazu zu bringen, die Verbformen zu verwenden: „Ich ging zum ...“), und unmittelbar im Anschluss kehren Sie wieder zu der spaßigen Aktivität zurück, die Fotos gemeinsam anzuschauen.

Ob Kinder nun lediglich ruhig oder kurzzeitig auf einem Lernplateau stecken geblieben sind, all das sind normale Wendungen, Drehungen und Strudel auf der manchmal holprigen Straße des Spracherwerbs. Ihre überlegten Reaktionen und Ihre Unterstützung in diesen Momenten werden Ihrem Kind die Reise erleichtern. Geduld, Hilfestellung und Ermutigung werden ihm dabei helfen, diese Hindernisse erfolgreich zu überwinden.

Was, wenn Ihr Arzt oder Lehrer Ihnen empfiehlt, von diesem „Blödsinn“ mit der Zweisprachigkeit abzulassen?

Fast alle Eltern, die ihre Kinder in mehr als nur einer Sprache erziehen, müssen sich zumindest einmal, wenn nicht häufiger von Lehrern, Erziehern, Kinderärzten oder Schulkrankenschwestern anhören, dass es viel besser für ihr Kind sei, wenn es sich nur auf eine Sprache konzentrieren könnte. Unsere Lieblingsgeschichte dazu hat uns unsere spanische Freundin Christina erzählt. Sie und ihr Mann haben zwei kleine Söhne. Die Jungen sprachen zu Hause in der Hauptsache Spanisch. Als sie also im Alter von etwa zwei Jahren in den USA einen Platz in der der Universität angeschlossenen Kindertagesstätte bekamen, war das für sie eine große Chance. Beide Jungen mussten im Vergleich zu ihren einsprachigen gleichaltrigen Spielkameraden ein wenig Englisch aufholen. So vermerkte etwa einer der Erzieher, dass das englische Vokabular eines Jungen kleiner war als das seiner Mitschüler.

Was wird der Erzieher den Eltern wohl geraten haben? Mehr als einmal hörte Christina von ihm, dass es besser sei, wenn sie zu Hause mehr Englisch mit ihren Söhnen sprechen würde. Die Geschichte ist aufschlussreich, denn diese Kindertagesstätte war von den Schulbehörden der USA als qualitativ hochwertig in jeder Hinsicht zertifiziert worden. Die Warteliste ist enorm lang. Viele der Kinder kommen aus bilingualen Familien. Das gesamte Personal ist sehr gut ausgebildet und unternimmt alle erdenklichen Dinge, um die kulturelle Vielfalt zu fördern. Dennoch lagen sie in dem Punkt daneben. Christina ist eine international anerkannte Wissenschaftlerin im Bereich Bilingualität und Zweitsprachenerwerb. Sie können sich also sicher vorstellen, dass sie es nicht akzeptierte, dass man ihr vorschreiben wollte, ihre Kinder monolingual zu erziehen. Stattdessen bat sie um eine Besprechung mit den Erziehern und der Leitung der Kindertagesstätte, in der sie die Vorteile der Zweisprachigkeit erklärte und darauf hinwies, wie wichtig es in dem Zusammenhang war, dass sie zu Hause weiterhin Spanisch mit ihren Söhnen spräche. Außerdem hielt sie Informationsabende für Angestellte und Eltern ab. Das Ganze endete damit, dass die Schulleitung letztendlich verstand und davon Abstand nahm, den Eltern derartige Empfehlungen zu geben.

Was aber sollen Eltern machen, die ähnliche Empfehlungen bekommen, aber zufällig keine international anerkannten Wissenschaftler sind? Erstens war die ganze Sache auch für Christina, die über einen Doktor in angewandter Sprachwissenschaft verfügt, aufreibend und unangenehm. Niemand möchte seine persönlichen Entscheidungen rechtfertigen müssen – selbst wenn er sich vollkommen sicher ist, dass er das Richtige für sein Kind tut. Zweitens sollten Sie versuchen, Dinge wie diese nicht allzu persönlich zu nehmen. Vorurteile gegen Zweisprachigkeit sind überall auf der Welt verbreitet, insbesondere seitens monolingualer Menschen. Zwar gibt es keinerlei aussagekräftige Studien, die solche Befürchtungen untermauern, aber diese altmodischen Ansichten sind noch immer überall anzutreffen.

Bleiben Sie in einem solchen Fall ruhig. Vereinbaren Sie einen Gesprächstermin mit dem Experten, der Ihnen geraten hat, Ihre Erziehungsziele zu überdenken. Bitten Sie ihn, Ihnen zu erklären, welche exakten Bedenken er im Hinblick auf Ihr Kind hat und in welchem Zusammenhang diese zur Zweitsprache stehen. Vielleicht stellt sich heraus, dass beides überhaupt nichts miteinander zu tun hat. Ein Beispiel: Vielleicht bemerkt der Lehrer, dass Ihr Kind sich schwertut, Freundschaften zu schließen. Er führt das darauf zurück, dass Ihr Kind die Sprache, die in der Schule gesprochen wird, nicht perfekt beherrscht. Sie als Eltern jedoch kennen Ihr Kind besser. Möglicherweise wissen Sie, dass Ihr Kind in anderer, außerschulischer Umgebung keinerlei Kontaktprobleme mit Gleichaltrigen hat und in der Nachbarschaft viele Freunde hat, dass es aber dennoch viele Dinge lieber alleine tut. In dem Fall steht also das sogenannte Problem in keinem Zusammenhang mit der Sprache.

Vielleicht erklären Sie aber auch einfach, was genau Sie machen und warum Sie das tun (überfliegen Sie vorher noch einmal Kapitel 1 und 6). Sie könnten dem zweifelnden Experten sogar dieses Buch ausleihen. Manchmal reicht es schon aus, wenn derjenige versteht, was vor sich geht. Und wer weiß: Vielleicht teilt er am Ende sogar Ihre Ansicht und unterstützt Sie beim Erreichen Ihrer Ziele.

Aber bisweilen hilft der beste Erklärungsversuch nicht, und so sollten Sie sich in jedem Fall ein dickes Fell zulegen, um in der Lage zu sein, die wohlgemeinten Vorschläge und Anmerkungen anderer zu ignorieren. Die meisten Ratschläge von Verwandten und Bekannten, wie Sie Ihr Baby dazu bringen können, die Nacht durchzuschlafen oder ihm den Schnuller abzugewöhnen, haben Sie ja sicher auch ignoriert. Sie wussten, dass jeder nur das Beste für Sie und Ihr Baby wollte, aber die Vorschläge waren in Ihrem Falle nicht die richtigen. Nach der Lektüre dieses Buches verfügen Sie über umfassendes Wissen zum aktuellen Stand der Forschung, die zum Thema Kinder und Spracherwerb durchgeführt wurde und wird. Und vergessen Sie nicht: Wenn es um Ihr Kind geht, sind Sie selbst der beste Experte. Lassen Sie sich also nicht von anderen irritieren und folgen Sie Ihrem Gespür!

Was, wenn Ihr Kind besonderer Förderung bedarf?

Wenn Ihr Kind einer besonderen zusätzlichen Förderung bedarf, wissen Sie wahrscheinlich bereits, dass es im Handel unzählige Bücher für Eltern gibt, die Ihnen erklären, wie man die unterschiedlichen Entwicklungsstörungen diagnostiziert und behandelt und auch, welchen Einfluss sie auf den Erstsprachenerwerb haben.

Es gibt eine Vielzahl unterschiedlicher Entwicklungsstörungen, von Hörproblemen bis zu Autismus, dem Aufmerksamkeitsdefizitsyndrom ADS und spezifischen Sprachstörungen (SLI). Die Symptome und Ursachen all dieser Entwicklungsstörungen sind sehr unterschiedlich, aber was allen offenbar gemein ist: Sobald ein potenzielles Problem identifiziert wird, empfehlen Kinderärzte, Lehrer und Sprachtherapeuten meist, dass die Familie auf die Zweitsprache verzichten und zur Monolingualität wechseln solle. Ihre Begründung dafür ist, dass Kinder mit Entwicklungsstörungen auch ohne die zusätzliche Belastung einer Zweitsprache genug Herausforderungen und Probleme zu bewältigen hätten und dass ihnen das leichter fallen würde, wenn sie sich lediglich mit einer einzigen Sprache auseinandersetzen müssten. Aus ihrer Sicht ist die Beherrschung von zwei Sprachen eine zusätzliche und unnötige Belastung für ein Kind, das ohnehin schon zu kämpfen hat.

Intuitiv ist man sicher geneigt, dieser Meinung zuzustimmen. Wir glauben aber, dass es wichtig ist, sich zu vergegenwärtigen, dass in dem Bereich bisher nur *sehr* wenige wissenschaftliche Studien durchgeführt wurden. Außerdem sollten Sie jede Empfehlung, die Sie erhalten, im weiteren Kontext des Lebensumfeldes Ihres Kindes sehen, um sie wirklich beurteilen zu können. Ärzte und Sprachtherapeuten sind dazu ausgebildet, die Entwicklung bestimmter Verhaltensweisen und Fähigkeiten im Detail zu beobachten und zu überprüfen. Im Normalfall haben sie weder die Ausbildung noch die Zeit, das familiäre, soziale und emotionale Umfeld der Kinder in ihre Diagnose und Therapieempfehlung mit einzubeziehen. Und für viele Kinder würde der Verzicht auf die Zweitsprache erhebliche Opfer mit sich bringen. Zum Beispiel würde das in manchen Familien bedeuten, dass die Kinder nicht mehr mit ihren Großeltern kommunizieren können, die ja häufig eine wichtige emotionale Stütze für Eltern und Kinder sind. In anderen Familien wären in der Hauptsache die Geschwister betroffen, die ja ihrerseits auf die Zweitsprache und damit auf die Chance, bilingual zu werden, verzichten müssten. Und in manchen Familien verfügen die Eltern selbst über viel zu wenige Kenntnisse der Umgebungssprache. In einem solchen Falle auf die Zweitsprache zu verzichten würde bedeuten, dass die Eltern ausschließlich ihre schwächere Zweitsprache sprechen müssten. Und bedenkt man, wie wichtig es ist, dass Kinder reiche sprachliche Erfahrungen machen, scheint dieser Weg wohl kaum der geeignete zu sein. Es ist wichtig, dass Sie als Eltern jedes einzelne Teil des Puzzles in Ihre Überlegungen mit einbeziehen – im Idealfall gemeinsam mit Ihrem Kinderarzt oder Sprachtherapeuten –, um dann eine fundierte Entscheidung treffen zu können.

Eltern von Kindern mit Entwicklungsstörungen sollten sich auch immer wieder bewusst machen, dass im größten Teil der Welt alle Kinder automatisch zwei- oder sogar dreisprachig aufwachsen – auch diejenigen mit Entwicklungsstörungen. In vielen Ländern und Familien besteht erst gar nicht die Möglichkeit, sich auf eine einzige Sprache zu konzentrieren. Schließlich sollten Sie auch bedenken, dass die Bedürfnisse jedes Kindes individuell und unterschiedlich sind – ebenso wie das jeweilige soziale, kulturelle und sprachliche Umfeld des Kindes. Es existiert keine allgemeingültige Lösung, und bedauerlicherweise gibt es kaum Forschungen zum frühkindlichen Zweitsprachenerwerb bei entwicklungsgestörten Kindern. Dennoch sind sich wohl die meisten Forscher und Fachleute einig, dass eine intensive, interaktive und angemessen komplexe verbale Stimulation für alle Kinder wichtig und sinnvoll ist und dass daher – insbesondere im Falle von herkunfts- und gemischtsprachigen Familien – die Bilingualität nicht zwangsläufig auf der Strecke bleiben muss. Sicher gibt es auch immer wieder Fälle, in denen es tatsächlich angeraten ist, auf eine monolinguale Erziehung umzusteigen. Aber bevor Sie diesen Schritt gehen: Suchen Sie den Rat von Sprachpathologen, Logopäden, Psychologen oder Kinderärzten, die sich auf den Spracherwerb bei bilingual aufwachsenden Kindern spezialisiert haben. Und vergessen Sie dabei nie, dass auch Sie ein Experte für die speziellen Bedürfnisse Ihres Kindes sind!

Übung
Zusammensetzen der Puzzlesteine zu einem Gesamtbild für Ihr entwicklungsgestörtes Kind

1. *Was sind die besonderen Kommunikationsbedürfnisse Ihres Kindes? Welche Ziele oder Vorteile erreichen Sie durch die Einführung oder Aufrechterhaltung einer zweiten Sprache?*
2. *Wie wird sich die Verwendung einer einzigen oder zweier Sprachen auf Sie selbst, Ihr Kind, Ihre Familie, Ihr Umfeld und Ihre Schule auswirken?*
3. *Was sind die Stärken Ihres Kindes?*
4. *Was sind die Schwächen Ihres Kindes?*
5. *Welche Arten von Unterstützung und Förderung gibt es jeweils in den beiden Sprachen?*
6. *Was wird verloren gehen, wenn Sie ausschließlich auf das Deutsche wechseln (zum Beispiel die Beziehung zu den Großeltern)?*
8. *Wie viel Zeit, Energie und zusätzliche Unterstützung werden Sie benötigen, um in beiden Sprachen ein ausreichendes, reiches Sprachangebot gewährleisten zu können?*
9. *Schätzen Sie Ihr Kind ein: Wie reagiert es auf zwei Sprachen? Wie kommt es damit zurecht?*

(nach Toppelberg u. a. 1999)

Wir fassen zusammen

Als Eltern werden Sie in der Erziehung Ihrer Kinder häufig vor unvorhersehbare und oft auch anstrengende Aufgaben gestellt. Die besonderen Herausforderungen, die durch Ihre sprachlichen Pläne entstehen, zeigen sich früher oder später in jeder Familie. Es ist wichtig, dass Sie sich der Vorteile der Bilingualität bewusst bleiben, den längerfristigen Nutzen abwägen und Ihren Ansatz und die Herangehensweise flexibel auf die individuellen Bedürfnisse und Fähigkeiten Ihres Kindes abstimmen.

Merke

- Die Herausforderungen, die wir im Leben zu bewältigen haben, sind nicht zwangsläufig unüberwindbare Hindernisse für die Zweisprachigkeit Ihres Kindes.
- Vergessen Sie nicht, dass es normal für Kinder ist, in einer immersiven Umgebung zunächst durch eine Inkubationsphase zu gehen, in der es mehr zuhört und selbst weniger sagt.
- Bleiben Sie sich der Vorteile der Bilingualität bewusst, wenn Sie Entscheidungen darüber treffen müssen, ob Sie den zweisprachigen Weg weiterverfolgen oder verlassen.

11
Was muss ich über Trilingualität und Dialekte wissen?

In Ländern wie den Vereinigten Staaten von Amerika, Deutschland, Großbritannien, Japan und Korea wurde Monolingualität, also das Sprechen von nur einer einzigen Sprache, lange für richtig und „normal“ gehalten oder gar nicht hinterfragt. Diese Auffassung verändert sich langsam, denn viele Familien werden – gewollt oder ungewollt – immer internationaler und kulturell sowie sprachlich vielfältiger und daher auch sprachbewusster. Dennoch halten viele Menschen die Beherrschung von zwei, drei oder mehr Sprachen – also Bilingualität, Trilingualität oder Multilingualität – für etwas Elitäres, Exotisches, Außergewöhnliches oder gar Abnormales. Diese Meinung ist weit verbreitet, lässt aber außer Acht, dass es auf der ganzen Welt Kinder gibt, die von selbst kompetente Sprecher mehrerer Sprachen werden – einfach dadurch, dass sie regelmäßig Erfahrungen in diesen Sprachen machen und in ihnen interagieren. In weiten Teilen der Welt ist Bilingualität oder Trilingualität üblich, unspektakulär und die Norm.

Es ist sehr gut möglich, mehr als zwei Sprachen zu lernen

Bedenkt man, dass in weniger als 200 Ländern insgesamt mehr als 6000 Sprachen gesprochen werden, erscheint Multilingualität zwangsläufig. So sprechen zum Beispiel 90 Prozent der Bevölkerung in afrikanischen Ländern wie Nigeria regelmäßig mehr als nur eine Sprache. Die Schweiz hat drei offizielle Landessprachen (Französisch, Deutsch und Italienisch) und eine vierte nationale Sprache (Rätoromanisch). Viele Länder in Asien sind ebenfalls multilingual. Kinder aus Afrika, der Schweiz und Asien sind nicht von Geburt an besser ausgestattet oder schlauer als Kinder in Deutschland – ihre Gehirne und Münder sind nicht von Natur aus leistungsfähiger. Diese Kinder werden multilingual, weil sie einen Grund dafür haben. Mit „Grund“ meinen wir sowohl die Möglichkeit als auch den Ansporn, in mehr als nur einer Sprache zu kommunizieren und zu interagieren. Kinder in Luxemburg etwa sprechen normalerweise zu Hause mit ihren Eltern und ihrer Familie luxemburgisch. Wenn sie in die Schule kommen, fangen sie an, Deutsch, Französisch und Englisch zu lernen. Ein Kind in Singapur spricht möglicherweise zu Hause mit seinen Eltern nur Tamil, bis es in die Schule kommt. In der Schule ist dann Englisch die Unterrichtssprache, und meist lernen die Kinder später auch noch Chinesisch.

Kinder dieser Länder sind keine außergewöhnlichen Alleskönner. Sie sind normale, gewöhnliche Kinder. Wenn Ihr Kind bilingual oder trilingual ist, befindet es sich also in guter Gesellschaft. Die meisten Kinder auf der Welt wachsen umgeben von mehr als nur einer Sprache auf. Die Tatsache, dass so viele Kinder mit Leichtigkeit mehrere Sprachen lernen, zeigt, dass drei oder mehr Sprachen für die große Mehrheit der Kinder keine außergewöhnlichen Probleme, Risiken oder Bedrohungen mit sich bringen. Aus wissenschaftlicher Sicht gibt es dafür Millionen von Belegen. Wo immer sie also leben, sollten Eltern, die ihre Kinder multilingual erziehen möchten, sich ein Herz fassen und genau das wagen. Denn in vielerlei Hinsicht ist Multilingualität nichts Besonderes, bestimmt nichts Riskantes und in jedem Falle im Rahmen des Möglichen.

Der Erwerb von drei oder mehr Sprachen unterscheidet sich in vielen Dingen nicht sehr vom Erwerb von zwei Sprachen. So formulieren dreisprachig aufwachsende Kinder normalerweise ihre ersten Worte genau dann, wenn auch monolinguale Kinder anfangen zu sprechen. Und ebenfalls zur gleichen Zeit fangen sie an, diese ersten Worte in Zwei-Wort-Sätzen wie etwa „nicht schlafen“ oder „will Keks“ zu verknüpfen.

Aus der Forschung

Multilinguale Kinder – einige überwältigende Erfolgsgeschichten

Viele Sprachforscher haben ihre eigenen Kinder genau beobachtet. Indem sie Unmengen von Daten gesammelt haben (wie sie nur Eltern selbst bekommen konnten), wie etwa systematische wöchentliche Audio- und Video-Aufzeichnungen alltäglicher Situationen in der Familie, haben diese Forscher einen großen Beitrag dazu geleistet, dass wir heute Multilingualität besser verstehen können. Hier sind einige Beispiele:

- Im Jahr 2000 beobachtete Jean-Marc DeWaele seine eigene Tochter, Livia. Sie lernte vier Sprachen – Niederländisch, Französisch, Englisch und Urdu. Ihre Mutter sprach mit ihr Niederländisch, ihr Vater Französisch. Englisch war die Umgebungssprache im Raum London, Urdu die Muttersprache ihres Kindermädchens, das sie zwei Jahre lang betreute – vom Alter von fünf Monaten an, bis sie etwa zweieinhalb Jahre alt war. DeWaele berichtete, dass Livia als Kleinkind mit ihren Puppen spielte und ihnen Abzählreime und Sätze in allen vier Sprachen erzählte. Inzwischen ist Livia acht Jahre alt, und DeWaele berichtete vor Kurzem, dass sie nun nur noch drei Sprachen verwendet, weil sie nicht mehr mit ihrem urdusprachigen Babysitter kommuniziert.
- 2006 veröffentlichte Madalena Cruz-Ferreira ein Buch über die dreisprachige Erziehung ihrer Kinder in Schwedisch, Portugiesisch und Englisch. Sie selbst sprach ausschließlich Portugiesisch mit den Kindern, ihr Ehemann Schwedisch, und die Familie zog nach Singapur, wo Englisch die Umgebungs- und Schulsprache war. Als der jüngste Sohn in Singapur in die Schule kam, begannen die drei Kinder untereinander Rnglisch zu sprechen, aber mit ihren Eltern sprachen sie weiterhin Portugiesisch und Schwedisch.

In manchen der besonders erfolgreichen Fälle führen außergewöhnliche Umstände dazu, dass die Familie multilingual wird. Wir kennen zum Beispiel eine Familie, deren Tochter Nora erfolgreich vier Sprachen lernte. Die Familie lebte in Stockholm, die Mutter Maria war aus Spanien und der Vater Fabrizio aus Italien. Da Maria und Fabrizio sich während ihres Universitätsstudiums in London getroffen und auch dort geheiratet hatten, war die Sprache ihrer persönlichen Beziehung immer Englisch. Nach dem Studienabschluss zogen sie der Arbeit wegen nach Stockholm. Als ein paar Jahre später ihre Tochter Nora geboren wurde, sprach Maria mit ihr immer auf Spanisch, während Fabrizio Italienisch mit Nora sprach. Die Eltern untereinander verwendeten weiterhin Englisch. Als Nora im Alter von einem Jahr in eine staatliche Kindertagesstätte kam, begann sie Schwedisch zu lernen. Nora ist nun sieben Jahre alt und spricht alle vier Sprachen fließend.

Das ist mehr als bemerkenswert, aber natürlich sollten wir fair bleiben: Maria und Fabrizio hatten einige große Vorteile und ungewöhnlich gute Umstände, die die Viersprachigkeit ihrer Tochter förderten. So sind zum Beispiel beide Elternteile selbst trilingual (spanisch, italienisch und englisch) – es fühlte sich also nie jemand bei einem Gespräch zu Hause ausgeschlossen. Außerdem wohnten die Angehörigen beider Elternteile nicht allzu weit entfernt, sodass sie entweder per Zug oder Flugzeug rasch zu erreichen waren. Wahrscheinlich war es für Nora auch von Vorteil, dass die vier Sprachen nur zwei Sprachfamilien angehörten (Spanisch und Italienisch sind romanische, Englisch und Schwedisch germanische Sprachen). Außerdem war Nora ein gesprächiges kleines Mädchen, das mit Begeisterung alles nachplapperte, was man ihr vorsagte, und auf jede Art von verbaler Stimulation und Interaktion innerhalb und außerhalb der Familie reagierte.

Ihre Eltern haben allen Grund, stolz auf die kleine Nora zu sein, aber dennoch ist sie kein außergewöhnliches Genie. Sie hatte lediglich das Glück, in ideale Umstände für Quadrolingualität hineingeboren worden zu sein. Unter ähnlichen Umständen und mit ungefähr denselben Möglichkeiten und Anreizen würden die meisten anderen Kinder ebenfalls alle vier Sprachen erwerben. Aber auch Eltern, die nicht in solchen Gegebenheiten leben (also zum Beispiel Eltern, die in einer monolingualen Gesellschaft leben), sollten nicht daraus schließen, dass Multilingualität für ihre Kinder ein unerreichbares Ziel bleiben wird.

Merke
Multilingualität stellt für Kinder kein Risiko dar – auch drei oder mehr Sprachen zu lernen unterscheidet sich nicht erheblich vom Spracherwerb von nur einer oder zwei Sprachen.

Sie können ohne Weiteres dieselben Ziele erreichen, und das ist nicht einmal schwierig, wenn man sich an einige Grundregeln hält. Während das meiste, was wir in diesem Buch über Bilingualität geschrieben haben, sich in gleichem Maße für Eltern (und Kinder) eignet, die mit mehr als zwei Sprachen arbeiten, werden wir uns an der Stelle ausschließlich den speziellen Herausforderungen und Möglichkeiten der Multilingualität widmen. Damit beziehen wir auch zwei unterschiedliche Dialekte derselben Sprache mit ein.

Eine erfolgreiche Förderung der Multilingualität erfordert häufig eine spezielle Sprachpolitik in der Familie

Schon der Versuch, nur zwei Sprachen in der täglichen Konversation zu pflegen, gleicht bisweilen einem Balanceakt. Und das gilt in noch stärkerem Maße für Eltern, die drei oder mehr Sprachen zu bewältigen haben. Der größte Unterschied zwischen der Förderung von Bilingualität und Trilingualität liegt darin, dass drei Sprachen von den Eltern noch mehr Anleitung und Aufmerksamkeit erfordern. Wenn die verbale Stimulation nicht in allen Sprachen gleichmäßig ist, werden Kinder, die drei oder mehr Sprachen lernen, wahrscheinlich mindestens eine nur passiv beherrschen. Ein Beispiel: Wenn ein trilinguales englisch-arabisch-persisches Kind jeden Tag in Englisch und Persisch Unterhaltungen führt, dabei das Arabische aber nur hört, und noch dazu nur am Wochenende, wird es lange benötigen, um eine aktive Kompetenz in dieser Sprache zu entwickeln. Anders ausgedrückt: Es wird das Arabische zwar verstehen, es aber wahrscheinlich nicht nutzen, um zu kommunizieren.

Die Herausforderung für Eltern eines angehenden multilingualen Kindes liegt weniger darin, das Kind dazu zu bringen, mit dem Sprechen anzufangen. Stattdessen müssen sie sicherstellen, dass ihre Kinder alle Sprachen in ungefähr derselben Quantität und Qualität erleben und anwenden können. Mit Quantität meinen wir die Zeit, in der sie mit der jeweiligen Sprache in Kontakt kommen; so sollte ein Kind, das trilingual erzogen wird, in etwa ein Drittel seiner Wachzeit mit jeder der drei Sprachen verbringen. Mit Qualität meinen wir die Sprachtypen, die es hört, und insbesondere die Arten der Interaktion in jeder der drei Sprachen.

In multilingualen Ländern wie Nigeria und Luxemburg ist das nicht besonders schwierig. Die Kinder hören ständig zwei oder mehr Sprachen und haben regelmäßig die Möglichkeit, diese Sprachen in der Interaktion mit Nachbarn, Spielkameraden und Eltern anzuwenden. In diesen Ländern ist Multilingualität die gesellschaftliche Norm. Was aber passiert, wenn Sie in einem überwiegend monolingualen Land oder einer einsprachigen Umgebung leben? Wie können Sie sicherstellen, dass Ihr Kind die verbale Stimulation und die Möglichkeiten zur Unterhaltung erhält, um multilingual werden zu können? Nehmen wir an, eine Familie lebt in Italien. Die Mutter spricht mit dem Kind vielleicht ausschließlich Deutsch, der Vater nur Französisch. Das Kind erwirbt dann die dritte Sprache, das Italienische, durch den Kontakt mit Freunden, Spielgruppen, in der Vorschule und in der Nachbarschaft. Diese Sprachpolitik und insbesondere das Prinzip „eine Person – eine Sprache" (siehe Kapitel 6) sind sinnvoll und manchmal sogar notwendig, um ein gleichmäßiges, ausreichendes und aktives Sprachangebot in jeder Sprache sicherzustellen und so die Multilingualität erfolgreich zu fördern.

Ein anderer Weg besteht darin, nach Alternativen außerhalb der Familie zu suchen, in denen Ihr Kind die Sprache anwenden kann – zum Beispiel Sprachkurse für Kinder, Spielgruppen und multilinguale Babysitter. All das sind hervorragende Möglichkeiten, die Ihrem Kind erlauben, die Sprachen zu hören und zu verwenden. Aber dennoch: Auch hier müssen einige grundlegende Punkte beachtet werden.

Denken Sie über die Ziele nach, die Sie mithilfe der Multilingualität anstreben

Eltern, die ihre Kinder multilingual erziehen wollen, sollten sich unter anderem das Folgende fragen: Was wollen wir – im Hinblick auf die Sprache – für unsere Kinder erreichen? Wollen wir, dass sie alle drei Sprachen flüssig beherrschen? Wollen wir lediglich, dass sie Begeisterung für Fremdsprachen entwickeln? Natürlich gibt es auf diese Fragen keine richtigen oder falschen Antworten, aber Ihre Antworten nehmen mit Sicherheit Einfluss darauf, wie Sie Ihre Kinder an Fremdsprachen und ihren Gebrauch heranführen. Kristen und Miguel zum Beispiel sind ein amerikanisches Paar, das in den Vereinigten Staaten lebt. Sie haben einen dreijährigen Sohn, Lucas. Sowohl Kristen als auch Miguel sind englische Muttersprachler, und beide sprechen ein wenig Spanisch, jedoch eher auf Anfängerniveau. Sie selbst hatten einige Schwierigkeiten mit dem Fremdsprachenerwerb in der Schule oder als Erwachsene und möchten ihrem Sohn das ersparen. In der Hoffnung, ihm damit sowohl eine Begeisterung für fremde Sprachen zu vermitteln, als auch einen Bildungsvorsprung zu geben, würden sie Lucas gern mehrsprachig erziehen. Ihr Ziel ist es, dass er möglichst viele Sprachen möglichst flüssig beherrscht. Daher führen sie ihn zusätzlich zu seiner Muttersprache Englisch jetzt an drei weitere Sprachen heran. Er besucht jeden Sonntag Japanischunterricht und täglich nach der Schule zwei Stunden lang eine rein spanischsprachige Spielgruppe. Außerdem haben sie jeden Dienstag einen tagalogsprachigen Babysitter von den Philippinen. Und sie fragen sich: *Reicht das aus, um Lucas dabei zu helfen, alle vier Sprachen zu lernen?*

Kristen und Miguel stellen sich damit eine wichtige Frage. Unsere Antwort: Wenn Miguel und Kristen mit ihren Bemühungen lediglich erzielen wollen, dass Lucas eine Begeisterung für Fremdsprachen entwickelt, dabei viele andere Kinder trifft und die Möglichkeit erhält, mehr über die Welt zu erfahren, wird er sich vielleicht später, wenn er älter ist, weiter für Sprachen interessieren und sie vielleicht auch intensiver lernen. Aber: Wenn Miguel und Kristen wollen, dass Lucas lernt, alle vier Sprachen (Englisch, Japanisch, Spanisch und Tagalog) wirklich gleich gut zu sprechen, sollten sie noch einmal über ihren Ansatz nachdenken. Wenn Kinder aktive Sprecher all ihrer Sprachen werden sollen, ist es wichtig, dass sie alle in ungefähr demselben Umfang hören und anwenden. Im Falle von Lucas sind seine Kontaktzeiten mit den jeweiligen Sprachen nicht ausgeglichen; er wird wahrscheinlich dominant englischsprachig werden und womöglich auch das Spanische recht gut beherrschen, denn das sind die einzigen Sprachen, die er regelmäßig verwendet. Er wird zweifelsohne auch lernen, Japanisch und Tagalog ziemlich gut zu verstehen, vielleicht wird er auch einige wenige Schlüsselworte sprechen. Aber die Chancen, dass er die beiden Sprachen so gut wie das Englische oder Spanische beherrschen wird, sind gering.

Nachdem wir dies mit Kristen und Miguel besprochen hatten, überdachten sie das Ganze noch einmal. Schließlich beschlossen sie, dass es für sie besonders wichtig sei, dass Lucas das Englische und Spanische so flüssig wie möglich lernen solle. Unter Berücksichtigung dieses Ziels und auch der Tatsache, dass keiner der beiden Elternteile flüssig Spanisch spricht, entschieden sie sich, die Japanischklassen aufzugeben und den tagalogsprachigen Babysitter zu entlassen. Stattdessen engagierten sie einen spanischsprachigen und meldeten Lucas für den Spanischunterricht an. Anders ausgedrückt: Sie optimierten die sprachlichen Bedingungen und den Umfang der sprachlichen Erfahrung in der Zweitsprache (Spanisch), damit er diese so flüssig wie möglich beherrscht, bevor er eine weitere Sprache kennenlernt. Damit erhält ihr Sohn die bestmögliche Chance, eine hohe Sprachkompetenz sowohl im Englischen als auch im Spanischen zu erwerben. Die Eltern setzen sich jetzt mit ihrer gesamten Kraft für dieses eine Ziel der Zweisprachigkeit ein – und die Erfolgschancen sind damit viel höher, als wenn sie versuchen würden, ihre Zeit und Energie auf eine größere Anzahl von Sprachen aufzuteilen.

Selbstverständlich eignet sich dieser Ansatz nicht gleichermaßen für alle Familien. Wenn die Eltern in einer Umgebung leben, die Multilingualität fördert (wenn es sich zum Beispiel um ein multilinguales Land oder eine multilinguale Familie handelt), ist es nicht notwendig, sich auf nur zwei Sprachen zu konzentrieren. Wie wir zu Beginn des Kapitels hervorgehoben haben, ist Multilingualität weit verbreitet und überstrapaziert keinesfalls das kindliche Gehirn. Dasselbe ist der Fall, wenn die Eltern nicht darauf erpicht sind, dass ihr Kind mehr als zwei Sprachen wirklich fließend erlernt. In diesem Falle wäre es nicht nötig, den tagalogsprachigen Babysitter durch einen spanischsprachigen zu ersetzen oder den Japanischunterricht abzubrechen. Allerdings sollten sich die Eltern in einem solchen Fall überlegen, ob es nicht sinnvoll wäre, die beiden schwächeren Sprachen ein wenig mehr zu unterstützen und die Kontaktzeit mit diesen Sprachen zu erhöhen.

Wir sehen also: Das Erlernen von mehr als zwei Sprachen stellt Eltern und Kinder vor einige besondere Herausforderungen. Eltern sollten daher sorgsam darüber nachdenken, welche Ziele realistisch und erreichbar sind, und entsprechend planen. Im Falle mancher Familien (zum Beispiel für Maria, Fabrizio und Nora) ist das Erlernen von drei oder mehr Sprachen von Anfang an sinnvoll, da in ihrer speziellen Situation jeder Sprache eine Bedeutung zukommt und jede Sprache ihren eigenen Raum zur Entfaltung hat. Bei anderen Familien (wie etwa Kristen, Miguel und Lucas) ist es wahrscheinlich besser, sich zunächst auf zwei Sprachen zu konzentrieren. Aber wenn Ihre Familie zum letzteren Typ gehört und Sie sich eigentlich für Ihr Kind noch weitere Sprachen wünschen, können Sie Mut schöpfen. Denn wie wir im nächsten Absatz zeigen werden, ist die Beherrschung von zwei Sprachen ganz offensichtlich eine ideale Voraussetzung, um eine dritte zu lernen.

Aus der Forschung

Bilinguale sind beim Erlernen einer dritten Sprache im Vorteil

1994 führten Jasone Cenoz und José Valencia eine Studie an 320 Jugendlichen im Alter von 17 bis 19 Jahren durch, um den Effekt der bilingualen Erziehung (in dem Falle Spanisch und Baskisch) auf den Erwerb einer dritten Sprache (Englisch) zu bestimmen. Sie fanden heraus, dass Bilingualität (und darüber hinaus natürlich noch weitere Faktoren, wie etwa Motivation und Kontaktzeit mit der Sprache) positiv mit dem Englisch-Lernerfolg in Zusammenhang stehen. Die bilingualen Schüler hatten in der Schule weitaus weniger Schwierigkeiten, Englisch zu lernen, als die monolingualen.

Wenn man zwei Sprachen beherrscht, ist es einfacher, eine dritte zu lernen

Immer mehr Wissenschaftler kommen zu dem Ergebnis, dass Bilingualität das Erlernen einer weiteren, dritten oder sogar vierten Sprache nicht verhindert, sondern sogar begünstigt. Warum sind Bilinguale beim Sprachenerwerb gegenüber Monolingualen im Vorteil? Die genauen Gründe kennt man noch nicht, aber es scheint wahrscheinlich, dass Bilinguale ihren Vorteil durch die sprachlichen Erfahrungen in mehr als nur einer Sprache erwerben, also durch Hören, Sprechen und

Lernen in mehreren Sprachen. Wenn ein Kind eine Zweitsprache lernt, lernt es nicht nur, wie man sie spricht und anwendet. Es eignet sich dabei auch einige übergreifende Strategien an, wie man Sprachen erlernt. Und viele der Prozesse und Strategien, die sich ein Kind automatisch beim Erlernen der Zweitsprache aneignet, kann es später auch beim Erlernen einer dritten Sprache einsetzen.

Wie wir in Kapitel 1 erwähnt haben, lassen aktuelle Forschungsergebnisse den Schluss zu, dass Bilinguale über eine größere kognitive Flexibilität und über ein besseres metalinguistisches Verständnis verfügen. Und diese Fähigkeiten sind es, die ihnen das Erlernen einer weiteren Sprache erleichtern. Möglicherweise ist es darüber hinaus ein Vorteil, dass Bilinguale bereits wissen, dass zwei unterschiedliche Wörter sich auf ein und dasselbe Objekt beziehen können (zum Beispiel, dass das pelzige Tier, das man im Deutschen Katze nennt, auf Französisch chat genannt wird). Sie sind also besser in der Lage, Wörter und Bedeutungen miteinander in Verbindung zu setzen.

Welche Gründe letztendlich auch ausschlaggebend sein mögen, es scheint eine Tatsache zu sein, dass die Kenntnis von zwei Sprachen das Erlernen einer dritten begünstigt. Kurz gesagt, manche der Anstrengungen, die Kinder beim Erlernen ihrer Zweitsprache aufbringen müssen, werden es ihnen später erleichtern, auch die dritte Sprache zu lernen. Was aber, wenn zwei der drei Sprachen ähnlich sind (wie zum Beispiel die unterschiedlichen Ausprägungen des Französischen in Frankreich, Kanada und Haiti)? Treffen die oben aufgeführten Forschungsergebnisse auch hier zu? Um die Frage zu beantworten, müssen wir uns zunächst mit dem Unterschied zwischen Dialekt und Sprache beschäftigen und damit, wie sich das auf die betroffenen Familien auswirkt.

Wenn eine Familie einen bestimmten Dialekt vorzieht, ist das eine individuelle, persönliche und wichtige Entscheidung

Alle Sprachen und alle Dialekte auf der Welt sind gleichermaßen komplex und systematisch. Es gibt viele Punkte, über die sich Linguisten nicht einigen können, aber wir alle sind uns einig, dass es so etwas wie minderwertige oder untergeordnete Sprachen und Dialekte nicht gibt. Dennoch bedeutet die Tatsache, dass zwei Sprachen aus linguistischer Sicht gleichwertig sind, nicht auch, dass sie sozial gleichwertig sind. Sprachen, und insbesondere Dialekte, werden mit unterschiedlichem sozialem Prestige assoziiert. Auch dieser Punkt kann für Eltern einen Grund zur Besorgnis darstellen, und wie wir weiter unten noch erläutern werden, wirkt er sich in nicht unerheblichem Maße auf zweisprachige Erziehung aus.

Merke
Viele der Fähigkeiten, die Kinder entwickeln, wenn sie eine Zweitsprache lernen, können ihnen dabei helfen, auch eine dritte Sprache zu lernen.

Eine Frage, die uns Eltern häufig stellen, ist die folgende: „Wie sehr müssen sich die Dialekte voneinander unterscheiden, um als unterschiedliche Sprachen angesehen werden zu können?“ Wir kennen zum Beispiel eine Familie, die versuchte, ihre drei Kinder (den dreijährigen Nicolas und die Zwillingsbabys Sebastian und Matteo) zweisprachig italienisch und englisch aufzuziehen. Die Mutter, Hilary, ist aus Chicago, und der Vater, Vincenzo, stammt aus Zentralitalien. Die Familie lebt nun in Los Angeles. Aber sie verbringen jedes Jahr im Sommer mehrere Monate bei Vincenzos Familie in Italien. Vincenzo und seine Verwandten (um genauer zu sein, sogar das ganze Dorf) sprechen einen italienischen Dialekt, den man Marchegiano nennt und der sich vom Hochitalienischen ziemlich unterscheidet. Hilary und Vincenzo machen sich manchmal Gedanken darüber, welche Version des Italienischen sie mit ihren Söhnen sprechen sollten, und auch darüber, ob unter Berücksichtigung der erheblichen Unterschiede zwischen den beiden Versionen das Marchegiano als eine eigene Sprache angesehen werden könne. Anders ausgedrückt: Wenn alle drei Söhne alle drei Varianten beherrschen (Hochitalienisch, Marchegiano und Englisch), sind sie dann nicht eigentlich trilingual? Um das beantworten zu können, müssen wir uns zunächst mit einer anderen Frage beschäftigen: Was genau ist eine „Sprache“?

Was ist eine Sprache?
Wie können wir bestimmen, ob zwei Varianten unterschiedliche Sprachen oder verschiedene Dialekte derselben Sprache sind? Man könnte sich der Frage nähern, indem man einen italienischen Muttersprachler, der selbst Hochsprache spricht (sagen wir, einen Geschäftsmann aus Mailand), bittet, jemandem zuzuhören, der so wie Vincenzo Marchegiano spricht, und danach zu sagen, wie viel er von dem Gehörten verstanden hat. Durch diese Art von Test können wir einen Eindruck davon erhalten, inwiefern die Betroffenen selbst die beiden Sprachvarianten als gegenseitig verständlich einstufen. Wenn sich die Sprecher beider Varianten tatsächlich gegenseitig verstehen, könnten wir daraus wahrscheinlich den Schluss ziehen, dass es sich um ein und dieselbe Sprache handelt; wenn sie sich nicht gegenseitig verstehen, sollte man sie besser als zwei unterschiedliche Sprachen betrachten.

Merke
Es gibt keine wissenschaftlich einheitlich festgelegten Kriterien dafür, was eine Sprache von einem Dialekt unterscheidet.

Das Kriterium der gegenseitigen Verständlichkeit ist jedoch nicht immer ausschlaggebend. Zum Beispiel können sich Mandarin und Cantonese sprechende Chinesen gegenseitig nicht verstehen, dennoch werden diese beiden Varianten des Chinesischen aus politischen und kulturellen Gründen als zwei Dialekte derselben Sprache eingestuft und eben nicht als zwei Sprachen. Und es gibt den umgekehrten Fall: So sind sich etwa das Kroatische und das Serbische sehr ähnlich, teilweise mit identischem Vokabular, Grammatik und idiomatischen Wendungen, und dennoch werden sie (und auch hier wieder aus politischen Gründen) als zwei Sprachen angesehen. Ob etwas offiziell als eine „Sprache“ oder als ein „Dialekt dieser oder jener Sprache“ angesehen wird, hat also fast immer kulturelle, politische oder soziale Gründe und keine linguistischen.

Dialekte und meine Entscheidungen für mein Kind

Warum haben wir diesen Unterschied erklärt? Was hat er mit den Sprachentscheidungen der Eltern für ihre Kinder zu tun? So wie es aussieht, einiges. Erstens sollten Eltern sich bewusst sein, dass Dialekte – obwohl sie häufig geringer geschätzt werden als Hochsprachen – keine gebrochenen oder fehlerhaften Versionen der Hochsprache sind. Ebenso wie jede Sprache, folgen auch alle Dialekte festen grammatischen und systematischen Regeln. Auf den Alltag übertragen bedeutet das, dass alle Dialekte logischen und berechenbaren Regeln und Mustern folgen, um bestimmte Bedeutungen auszudrücken. Ein Beispiel aus dem Deutschen: Im Deutschen werden im Allgemeinen alle Verben, die keine Bewegung ausdrücken, mit „haben" konjugiert; entsprechend auch das Verb *sitzen*. Standardsprachlich korrekt ist also „ich habe am Tisch gesessen". Und doch erkennt der Duden auch „ich bin am Tisch gesessen" als grammatisch korrekt an, denn in Süddeutschland konjugiert man *sitzen* nicht mit „haben", sondern mit „sein". Und beides ist vollkommen korrekt – obwohl es häufig von denjenigen, die die andere grammatische Konstruktion verwenden, als falsch empfunden wird.

Das alles bedeutet, dass Eltern sich keine Gedanken darüber machen sollten, welche Variante einer Sprache richtig oder falsch ist. Alle Sprachen und Dialekte sind gleich komplex und haben Regeln. Wenn Sie also Alemannisch oder Österreichisch sprechen, African American Vernacular English, einen italienischen Dialekt wie den, den Vincenzo spricht, oder irgendeine andere Sprache, die nicht der Standardvariante entspricht: Diese Art zu sprechen ist weder falsch noch minderwertig, und es ist vollkommen berechtigt und auch angemessen, diese Sprache mit Ihren Kindern zu sprechen.

Darüber hinaus sollten Sie berücksichtigen, dass Kinder normalerweise nicht allzu viel Mühe damit haben, neue Dialekte zu lernen oder zwischen ihnen hin- und herzuwechseln. Zum Beispiel gibt es viele Hinweise darauf, dass Kinder, die mit einem italienischen Dialekt (wie dem, den Vincenzos Familie spricht) aufwachsen, später, wenn sie mit fünf Jahren in die Schule kommen, keinerlei Probleme mit dem Hochitalienischen haben. Und Kinder, die zu Hause Schweizerdeutsch sprechen, haben im Normalfall in der Schule keine Probleme mit dem

Hochdeutschen. Der Wechsel der Sprache oder des Dialektes bereitet den Kindern keine Schwierigkeiten oder Probleme. Wenn Sie also ein Muttersprachler einer sogenannten ungültigen Variante einer Sprache sind, sollten Sie sich keine Sorgen machen, dass Ihr Kind Schwierigkeiten bekommen wird, wenn es in die Schule kommt. Die Forschung belegt, dass das nicht der Fall ist.

Obwohl alle Sprachen und Dialekte aus linguistischer Sicht betrachtet äquivalent sind, können wir natürlich nicht leugnen, dass sie im Hinblick auf das soziale Ansehen nur selten gleichwertig sind. Manche werden als hochwertig angesehen, andere nicht. Für die tägliche Praxis bedeutet das, dass es in manchen Sprachen und Dialekten mehr Materialien (etwa Bücher, Lieder auf CD, Filme, Spiele) gibt als in anderen. Vincenzo und Hilary hatten zum Beispiel keine große Auswahl, als sie sich auf die Suche nach Babybüchern für ihre Zwillinge und nach Videos für ihren älteren Sohn machten. Es gab alles nur auf Hochitalienisch. Auch später in der Schule werden sie ausschließlich auf Standarditalienisch treffen. Und in Städten außerhalb Italiens, wie Los Angeles, wo die Familie wohnt, gibt es natürlich unzählige Möglichkeiten, Hochitalienisch zu lernen, und so gut wie keine für Vincenzos Dialekt Marchegiano.

Dennoch bedeutet das keineswegs, dass Eltern ihre eigene Sprache oder ihren eigenen Dialekt ablegen und stattdessen die Hochsprache sprechen müssen. Die Sprache Ihrer Vorfahren, Ihrer Familie, der Region, aus der Sie stammen, ist es wert, gepflegt und an spätere Generationen weitergegeben zu werden. Die Forschung lässt den Schluss zu, dass Ihr Kind in der Lage ist, mehr als nur eine Variante einer Sprache zu lernen. Ermutigen Sie also Ihr Kind, auch Ihren eigenen Dialekt zu lernen. Vergessen Sie nie: Die Möglichkeit, mehr als nur eine Sprache zu lernen, wird das Leben Ihrer Kinder bereichern und ihnen reiche sprachliche Erfahrungen schenken.

Wir fassen zusammen

Wir hoffen, dass wir mit diesem Kapitel Ihr Selbstvertrauen stärken und Ihnen die Zuversicht – sowie auch einige Tipps und Tricks – mitgeben konnten, Ihr Kind erfolgreich an mehr als zwei Sprachen heranzuführen. Mit einem ausgeglichenen Umfang an Möglichkeiten und Anreizen ist Trilingualität durchaus erreichbar. Wenn also die Voraussetzungen in Ihrer Familie gegeben sind, dann nichts wie los!

Merke

- Achten Sie genau auf die trilinguale Umgebung: Wie häufig wird jede der Sprachen gesprochen? Welche Qualität hat die Interaktion in jeder der Sprachen? Vielleicht schlagen Sie noch einmal in Kapitel 6 nach und führen in Ihrer Familie die dort vorgestellte Sprachuntersuchung durch, um diese Fragen in den Griff zu bekommen.
- Ziehen Sie in Erwägung, in Ihrer Familie einige Sprachregeln einzuführen, und versuchen Sie, sich an sie zu halten. Das erfolgreiche Erlernen von drei oder mehr Sprachen erfordert normalerweise ein wenig mehr Planung.
- Eine ausgewogene Bilingualität kann den Grundstein für eine erfolgreiche Trilingualität legen. Anders ausgedrückt: Die Kenntnis von zwei Sprachen kann den Erwerb einer dritten (oder noch mehr) Sprache erleichtern.
- Die Grenze zwischen einem Dialekt und einer Sprache ist nicht eindeutig zu ziehen. Alle Sprachvarianten sind gleichermaßen komplex und systematisch. Entscheiden Sie sich für die Variante, die Ihnen und Ihrer Familie am wichtigsten ist.
- Wenn ein Dialekt und die Hochsprache gegenseitig nicht verständlich sind, kann der zeitgleiche Erwerb beider Varianten durchaus als Zweisprachigkeit gewertet werden. Bedenken Sie jedoch, dass die kognitiven Vorteile der Bilingualität umso größer sind, je unterschiedlicher die beiden Sprachen sind. Wenn Sie wünschen, dass Ihr Kind von sämtlichen Vorteilen der Zweisprachigkeit profitiert, sollten Sie sich unter Umständen überlegen, es gleichzeitig an eine weitere, „offizielle" Sprache heranzuführen.

12
Was kann ich machen, wenn meine Familie nicht zustimmt, mein Kind die Zweitsprache verweigert, sich meine Lebensumstände ändern oder im Laufe der Zeit irgendein anderes Problem auftritt?

Vor einiger Zeit betraten wir gerade den Imbiss in der Nähe unseres Universitäts-Campus in Washington, D.C., als wir einer Mutter und ihren zwei Töchtern im Alter von vier und sechs Jahren begegneten. Wir hatten die Familie im Laufe des Jahres schon ein paarmal im Park gesehen. Sie waren uns aufgefallen, weil alle drei langes wallendes rotblondes Haar hatten und sich untereinander flüssig auf Französisch unterhielten. An diesem Tag war alles anders. Beide Mädchen hatten ihr Haar streng zurückgekämmt und zu Rattenschwänzchen gebunden und beschwerten sich lautstark (auf Englisch) bei ihrer Mutter: „Aber wir hassen Französisch! Warum eigentlich müssen wir diese doofe Sprache überhaupt sprechen?"

So gut unsere Vorsätze und Pläne sind, so konsequent ihre Umsetzung auch ist: Die Realität sieht häufig anders aus. Genau darum geht es in diesem Kapitel. Kinder sind nicht vorhersehbar, verhalten sich anders, als wir das gehofft oder geplant haben. Auch wir selbst verlieren oft genug die Geduld oder sind schon morgens vor dem Frühstück ohne Elan und Energie. Unsere Verwandtschaft, vielleicht sogar unser Lebens- oder Ehepartner findet unseren Erziehungsansatz albern und verweigert die Unterstützung. Es gibt ellenlange Listen mit Aufgaben, die jeden Tag erledigt werden müssen, und manchmal reichen Energie, Zeit oder Geld nicht aus, um die Bedürfnisse aller Beteiligten auch nur ansatzweise zu befriedigen. Kinder zu erziehen ist ein hartes Stück Arbeit. Alle Eltern erreichen früher oder später einen Punkt, an dem sie sich wünschen, sie hätten das eine oder andere unterlassen oder anders gemacht. Es kann vorkommen, dass Kinder Wutausbrüche bekommen oder die Zweitsprache komplett verweigern, Freunde oder Kollegen uns mit Skepsis begegnen, Ehepartner oder Familienangehörige unseren Erziehungsversuchen entgegenwirken oder sie sogar untergraben. In diesem Kapitel finden Sie einige Tipps, die Ihnen dabei helfen sollen, diese kleinen (oder auch größeren) Probleme zu lösen. Wir hoffen, Sie damit ein wenig zuversichtlicher stimmen zu können, wenn es scheint, als gleite Ihnen die ganze Sache aus den Händen. Und nicht zuletzt geben wir Ihnen ein wenig Munition: Fakten, die Ihnen helfen sollen, die Argumente der Skeptiker um Sie herum zu entkräften.

Was, wenn meine Familie die Unterstützung verweigert oder meinen zweisprachigen Erziehungsansatz sogar boykottiert?

Wenn ihr Kind gerade erst zur Welt gekommen ist, sind sich die meisten Familien über die Ziele der Erziehung ihrer Kinder relativ einig. Das gilt für übergreifende Erziehungsziele ebenso wie für sprachliche. Wenn das Baby bisher noch nicht viel mehr geäußert hat als „ga-ga", ist es – insbesondere beim ersten Kind – recht einfach, sich sicher zu sein, dass es später perfekt bilingual sein wird (ebenso wie es natürlich perfekte Manieren haben, perfekt Geige spielen und ein Mathematikgenie sein wird). Zu diesem frühen Zeitpunkt ist die Bilingualität ein gemeinsames Ziel der Eltern, von dem sie sich sicher sind, dass sie es erreichen werden – komme, was da wolle.

Und dann sieht plötzlich alles ganz anders aus. Sie werden von der Realität eingeholt. Es tauchen Probleme unterschiedlichster Art auf, die dazu führen, dass Sie Ihre Pläne nicht so umsetzen können, wie Sie beabsichtigt hatten: Vielleicht beginnt Ihr Kind, die Sprache abzulehnen. Oder es wird bei ihm eine Lernschwäche oder Hyperaktivität diagnostiziert. Es könnte auch sein, dass Ihr Kind die Zweitsprache anfänglich schnell gelernt hat und auf einmal keine oder nur wenige Fortschritte mehr macht (und sich sowieso jetzt viel mehr für Fußball interessiert als für Sprachen). Welches Problem es auch immer ist: Sie sind an einem Punkt angelangt, an dem Sie Ihr weiteres Vorgehen überdenken müssen. Und als ob das nicht schon schlimm genug wäre: Wenn Schwierigkeiten aufkommen, ist das häufig der Punkt, an dem Eltern sich nicht mehr einig sind, wie es weitergehen soll.

Es kann auch vorkommen, dass Sie plötzlich ungewollt in eine Situation geraten, in der Ihre Verwandten Sie boykottieren und Ihre Bemühungen unterlaufen. Eine unserer Kolleginnen in Washington, D. C., etwa, DeeDee, erzieht ihren Sohn dreisprachig auf Taiwanesisch (Dee-

Dee wurde in den USA als Kind taiwanesischer Einwanderer geboren), Kroatisch (die Muttersprache ihres Mannes) und Englisch. Zunächst lief alles glatt. Dann jedoch, als ihr Sohn drei Jahre alt war, verbrachte sie mit ihrer Familie die Sommerferien in Kroatien. Ihre Schwiegereltern waren regelrecht entsetzt, dass ihr Enkel während des Besuchs in Kroatien die meiste Zeit seine dominante Sprache, Taiwanesisch, benutzte. Sie hatten erwartet, dass er während seines Aufenthalts ausschließlich kroatisch sprechen würde. Obwohl (oder vielleicht auch gerade weil) sich alle – DeeDee, ihr Mann und seine Eltern – größte Mühe gaben, ihn zu motivieren, kroatisch zu sprechen, bestand er darauf, mit seiner Mutter ausschließlich taiwanesisch zu reden, und das selbst in Situationen, in denen er genau wusste, dass kein anderer der Anwesenden diese Sprache verstand oder gar sprechen konnte. Für DeeDee war das äußerst unangenehm. Wenn sie ihrem Sohn auf Kroatisch antwortete, reagierte er wütend und aggressiv. Wenn sie aber auf Taiwanesisch mit ihm sprach, empfanden ihre Schwiegereltern das als unhöflich und unterstellten ihr, sie wäre dagegen, ihren Sohn Kroatisch lernen zu lassen. Das Ganze führte nicht nur zu einer angespannten Atmosphäre während des gesamten Urlaubs, sondern belastete darüber hinaus die Beziehung zwischen DeeDee und ihren Schwiegereltern, DeeDee und ihrem Mann und sogar die zwischen ihrem Mann und seinen Eltern, die letztendlich ihm die Schuld dafür gaben, dass ihr Enkelkind nur so „mangelhaft“ Kroatisch sprach.

Derartige Schwierigkeiten sind im Grunde vorprogrammiert. Die Wahl einer oder mehrerer Sprachen für Ihr Kind ist keine rein pragmatische, sondern vor allem eine emotionale Entscheidung. Und wenn in Ihrer Familie bereits Spannungen oder Differenzen bestehen, werden sie durch die Sprache noch weiter verstärkt. In DeeDees Fall etwa waren die Schwiegereltern grundsätzlich voreingenommen, weil sie darunter litten, dass ihr Sohn so weit weggezogen war und sie nur selten besuchte. Daher hatte für sie die Sprache – und insbesondere das Taiwanesische – eine Art Symbolcharakter für die weite Entfernung zu ihrem Sohn.

Wenn ihr zu Beginn idealisiertes bilinguales Baby größer wird und zu einem „echten“ Kind wird, das Bedürfnisse sowie Lust und Unlust auf bestimmte Dinge hat und das ab und zu Wutanfälle bekommt, sind solche und ähnliche Schwierigkeiten die Regel. In manchen Familien führt das sogar dazu, dass die ursprünglichen Pläne fallen gelassen und die Bilingualität als Familienziel aufgegeben wird.

Spannungen zwischen den Generationen können sogar in Familien vorkommen, in denen die Kinder die Sprache der Großeltern perfekt beherrschen. Susana und ihr Mann etwa sind aus Barcelona und leben seit mehr als zehn Jahren in der Nähe von Washington, D. C. Sie haben zwei Söhne (acht und elf Jahre alt) und geben ihr Bestes, damit die beiden Jungen zweisprachig werden. Die Jungen besuchen eine spanisch-englische bilinguale Schule und sprechen beide Sprachen fließend. Sie haben eine Menge lateinamerikastämmiger Freunde und regelmäßig einen Babysitter aus Ecuador. So weit, so gut ... bis sie nach Spanien fuhren, um ihre Großeltern zu besuchen, die über das Spanisch ihrer Enkel nur die Nase rümpfen konnten. Denn für europäische Spanier klingt der lateinamerikanische Akzent seltsam und fremd, und trotz aller sprachlichen Erfolge machte die Kritik ihrer Großeltern die Jungen mehr als traurig und enttäuscht. Und bis heute würden sie lieber wie Europäer klingen und nicht wie Lateinamerikaner.

Solche Spannungen und ihre Folgen sind zwar manchmal kaum zu vermeiden, aber dennoch im Grunde unglücklich und unnötig, denn sie unterminieren die sprachlichen Bemühungen aller Beteiligten. Wie sollten Sie mit Situationen wie diesen umgehen? Und wie lassen sich die Zweifel zerstreuen? Wir haben in unserer Arbeit mehrere unterschiedliche Taktiken kennengelernt, die zumindest ein wenig Abhilfe schaffen konnten.

Erstens: Erinnern Sie die betreffenden Familienmitglieder und auch sich selbst daran, dass das Sprachenlernen ein langer Prozess ist, und dass dieses Vorkommnis nur eines der vielen kleinen Steinchen auf dem holprigen Weg ist. Es kann auch helfen, wenn Sie erklären, dass es ganz natürlich ist, dass ein Kind den Akzent der Region annimmt, in der es aufwächst, und dass der große Erfolg doch eigentlich darin liegt, dass es überhaupt gelernt hat, perfekt in der Sprache zu kommunizieren.

Zweitens: Rufen Sie sich (und auch allen anderen Betreuern und Bezugspersonen Ihrer Kinder) die ursprünglichen sprachlichen Ziele und die Gründe, aus denen Sie sich für eine zweisprachige Erziehung entschieden haben, in Erinnerung. Vielleicht besprechen Sie das Thema auch noch einmal mit Ihren Verwandten, sodass sich jeder einbezogen fühlt und dadurch eventuell eher bereit ist, Sie in Ihren Bemühungen zu unterstützen. Wenn die Großeltern auf einer bestimmten sprachlichen Variante bestehen, könnten Sie sie bitten, sich selbst mehr einzubringen, etwa durch regelmäßige Telefonate, Briefe, E-Mails oder längere Besuche.

Drittens: Versuchen Sie zu vermeiden, dass die Sprache das Schlachtfeld wird, auf dem andere familiäre Streitigkeiten ausgetragen werden. Das gilt insbesondere für Differenzen zwischen Ihnen und Ihrem Partner. Manchmal äußern sich Differenzen, die mit der Sprachwahl in keinem direkten Bezug stehen (zum Beispiel Uneinigkeit über die Schlafenszeit oder auch finanzieller Druck), in Streitigkeiten über alltägliche Dinge, wie etwa, in welcher Sprache die Gute-Nacht-Geschichte vorgelesen werden soll. Versuchen Sie, das dahinterstehende Problem an der Wurzel zu fassen, und lassen Sie nicht zu, dass es zu einem Hindernis für die bilinguale Erziehung wird.

Was, wenn mein Kind die Zweitsprache verweigert?

Allen Bemühungen zum Trotz, das Sprachenlernen zu einer unterhaltsamen und interessanten Beschäftigung für Ihr Kind zu machen: Kinder haben ihren eigenen Kopf, und so wird es immer wieder vorkommen, dass Ihr Kind Dinge sagt wie „Ich hasse diese Sprache“ oder „Nein. Nein! NEIN! Du kannst machen, was du willst: Ich werde diese doofe Sprache nie sprechen!“. Wenn Kinder größer werden, werden sie sich ihrer Umgebung innerhalb kürzester Zeit immer bewusster und auch empfänglicher für Einflüsse von außen. Schon im Alter von zwei Jahren haben die meisten Kleinkinder ein ausgeprägtes Gespür dafür, welche Menschen mit ihnen welche Sprache sprechen. Und ab etwa dem Alter von fünf Jahren nehmen Dinge und Vorkommnisse, die außerhalb des elterlichen Einflussbereiches liegen – wie etwa, was in der Schule passiert, was ihre Freunde sagen oder tun, die unterschiedlichen Botschaften der Pop-Kultur –, großen Einfluss auf die Persönlichkeit Ihres Kindes und darauf, wie es diese Persönlichkeit ausdrückt.

Das lässt sich zum Beispiel anschaulich anhand der Kleidung zeigen. In den ersten Jahren ihres Lebens sind Babys und Kleinkinder im Normalfall völlig zufrieden mit dem Rock, der Hose oder dem Strampelanzug, die ihre Eltern für sie aussuchen (genießen Sie die Phase, solange sie andauert). Aber im Laufe der Zeit – bei manchen Kindern beginnt das bereits im Alter von zwei Jahren, bei anderen erst ein wenig später – entwickeln sie einen starken eigenen Geschmack und wissen genau, was sie anziehen wollen. So war für Kendalls Sohn Graham im vergangenen Jahr den ganzen Sommer lang ein bestimmtes viel zu klein gewordenes T-Shirt das einzige Kleidungsstück, das er anziehen wollte. Und Alisons Tochter Miranda bestand darauf, ständig dasselbe verschlissene und ausgewaschene Top zu tragen.

Der Kampf zwischen Eltern und Kindern um die Kleidung ist mit dem um die Sprache durchaus vergleichbar. Sprache hat – ebenso wie Bekleidung – einen wichtigen funktionalen und praktischen Wert (Sprache braucht man zum Beispiel, um Bedürfnisse, Gedanken und Wünsche auszudrücken, Kleidung, um sich zu wärmen). Aber ebenso haben sowohl Sprache wie Kleidung auch eine wichtige Bedeutung für die Persönlichkeit. Beide spiegeln wider, wer wir sind, und helfen uns dabei, uns so darzustellen, wie wir sein möchten. Wenn wir etwa hochhackige Stiefel tragen, drücken wir damit eine bestimmte Art von Weiblichkeit und Glamour aus: Wir spiegeln diese Charakteristika wider und stellen uns gleichzeitig so dar. Mit der Sprache (oder auch den Sprachen), die wir verwenden, ist das ähnlich: Wir zeigen unsere Persönlichkeit durch die Wahl bestimmter Wörter (wie etwa *Badezimmer*, *Toilette*, *WC*, *Klo*, *Topf* oder *Örtlichkeit*) oder einer bestimmten Sprache (wenn wir etwa beim Besuch eines Sushi-Restaurants ein paar japanische Wörter fallen lassen, um zu zeigen, dass wir uns mit der Sprache und Kultur auskennen).

Ob Sie es nun wahrhaben wollen oder nicht, Ihre Kinder werden jeden Tag ein Stückchen unabhängiger, und mit jedem Tag werden sie auch mehr Wert auf die Meinungen von Menschen legen, die nicht zur Familie gehören, insbesondere von Freunden und Schulkameraden. Die Persönlichkeit der Kinder – ebenso wie ihre Vorstellung davon, wie diese Persönlichkeit zum Beispiel durch bestimmte Kleidung oder Sprachen ausgedrückt werden sollte – bildet sich schon früh und innerhalb kürzester Zeit. Wie wir erwähnt haben, sind Kinder jeden Alters sensibel dafür, welche Sprachen „cool" sind und welche „coolen" Dinge mit einer Sprache in Verbindung gebracht werden. Zudem haben die meisten Kinder das Bedürfnis, nicht aus der Masse herauszustechen. Sie wollen genauso sein wie ihre Freunde und Mitschüler und auf keinen Fall auffallen. Und wenn das Erlernen und Verwenden einer Fremdsprache ihnen das Gefühl gibt, seltsam zu sein oder zu wirken, kann das zu einer Ablehnung dieser Sprache führen.

Ein bittersüßes Beispiel für eine solche Ablehnung haben wir in unserem unmittelbaren Arbeitsumfeld kennengelernt. Unsere beiden Kolleginnen Judith und Evelyne erziehen ihre Töchter gemeinsam zweisprachig französisch und englisch. Sowohl Evelyne als auch Judith sind beide französisch-englisch bilingual. Beide Mädchen hatten das Glück, einen Platz in einem hervorragenden und sehr begehrten bilingual französisch-englischen Sprachkurs an einer öffentlichen Schule zu ergattern (die Plätze werden per Los vergeben). Das Programm wird sowohl von Eltern als auch von Lehrern gelobt, und beide Mädchen fühlen sich dort wohl und machen gute Lernfortschritte. Die Familie spricht zu Hause eine Mischung aus Französisch und Englisch, und bei den regelmäßigen Urlauben in Frankreich und Israel sind sie im Normalfall fast nur von französischen Muttersprachlern aus Evelynes Familie umgeben. Und dann eines Tages kommt Evelynes Tochter Ava aus der Schule nach Hause und erklärt ihrer Mutter, sie habe den besten Tag ihres Lebens gehabt. Warum? Weil die Klassenlehrerin an dem Tag krank gewesen sei und die Ersatzlehrerin kein Französisch konnte, sodass die Kinder den ganzen Tag lang Englisch sprechen durften.

Wie bekämpfe ich die sprachliche Rebellion?

Es gibt mehrere Schritte, die Sie unternehmen können, um sicherzustellen, dass eine solche Rebellion Ihrer Kinder nicht zur vollständigen Aufgabe des Ziels der Bilingualität führt. Zuerst sollten Sie sich in Erinnerung rufen, dass die Entscheidung für eine Sprache sehr individuell ist und die Persönlichkeit Ihres Kindes entscheidend prägt. Ebenso wie es fast unmöglich ist, Ihr vierjähriges Kind dazu zu bringen, jeden Tag ausschließlich das zu tun oder anzuziehen, was Sie selbst sich wünschen, ist es auch unwahrscheinlich, dass Sie jedes einzelne Wort kontrollieren und bestimmen können, das Ihr Kind spricht. Und so wie bei den täglichen Kämpfen um die Kleidung müssen Sie auch bei den die Sprache betreffenden Punkten einige Auseinandersetzungen und Diskussionen in Kauf nehmen und bereit sein, sanft steuernd einzugreifen. Dabei ist der wichtigste Punkt wahrscheinlich der, zu vermeiden, die Sprache zu einem dauerhaften Streitpunkt werden zu lassen. Alle Kinder gehen im Laufe ihrer Entwicklung durch eine Trotzphase, in der sie ihre wachsende Unabhängigkeit geltend machen wollen. Wenn irgend möglich, versuchen Sie diese kleinen Streitigkeiten von der Sprache zu trennen und auf andere Punkte zu lenken (wie Kleidung, die Auswahl der Spielzeuge und so weiter). Das kann sogar so weit führen, dass Sie eine Zeit lang vortäuschen, es sei Ihnen nicht allzu wichtig, was Ihr Kind mit der Sprache macht beziehungsweise welche Sprache es spricht.

Tipp
Verhindern Sie Auseinandersetzungen um die Sprache

Lassen Sie nicht zu, dass Machtkämpfe zwischen Ihnen und Ihrem Kind über das Vehikel der Sprache ausgetragen werden.

Führen Sie sich immer wieder vor Augen, dass es Ihnen nicht möglich sein wird, sämtliche Entscheidungen Ihres Kindes zu kontrollieren. Dennoch haben Sie durchaus einige Möglichkeiten, es dahingehend zu beeinflussen, dass es von sich aus die richtigen Entscheidungen trifft. Wie machen Sie das am besten? Erstens: Machen Sie Ihrem Kind immer wieder in verständlichen Worten klar, welche kognitiven, sozialen, kulturellen und – wenn das in Ihrem Falle zutrifft – familiären Vorteile die Bilingualität mit sich bringt. Vermeiden Sie dabei einen belehrenden Ton, und nutzen Sie passende Gelegenheiten, in denen das Kind die entsprechende Begründung verstehen und nachvollziehen kann. So könnten Sie zum Beispiel, wenn Sie auf der Straße ein Auto mit französischem Kennzeichen sehen, Ihr Kind darauf hinweisen, dass viele Menschen – sogar Erwachsene – in Deutschland nicht verstehen, was die Leute in Frankreich sagen, es selber aber dazu in der Lage ist.

Vielleicht ist es auch eine gute Idee, wenn Sie sich einen Moment Zeit nehmen und ihr Kind (abhängig von seinem Alter natürlich) bitten, Ihnen zu erklären, welche Vorteile die Bilingualität aus seiner Sicht hat. Lassen Sie Ihr Kind zum Beispiel beschreiben, wie sein weiteres Leben mit oder ohne Bilingualität aussehen könnte. Sie geben ihm so die Möglichkeit, sich ernst genommen und in die Entscheidungsprozesse eingebunden zu fühlen, denn sie ermöglichen ihm, eine aktive Rolle in der Planung der sprachlichen Aktivitäten innerhalb der Familie einzunehmen.

Übungen, die Sie gemeinsam mit Ihrem Kind durchführen können: „Wenn ich groß bin …"

Abhängig vom Alter und der Persönlichkeit Ihres Kindes können Sie es einen oder mehrere der folgenden Sätze ergänzen lassen. Besprechen Sie die Ergänzungen nachfolgend und legen Sie dabei den Schwerpunkt darauf, was Ihr Kind möchte und welche Vorteile es haben wird:

- *Eine Zweitsprache zu sprechen ist für mich wichtig, denn …*
- *Zwei Sprachen zu sprechen hilft mir bei …*
- *Ich glaube, dass es cool ist, zwei Sprachen sprechen zu können, weil …*
- *Wenn ich groß bin und (nur) eine Sprache sprechen könnte, hätte ich das Gefühl (ich könnte) …*
- *Wenn ich groß bin und zwei Sprachen sprechen könnte, hätte ich das Gefühl (ich könnte) …*

Fertigen Sie für sich selbst und Ihr Kind Merkzettel an, auf denen Sie die Vorteile der Zweisprachigkeit auflisten, und hängen Sie sie in Ihrer Wohnung oder Ihrem Haus auf. Sie könnten zum Beispiel gemeinsam eine Top-Ten-Liste erstellen, warum es cool ist, zwei Sprachen sprechen zu können. Achten Sie dabei darauf, dass die Gründe den Interessen und Wünschen Ihres Kindes entgegenkommen oder entsprechen.

Übung

Die Top Ten der Gründe, warum es cool ist, zwei Sprachen zu sprechen

Erstellen Sie gemeinsam mit Ihrem Kind eine persönliche und individuelle Liste. Hier ein Beispiel:

10. *Ich kann mich in der zweiten Sprache mit einem Freund unterhalten, und kein anderer wird verstehen, was ich sage.*
9. *Ich kann Freunde, Lehrer und Nachbarn damit beeindrucken, dass ich zwei Sprachen spreche.*
8. *Ich kann viel mehr Leute aus anderen Ländern verstehen (listen Sie die Orte auf, wo Ihr Kind Menschen treffen kann, die die Zweitsprache sprechen).*
7. *Viele berühmte Spitzensportler sind auch bilingual, etwa die Tennisspieler Roger Federer und Maria Sharapova.*
6. *Ich kann T-Shirts anziehen, auf denen Wörter in der Zweitsprache aufgedruckt sind. Und: Ich verstehe, was da steht!*
5. *Viele meiner Lieblingsstars sprechen zwei oder mehr Sprachen: Antonio Banderas, Jennifer Lopez, Shakira.*
4. *Ich kann mehr Freunde haben (listen Sie hier die bilingualen Freunde Ihres Kindes auf).*
3. *Wenn ich mit der Schule fertig bin, werde ich einen tollen Job haben, in dem ich viel mehr Geld verdiene als andere, wie zum Beispiel …*
2. *Ich kann anderen Menschen, die keine zwei Sprachen sprechen, dabei helfen, sich zu verständigen.*
1. *Ich bin stolz auf mich!*

Sie könnten auch versuchen, Ihr Kind stärker für die zweite Sprache zu interessieren, indem Sie Dinge nutzen, die es besonders gern mag, wie etwa Medien und Technik. Coole Musik, Videospiele und DVDs können das Ansehen der Zweitsprache bei Ihrem Kind erheblich fördern (mehr dazu finden Sie in Kapitel 7). Vielleicht fehlen Ihrem Kind aber auch die entsprechenden bilingualen Vorbilder. Wenn es zum Beispiel ausschließlich mit erwachsenen Muttersprachlern der Zweitsprache Kontakt hat, nicht aber auch mit gleichaltrigen Kindern, wird es wahrscheinlich den Eindruck haben, diese Sprache sei nichts für Kinder, und das Interesse verlieren. Wenn das bei Ihrer Familie der Fall ist, versuchen Sie, gleichaltrige Spielkameraden für Ihr Kind zu finden, die die Zweitsprache sprechen. Oder Sie gehen mit ihm an Orte, wo es Altersgenossen kennenlernen könnte, die die Sprache sprechen. Kendall zum Beispiel verbringt viele Sonntagnachmittage mit Graham in einem Park in ihrer Nachbarschaft, in dem auch zahlreiche lateinamerikanische Kinder spielen. Erstens bringt das Abwechslung für Graham, der normalerweise auf einem anderen Spielplatz spielt, und zweitens erhält er so die Möglichkeit, spanischsprachige Jungen kennenzulernen. Wir kennen auch Eltern, die einmal im Jahr Urlaub in familienfreundlichen Gegenden oder Hotels in dem Land machen, dessen Sprache ihr Kind lernt. Nicht nur der Urlaub selbst, auch schon die Vorbereitung – die Planung der Fahrtroute oder der Ausflüge und die Gespräche darüber, wie und wann die Kinder ihre Zweitsprache sprechen werden – kann die Motivation und Begeisterung Ihres Kindes erheblich fördern.

In manchen Fällen können Sie damit die reinsten Wunder erzielen, in anderen werden Sie gar nichts erreichen. Letztendlich hängt alles von der Persönlichkeit Ihres Kindes ab. Manche Kinder haben einen ausgeprägten eigenen Willen und sind vom ersten Tag an recht unabhängig. Bei diesen Kindern könnte es notwendig sein, ein wenig zu experimentieren, bis Sie den geeigneten Trick (oder die Kombination aus verschiedenen Tricks in den jeweiligen Altersstufen des Kindes) gefunden haben. Hier einige Tipps, die wir von Eltern bekommen haben. Die Beispiele stammen aus unserer Arbeit mit Eltern in den USA, daher beziehen sie sich alle auf Familien, die in einer englischsprachigen Umgebung leben.

Jede einzelne der Strategien hat wohl vor allem deshalb geholfen, weil sie – auf die eine oder andere Art – das Sprechen der Sprache für das Kind begehrenswert machte. Die Eltern waren erfolgreich, weil sie ihre Kinder nicht unter Druck gesetzt, sondern die Sprache als eine wünschenswerte Option dargestellt haben. Die wirkungsvollsten und nachhaltigsten Lernerfolge entstehen dann, wenn die Kinder selbst die Entscheidung treffen.

Tipps und Tricks von Eltern für Eltern

- Anna (Mutter des fünfjährigen Javier): „Wir hatten den größten Erfolg mit umgekehrter Psychologie. Javier hat einen extrem starken Willen, und bei ihm hat es geholfen, wenn wir genau das Gegenteil von dem behauptet haben, was wir erzielen wollten. Also zum Beispiel Sätze wie ‚Spanisch ist nur für Erwachsene'. Es gibt nichts, was er mehr haben will als Dinge, die er angeblich nicht haben kann."
- Lucinda (Stiefmutter der vierjährigen Matilda): „Matilda hatte Phasen, in denen sie uns ausschließlich auf Englisch antwortete, wenn wir Portugiesisch mit ihr sprachen. Wir haben so getan, als würden wir das ignorieren, und einfach in Portugiesisch weitergesprochen. Wir haben nie ins Englische gewechselt, aber auch keine große Sache daraus gemacht. Irgendwann gingen diese Phasen dann vorüber, und sie sprach wieder Portugiesisch mit uns."
- Fabio (Vater des sechsjährigen Lorenzo und des vierjährigen Alessandro): „Ich beschloss, das Italienischsprechen zu einem Spiel zu machen. Wir erfanden ein Rollenspiel, in dem jeden Tag abwechselnd einer von uns in die Rolle des ‚Englisch-Polizisten' schlüpfte. Dessen Aufgabe war es, allen, die Englisch sprachen, ein Bußgeld aufzuerlegen. Zur Strafe musste derjenige zehn Cent in eine Spardose stecken. So hatten wir alle mehr Spaß daran, auf Italienisch zu sprechen, und darüber hinaus noch einen weiteren Vorteil: Am Ende des Monats haben wir das gesparte Geld für ein gemeinsames Essen in einer italienischen Pizzeria ausgegeben."
- Maria (Mutter der dreijährigen Samantha): „Als Sammy noch klein war, habe ich so getan, als würde ich kein Englisch verstehen. Sie musste Französisch sprechen, um das zu bekommen, was sie wollte. Als sie ein wenig älter wurde, merkte sie aber, dass ich durchaus Englisch verstehe. Wenn sie jetzt etwas auf Englisch zu mir sagt, tue ich nicht mehr so, als würde ich sie nicht verstehen. Aber ich bitte sie, dasselbe auf Französisch zu wiederholen, ungefähr in der Art, wie ich sie auch bitte, Bitte oder Danke zu sagen. Ich habe ihr erklärt, dass Französisch unsere persönliche Geheimsprache ist, die

nur wir beide verstehen, und dass wir sie deshalb unbedingt üben sollten."

- Cristina (Mutter des neunjährigen Jason und der sechsjährigen Sandra): „Sobald die Kinder etwa vier Jahre alt waren, haben wir die ‚Hup-Strategie' eingeführt. Spanisch ist meine Zweitsprache, und mein Mann kommt aus Venezuela, also beschlossen wir, zu Hause ausschließlich Spanisch zu sprechen. Anstatt an den Kindern herumzunörgeln oder hundertmal am Tag ‚sprich Spanisch' zu ihnen zu sagen, ‚hupen' wir uns gegenseitig an, wenn wir jemanden beim Englischsprechen erwischen. Die Kinder lieben es, zu hupen, und rufen laut ‚Tuuut', wenn sie mich dabei erwischen, dass ich mit meinem Mann auf Englisch spreche. Seit wir ‚hupen', haben wir viel mehr Spaß, und das hat uns dabei geholfen, zu Hause nur noch Spanisch zu sprechen."

Was, wenn Sie selbst oder Ihr Kind durch die Bilingualität zum Außenseiter werden?

Je nachdem, wo und wie Sie leben, wird Ihr Kind sich vielleicht ab und zu ein wenig komisch vorkommen, wenn es in der Öffentlichkeit eine Sprache spricht, die die anderen Menschen um Sie herum nicht verstehen. Aus unserer eigenen Erfahrung als Eltern haben wir diesen Vorgang den „Supermarkt-Faktor" genannt. Viele Eltern fühlen sich recht wohl, mit ihrem Kind eine andere Sprache zu sprechen, solange sie allein mit ihm sind. Wenn sie jedoch in der Öffentlichkeit sind – also etwa in der Warteschlange im Supermarkt –, ist das Sprechen dieser Sprache ein viel bewussterer Vorgang, der ihnen manchmal auch unangenehm sein kann. Emily aus Washington, D. C., hat einen zweijährigen Sohn, Ben. Sie sagte uns: „Ich komme mir irgendwie hochnäsig vor – ich meine, ich bin eine blonde, offensichtlich amerikanische Frau, die mit ihrem Kind im Supermarkt Spanisch spricht. Und jeder um uns herum merkt, dass Spanisch nicht meine Muttersprache ist. Manchmal fühle ich mich wie eine Angeberin oder so etwas Ähnliches."

Eine andere Sprache zu sprechen als die, die von Ihnen erwartet wird, kann Sie fast zu so etwas wie einem Außenseiter machen. Und das nicht nur in der Warteschlage im Supermarkt, sondern auch bei anderen Gelegenheiten, bei denen Sie auf andere Menschen treffen, wie zum Beispiel ein Kindergeburtstag. Als Graham aus dem Babyalter herausgewachsen war, merkte Kendall, dass andere Kinder und Mütter den Gesprächen mit Graham zuhörten. Sie ertappte sich dabei, dass sie in solchen Situationen die Sprache wechselte und mit Graham Englisch zu sprechen begann. Kendall hatte das Gefühl, dass sie die anderen Anwesenden ausschließen würde, wenn sie mit Graham nur Spanisch spräche. Schließlich würde dann niemand der anderen verstehen, was sie sagte. Ebenso kann es für Nicht-Muttersprachler schwierig sein, mit ihren Kindern in Anwesenheit von Muttersprachlern in deren Sprache zu sprechen, weil sie sich ihrer Sprachkenntnisse nicht hundertprozentig sicher sind.

Auch Kinder sehen sich solchem und ähnlichem Druck ausgesetzt. Und der wächst normalerweise, je älter sie werden, denn sie verbringen dann immer mehr Zeit mit Gleichaltrigen. Es gibt hier kein Allheilmittel, aber als Eltern haben Sie die Möglichkeit, ihrem Kind zu vermitteln, dass dieses „Anderssein" etwas Positives ist. Die meisten Eltern finden es hier hilfreich, die Unterschiede zu anderen Familien zu betonen und einzugestehen, und dabei die positiven Aspekte des „Andersseins" hervorzuheben (wobei man auch darauf hinweisen sollte, dass dieser Unterschied nichts Einmaliges ist – jede Familie hat ihre ganz speziellen Eigenheiten). Auch hier kann umgekehrte Psychologie – hilfreich sein: So erzählte uns eine Mutter, dass sie ihren Kindern im Schulalter jedes Mal, wenn sie ihr auf Englisch antworten, obwohl sie selbst Spanisch gesprochen hatte, sagt: „Okay, wenn ihr nur einsprachig und so wie alle anderen sein wollt, können wir auch Englisch sprechen." Ihre Kinder realisierten so ziemlich rasch, dass das kein Gewinn wäre.

Wenn nicht Ihr Kind, sondern Sie selbst sich unwohl fühlen, versuchen Sie, rational zu reagieren. Rufen Sie sich die Vorteile der Bilingualität in Erinnerung. Wenn Sie das Buch bis hierhin gelesen haben, wissen Sie, dass das, was Sie tun, durch zahlreiche wissenschaftliche Studien gestützt ist und dass viele andere Familien damit große Erfolge erzielt haben. In Anbetracht der zahlreichen lebenslangen Vorteile, die Ihr Kind durch seine Bilingualität haben wird, erscheint es doch ein vergleichsweise kleines Opfer, dass Sie ab und zu ein wenig schräg angesehen werden, oder?

Sie können sich den steinigen Pfad auch ein wenig ebnen, indem Sie den Skeptikern in Ihrer Umgebung erklären, was Sie machen und warum Sie es tun. Unserer Erfahrung nach sind die meisten Menschen schlicht nur neugierig und interessiert (und manche auch einfach beeindruckt). Aber selbst wenn Sie sich dabei ertappen, ab und zu in manchen Situationen zu schwanken oder die Sprache zu wechseln (wie etwa im oben erwähnten Beispiel der Geburtstagsparty), bedeutet das noch lange keine Katastrophe oder gar ein komplettes Versagen. Ihr Kind lernt auch aus solchen Begebenheiten wichtige Dinge, wie etwa, wie unterschiedliche Sprachen in unterschiedlichen Situationen oder Zusammenhängen mit unterschiedlichen Menschen verwendet werden, dass es höflicher ist, die Sprache zu sprechen, die die anderen ebenfalls verstehen, und wie es möglich ist, zwischen zwei Sprachen hin und her zu wechseln.

Was, wenn sich Ihre Lebensumstände ändern?

Wir alle sehen uns an dem einen oder anderen Punkt unseres Lebens erheblichen Umbrüchen gegenüber. Jedes Jahr verlieren unzählige Menschen ihre Arbeitsstelle. Arbeitslosigkeit oder neue, geringer bezahlte Arbeitsstellen machen Dinge wie etwa eine englischsprachige Krabbelgruppe plötzlich unerschwinglich. Oder die Familie zieht um. So kann es vorkommen, dass Familien, die aus dem Stadtzentrum in die Vorstadt ziehen, auf einmal keine Möglichkeit mehr sehen, das Chinesisch ihrer Kinder außerhalb der Familie weiterhin zu fördern, weil es weder Unterricht noch Spielgruppen, noch chinesischsprachige Babysitter in der Gegend gibt. Auch die Geburt eines zweiten Kindes mit der dazugehörigen zeitlichen Einschränkung kann zu einem Problem werden. Oder Krankheiten, entweder des Kindes selbst, eines seiner Geschwister oder auch der Eltern, können das Erlernen einer Zweitsprache plötzlich zu einem schier unerschwinglichen Luxus werden lassen.

Ebenso kann eine Scheidung oder Trennung der Eltern erheblichen Einfluss auf Ihre Pläne nehmen, Ihr Kind zweisprachig zu erziehen. Wenn sich zum Beispiel eine deutschsprachige Mutter von ihrem französischsprachigen Ehemann trennt und dieser zurück nach Paris geht, wird sie sich fragen, ob überhaupt noch die Möglichkeit besteht, dass das Kind häufig genug mit seinen französischen Verwandten in Kontakt kommt, um Französisch zu lernen. Ein anderes Beispiel: Gwen, eine Mutter aus unserem Bekanntenkreis, hat gerade eine nervenaufreibende Scheidung hinter sich. Ihr Exmann Ferenc, ein ungarischer Muttersprachler, ist nach Ungarn zurückgekehrt, und Gwen hat den Kontakt zu ihm und seiner Familie komplett abgebrochen. Die beiden haben einen fünfjährigen Sohn, Lazlo, der von ihnen bis zum Zeitpunkt der Trennung zweisprachig englisch und ungarisch erzogen wurde. Gwen lebt mit Lazlo inzwischen in einer kleinen Stadt in England. Bisher hat Gwen noch keine ungarischen Muttersprachler in der Stadt finden können, in der Stadtbibliothek gibt es keine ungarischen Bücher oder Zeitschriften, und Gwens finanzieller Spielraum erlaubt es ihr nicht, einen Privatlehrer zu engagieren oder teure Bücher online zu kaufen. Zudem ist Gwen mittlerweile gar nicht mehr so begeistert und überzeugt von der ungarischen Sprache. Sie fragt sich, ob es überhaupt sinnvoll ist, Lazlo bilingual zu erziehen, und ob der Aufwand, den das mit sich bringen würde, gerechtfertigt ist. Wäre es nicht im Grunde besser, einfach zum Englischen zu wechseln? Zumal es den Anschein hat, dass Lazlo an seinem neuen Wohnort sowieso nie die Gelegenheit haben wird, Ungarisch zu sprechen?

Dass Gwen sich diese Fragen stellt, ist allzu verständlich. Viele Menschen sehen sich ähnlichen Problemen gegenüber: mangelnder Unterstützung, mangelnden Möglichkeiten und ambivalenten Gefühlen, weil sie mit der Zweitsprache unangenehme Erfahrungen verbinden. Aber diese Dinge müssen nicht unüberwindbar sein. Wo ein Wille ist, ist auch ein Weg – und selbst wenn der Wille gerade nicht ganz so stark ist, bleibt doch der Weg weiterhin bestehen. Auf Gwen bezogen heißt das: Sie sollte sich erneut die vielen Vorteile der Bilingualität vor Augen führen: die kognitiven Vorteile, ein besseres interkulturelles Verständnis und im Falle ihres Sohnes Lazlo die Möglichkeit, dass er auch in Zukunft die Verbindung zu einem wichtigen Teil seiner Identität aufrechterhält.

Auch wenn ein Elternteil nach einer Trennung ambivalente Gefühle gegenüber der Sprache des (inzwischen ungeliebten) Expartners entwickelt und zukünftig jeglichen Kontakt mit ihm abbrechen möchte, sollte er bedenken, welche Konsequenzen daraus für das Kind entstehen. Wahrscheinlich möchte das Kind den anderen Elternteil weiterhin sehen; in manchen Fällen werden bei Scheidungen vom Gericht auch regelmäßige Besuchstermine angeordnet. Man sollte also dem Kind die Möglichkeit lassen, weiterhin mit beiden Elternteilen in ihren jeweiligen Muttersprachen sprechen zu können.

Selbst wenn die Dinge nicht so glattlaufen (aufgrund von Umzügen, verlorenen Arbeitsstellen, kranken Eltern, der Geburt eines weiteren Kindes), sollten Eltern sich genau überlegen, ob sie die zweisprachige Erziehung ihres Kindes wirklich beenden möchten. Es sind nicht unbedingt teure Bücher oder Privatlehrer notwendig, um Ihr Kind bilingual zu erziehen. Das Wichtigste für Sie ist, mit Ihrem Kind zu sprechen und den Ihren Möglichkeiten entsprechenden besten sprachlichen Input für Ihr Kind sicherzustellen.

Hier sind einige Tipps und Vorschläge, die wir im Laufe der vergangenen Jahre von anderen Eltern in ähnlichen Situationen erhalten haben.

Erstens: Machen Sie sich nicht allzu viele Sorgen. Bedenken Sie, dass das Sprachenlernen ein lebenslanger Prozess ist. Eine kurze Pause bedeutet nicht gleich eine Katastrophe. Sie und Ihr Kind benötigen vielleicht ein wenig Zeit, um sich an die neuen Gegebenheiten zu gewöhnen, aber letztendlich ist alles zu irgendetwas gut, und die Veränderungen können auch ihre gute Seiten haben.

Zweitens: Rufen Sie sich in Erinnerung, dass Sie mit Ihrem Kind üben und so die Sprache gemeinsam lernen können. Sie finden mit Sicherheit im Internet oder der Stadtbibliothek geeignete Lernmittel oder Texte. Und Sie können auch die Dinge nutzen, die Sie bereits zu Hause haben (wie etwa einfache Brettspiele). Eine Zeit lang werden Sie vielleicht mit geringeren Mitteln auskommen müssen, aber damit können Sie die Zeit überbrücken, in der Sie Ausschau nach geeigneteren Möglichkeiten halten. Jede gemeinsame sprachliche Aktivität kann Ihnen und Ihrem Kind helfen, und Sie sollten sich keine Sorgen machen, dass das nicht ausreichen könnte.

Drittens: Versuchen Sie die Veränderung als Chance zu sehen, um Ihre Lernbedingungen neu zu strukturieren. Wenn Ihr Kind älter wird, werden Sie die Lernmethoden ohnehin anpassen müssen (Ihr Kind hätte sowieso nicht sein Leben lang in der französischsprachigen Krabbelgruppe bleiben können).

Viertens: Geben Sie nicht auf, sich nach neuen Spielgruppen und Unterrichtsklassen umzusehen. Vielleicht entdecken Sie, dass die Bedingungen doch nicht so schlecht sind, wie Sie zunächst dachten. Die Suche nach neuen sprachbasierten Kontakten für Ihr Kind kann auch Ihnen als Mutter oder Vater dabei helfen, sich in Ihrer neuen Umgebung oder Ihrer neuen Lebenssituation zurechtzufinden. Selbst wenn Ihre gesamte Umgebung ausschließlich monolingual deutsch zu sein scheint, sollten Sie nicht resignieren. Hängen Sie Zettel an den Schwarzen Brettern der Supermärkte, der Stadtbibliothek und den Schulen in Ihrer Nachbarschaft auf. Es besteht durchaus die Möglichkeit, dass Sie so Muttersprachler oder zumindest Menschen finden, die an derselben Sprache interessiert sind.

Fünftens: Auch nach einer Scheidung gibt es häufig Möglichkeiten, weiterhin mit der Familie Ihres Expartners in Kontakt zu bleiben, selbst wenn es vielleicht zunächst nicht danach aussieht. Sie werden die Beziehungen neu gestalten müssen. Die meisten Großeltern möchten auch nach einer Scheidung weiterhin eine gute Beziehung zu ihrem Enkelkind aufrechterhalten. Ergreifen Sie die Initiative und machen Sie den ersten Schritt. Erklären Sie den Großeltern genau, welche sprachlichen Ziele Sie sich für Ihr Kind erhoffen und wie die Großeltern dabei helfen können.

Sechstens: Sollten Sie in eine neue sprachliche Umgebung ziehen, kann es sogar angeraten sein, die Sprache zu wechseln. Wenn Sie etwa von Düsseldorf ins Elsass ziehen, könnte es für Ihr Kind besser sein, anstatt Japanisch nun Französisch zu lernen. Dass es vorher Japanisch gelernt hat, wird Ihrem Kind auf keinen Fall schaden, aber die neue Umgebung kann optimal für das Erlernen des Französischen sein.

Und schließlich: Suchen und testen Sie unterschiedliche Wege und Möglichkeiten, um die Sprache zu praktizieren. Heutzutage bietet das Internet immer mehr kostenlose Lernmaterialien. Und eine Internet-Flatrate kostet mittlerweile weniger als eine Tankfüllung Ihres Autos. Und selbst wenn Sie keinen eigenen Computer haben: In den meisten Stadtbibliotheken, sogar in den kleinsten Städten, stehen Computer für die öffentliche Nutzung zur Verfügung. Auch könnten Sie nachfragen, ob Ihre Bibliothek über ein Fernleihsystem verfügt, sodass Sie geeignetes Material (etwa Bücher in der Sprache, die Sie interessiert) von anderen Bibliotheken ausleihen können.

Nehmen wir Robert als Beispiel. Er und seine Exfrau (die beide in den USA leben) haben vor Jahren Oksana, ein damals zweijähriges Mädchen aus Russland, adoptiert. Heute sind die beiden geschieden, und Robert hat das Sorgerecht für Oksana. Obwohl er kein russischer Muttersprachler ist und auch nur wenig Russisch spricht, nutzt er alle verfügbaren Möglichkeiten, damit Oksana zweisprachig russisch und englisch aufwachsen kann. Er suchte den Kontakt zu Russen in seiner Nachbarschaft, ging mit Oksana zu Veranstaltungen in der Russischen Botschaft und den russischen Kirchengemeinden in der Umgebung. Nach zwei Jahren in den USA war Oksana glücklich und stolz, dass sie Russisch ebenso gut wie Englisch sprechen konnte. Robert führt diesen Erfolg darauf zurück, dass er das Glück hatte, in der Nachbarschaft gute sprachliche Vorbilder für seine Tochter gefunden zu haben, und dass er dafür gesorgt hat, dass sie in der russischsprachigen Gemeinschaft der Region eingebunden war.

Wir fassen zusammen

Wir haben noch nie Eltern – ob gemeinsam oder alleinerziehend – getroffen, bei denen nicht im Laufe der Zeit das eine oder andere Problem aufgetaucht wäre. Wir hoffen, Ihnen in diesem Kapitel einige Strategien und Hilfsmittel an die Hand gegeben zu haben, um diese Hindernisse zu umschiffen und den Mut zu haben, den eingeschlagenen Weg weiter zu beschreiten.

Merke

- Versuchen Sie zu vermeiden, dass die Sprache das Schlachtfeld wird, auf dem anderweitig gelagerte familiäre Streitigkeiten ausgetragen werden.
- Sie können Ihr Kind nicht zwingen, eine bestimmte Sprache zu sprechen. Versuchen Sie stattdessen, Bedingungen zu schaffen, die dazu führen, dass Ihr Kind die Sprache von alleine sprechen will.
- Bleiben Sie flexibel und kreativ: Experimentieren Sie mit den verschiedenen Tipps und Vorschlägen, die wir von anderen Eltern erhalten haben. Und bedenken Sie, dass die Wirkung all dieser Strategien abhängig von der Persönlichkeit und dem Alter Ihres Kindes individuell unterschiedlich sein kann.

Schlussbemerkung
Bilingualität ist ein Vorteil für jeden, und jeder kann erfolgreich zweisprachig werden

Mit diesem Buch haben wir, die Autorinnen, ein einziges Ziel verfolgt: Wir wollten Ihnen als Eltern aufzeigen, dass Bilingualität nicht nur erstrebenswert, sondern auch für jeden erreichbar und möglich ist, und dass die zahlreichen Vorteile, die Ihr Kind durch die Zweisprachigkeit erzielt, eindeutig wissenschaftlich nachweisbar sind und in zahlreichen Studien von Linguisten, Erziehungswissenschaftlern, Psychologen und Kognitionsforschern belegt wurden.

Wir hoffen, dass uns das gelungen ist.

Wir leben heute in einer Welt, die sich rasch und beständig verändert und die immer weiter zusammenwächst: Wir machen Urlaub in fremden Ländern, die meisten Geschäftsfelder sind international ausgerichtet, und auch die Kunst (Kino, Musik und Literatur) kennt nur wenige Grenzen. Bilingualität oder sogar Trilingualität ermöglicht den Menschen nicht nur, andere Kulturen besser zu verstehen, sondern auch aktiv an der internationalen Entwicklung teilzuhaben und sie mitzubestimmen. Auch im persönlichen und familiären Umfeld bringt eine Zweitsprache Vorteile mit sich. Sie fördert die Kreativität und Lernfähigkeit, sie stärkt die Bindung zwischen den Generationen und eröffnet dem Einzelnen größere Möglichkeiten und Verbindungen mit anderen Teilen der Welt. Sie reißt sprichwörtlich die internationalen Grenzen ein.

Nach der Lektüre des Buches wissen Sie jetzt, dass der Erwerb einer Zweitsprache – so wie jeder andere Lernprozess – am effektivsten ist, wenn er jedem Beteiligten angenehm ist und Spaß macht. Das Erlernen einer Zweitsprache kann eine spannende und auch lustige Familienaktivität sein. Am effektivsten und unterhaltsamsten ist es, wenn der Lernprozess in das tägliche Leben integriert und sinnvoll mit dem Alltag in Verbindung gebracht wird. Diese wichtigen Punkte – die von zahlreichen wissenschaftlichen Studien gestützt sind – werden Ihnen dabei helfen, Ihr Kind erfolgreich an eine Zweitsprache heranzuführen.

Sprachenlernen kann allen Beteiligten Spaß machen

Es gibt unzählige Wege, wie Eltern die Zweitsprache auf angenehme und amüsante Weise in den Alltag der Familie einbinden und so von klein auf positive Assoziationen zu der Sprache aufbauen können. Zum Beispiel können Eltern gemeinsam mit ihren Kindern einfache Bücher lesen. Das ist eine entspannende und interessante gemeinsame Tätigkeit, die nicht nur die Verbindung zu Ihrem Kleinkind, sondern auch das Vokabular der Zweitsprache stärken kann. Wenn die Kinder ein wenig älter werden, können Sie auf unterschiedliche Arten von Edutainment zurückgreifen. Sorgsam ausgewählte Filme, Videos und Computerspiele können Ihr Kind darin bestärken, mit Ihnen und anderen zu interagieren, und gleichzeitig seine Motivation festigen.

Auch Lernprogramme und Sprachkurse sollten sich an diesem Prinzip orientieren und neben einem möglichst hochwertigen Lerninhalt angenehm und amüsant sein. Es gibt unzählige Möglichkeiten in jeder erdenklichen Sprache, von nationalen Kulturvereinen über Ferienkurse bis hin zu bilingualen Unterrichtszweigen in Schulen, privaten Sprachlehrern und Sprachkursen für Babys und Kleinkinder. Was immer Sie letztendlich auswählen: Entscheiden Sie sich für ein Programm mit klar definierten Zielen, das auf Bilingualität und Bikulturalismus ausgerichtet ist, dessen Lehrer Einsatz und Begeisterung zeigen und das die Zielsprache aktiv anwendet und sie nicht nur formal und frontal lehrt. Nehmen Sie sich ausreichend Zeit, um das richtige Programm für Sie und Ihre Kinder zu finden, indem Sie an einer Probestunde teilnehmen, die Lehrer befragen und genau überprüfen, ob das Programm mit Ihren Ansichten über den Zweitsprachenerwerb übereinstimmt und es den Bedürfnissen und der Persönlichkeit Ihres Kindes entspricht.

Integrieren Sie das Erlernen einer Zweitsprache in Ihren Alltag

Die meisten Eltern werden erleichtert sein festzustellen, dass der Erwerb einer Zweitsprache nicht zwangsläufig extrem zeitaufwendig sein muss. Unser Leben und auch unsere Aktivitäten zur Erziehung unserer Kinder sind stressig genug. Das Erlernen einer Zweitsprache funktioniert am besten, wenn es in den Alltag eingebunden ist. Kleine Kinder erlernen eine Zweitsprache über die alltägliche sprachliche Interaktion mit ihren Eltern und weiteren Bezugspersonen, zum Beispiel, während sie umgezogen oder gefüttert werden oder mit ihren Eltern gemeinsam im Supermarkt einkaufen gehen.

Am allerwichtigsten ist es, dass Eltern so viel wie möglich mit ihren Kindern in der gewünschten Zweitsprache sprechen. Und dabei ist die Qualität der sprachlichen Zuwendung ebenso wichtig wie die Quantität.

Binden Sie den Sprachlernprozess sinnvoll in Ihr Leben ein

Am besten funktioniert das Sprachenlernen, wenn es in das Leben der Beteiligten eingebunden ist und durch Handlungen und Interaktionen gestützt wird. Die Familie und die Umgebung können dabei helfen, eine Verbindung zwischen Sprache und Leben herzustellen, indem Sie sich und Ihr Kind aktiv in Situationen begeben, in denen die tatsächliche Notwendigkeit besteht, die Sprache anzuwenden. Wenn es in Ihrer Nähe Muttersprachler der Zweitsprache gibt, kann das ein enormer Anreiz für Ihr Kind und auch für Sie selbst sein. Sie können bilinguale Spiel- oder Lerngruppen finden oder gründen, muttersprachige Babysitter engagieren und Treffen mit muttersprachigen Kindern organisieren. Was könnte für ein kleines Kind ein besserer und sinnvollerer Anreiz sein, eine andere Sprache zu sprechen, als die Möglichkeit, sich mit einem neuen Freund zu unterhalten?

In diesem Sinne ist auch die familiäre Verbindung zu einer bestimmten Sprache ein wichtiger Faktor. Die Möglichkeit, die Sprache in der Kommunikation mit Großeltern oder Tanten anzuwenden, verbindet die Sprache sowohl emotional als auch rational mit dem Leben.

Sprachen zu lernen ist ein lebenslanger Prozess

Sprachen zu erlernen ist in vieler Hinsicht ein lebenslanger Prozess. Wie gut und flüssig Ihre Kinder ihre Zweit- oder auch Drittsprache sprechen werden, hängt von ihrer Umgebung ab und davon, in welchem Maße die Anwendung dieser Sprachen in der Umgebung gefordert ist. Unabhängig davon tendieren wir im Normalfall dazu, davon auszugehen, dass Bilingualität eine Art Endziel oder Meilenstein in der Entwicklung ist. Der Zweitsprachenerwerb kann jedoch nicht mit anderen Entwicklungsschritten – wie etwa gehen zu lernen oder sich selbst anzuziehen – verglichen werden. Er dauert ein Leben lang an. Das heißt natürlich auch, dass dieses Ziel nie erreicht ist. Wenn Eltern ihre Kinder aktiv zweisprachig erziehen wollen, müssen sie über die gesamte Kindheit und Jugend hinweg für eine ausreichende sprachliche Zuwendung Sorge tragen, und zwar sowohl im Hinblick auf die Qualität als auch auf die Quantität. Das Gute daran: Es ist nie zu spät, um mit dem Erwerb einer Zweitsprache anzufangen!

Die langfristige Sicht- und Herangehensweise ist wichtig, denn nicht immer wird alles so glattgehen, wie Sie es sich wünschen. Ihr Kind weigert sich möglicherweise wochen- oder sogar jahrelang, die Zweitsprache zu sprechen. Solche und ähnliche Dinge sind kaum vermeidbar. Sie müssen damit rechnen, und Sie sollten sich gut darauf vorbereiten. Aber verzweifeln Sie nicht! Eine zeitweise Verweigerung zu sprechen bedeutet noch lange nicht, dass Ihr Kind die Sprache nicht versteht, oder gar, dass es von der sprachlichen Zuwendung nicht in hohem Maße profitiert. Auch bestehen große individuelle Unterschiede im Tempo und Fortschritt des Lernprozesses – selbst unter identischen Lernbedingungen. Der Lernerfolg und die Entwicklung eines Kindes werden von zahlreichen Faktoren beeinflusst – unter anderem von der Geburtsreihenfolge, dem Geschlecht, anderen Fähigkeiten und Begabungen und dem Erziehungsstil der Eltern. Aber Sie können sich sicher sein, dass diese Unterschiede im Laufe der Zeit ausgeglichen sein werden.

Vergessen Sie nicht: Selbst wenn sich Ihr Kind später dazu entscheiden sollte, eine dritte, völlig neue Sprache zu lernen, ist die Investition in eine Zweitsprache nie vergeblich gewesen. Ganz im Gegenteil! Zahlreiche Studien belegen, dass die Kenntnis einer Zweitsprache beim Erlernen einer dritten Sprache förderlich ist. Der frühkindliche Erwerb einer Zweitsprache lohnt sich also immer, denn offenbar lassen sich die Fähigkeiten und Techniken, die sich Kinder beim Erlernen der zweiten Sprache aneignen, auch auf die Lernstrategien beim Erwerb einer Drittsprache übertragen.

Jedes Kind ist einzigartig, und jede Familiensituation ist unterschiedlich. Für welche Sprache Sie sich entscheiden, wie Sie Ihr Kind an die Sprache heranführen und wie Sie die unterschiedlichen Sprachen in Ihre Familie einbinden, ist ebenso individuell wie der Lernerfolg Ihres Kindes. Wir hoffen, dieses Buch konnte Ihnen die Möglichkeiten und Vorteile aufzeigen, Ihr Kind zweisprachig zu erziehen. Wir wünschen Ihnen für diesen einmaligen und aufregenden Weg alles erdenklich Gute und viel Erfolg!

Danksagung

Die Idee, dies Buch zu schreiben, entstand mit der Geburt unserer Kinder Miranda Mackey Yarowsky und Graham Kind Heathcote. Deshalb gilt unser Dank zuerst diesen beiden Kindern, ihren Vätern und auch unseren eigenen Müttern.

Das Buch hat in hohem Maße von zahlreichen herausragenden Wissenschaftlern und ihren Forschungsergebnissen profitiert. Wir danken Rebekha Abbuhl, Lyn Fogle und Rebecca Sachs für die wertvolle Unterstützung und Hilfe. Unser Dank gilt zudem Moonjeung Chang, Amy Firestone, Jaemyung Goo, Mika Hama, Jamie Lepore Wright, Aubrey Logan-Terry, Deborah Petit, Jamie Schissel, Abbe Spokane und Boram Suh und ihren wichtigen Forschungsergebnissen.

Wir können uns glücklich schätzen, so viele Freunde und Kollegen zu haben, deren Interessen und Arbeitsgebiete mit den unseren übereinstimmen. Sie alle haben viele Kapitel des Buches gegengelesen und uns auch häufig mit ihren hervorragenden und fachlich fundierten Hinweisen und Vorschlägen weitergeholfen. Wir danken Hilary Appel, Hidy Basta, Carol Benson, Cathrine Berg, Heidi Byrnes, Helen Carpenter, Luis Cerezo, Debby Chen Pichler, Lena Edlund, Miriam Eisenstein Ebsworth, Shiraz Felling, Akiko Fujii, Susan M. Gass, Breda Griffith, Jennifer Leeman, Gigliana Melzi, Yoshiko Mori, Ana-Maria Nuevo, Marisol Perez Casas, Rhonda Oliver, Jenefer Philp, Becky Resnik, Lauren Ross-Feldman, Maria Sáez-Martí, Nuria Sagarra, Cristina Sanz, Rita Silver, Maria Snyder, Deborah Tannen und Paula Winke. Unser besonders aufrichtiger Dank gilt Carolina Podney Wartman. ¡Mil gracias!

Schließlich danken wir auch Stefanie Von Borstel und Lilly Ghahremani von unserer Literaturagentur Full Circle Literary und unserer amerikanischen Verlegerin Laura Dozier von HarperCollins. Sie hat von Anfang an an unser Projekt geglaubt und uns durchgehend und mit ganzer Kraft unterstützt.

Arbeitsblätter und Beispielantworten

4

Beispielantworten zur Übung von Seite 84

Eine positive Einstellung und hohe Motivation: Wie ermutige ich mein Kind dazu, die neue Sprache zu lernen?

Welche lustigen Dinge können wir gemeinsam in der Zweitsprache unternehmen?

Sprechen Sie über alltägliche Aktivitäten. Spielen Sie Brettspiele. Bereiten Sie ein traditionelles Essen aus dem Land zu, in dem die Zielsprache gesprochen wird.

Welche Möglichkeiten gibt es für mein Kind, mit anderen Kindern zu spielen, die die neue Sprache sprechen?

Rufen Sie in Schulen an. Fragen Sie in Gemeindezentren nach. Schalten Sie eine Anzeige oder machen Sie einen Aushang an einem Schwarzen Brett. Fragen Sie in Ihrem Bekanntenkreis nach.

Wie garantiere ich eine ausdauernd hohe Motivation meines Kindes?

Küren Sie jeden Tag zum Spaß ein neues „Wort des Tages".

Wie kann mein Kind etwas über die Kultur lernen, die hinter der neuen Sprache steht?

Verwandte
Reisen
Musik
Geschichten
Spiele
Gespräche

Wie kann ich den Sprachlernprozess lustig und unkompliziert gestalten und aufrechterhalten?

Korrigieren Sie Ihr Kind nicht ständig, wenn es Fehler macht. Üben Sie keinen Druck aus. Vergleichen Sie Ihr Kind nicht mit anderen Kindern. Feiern Sie jeden neuen erreichten Erfolg.

Wie kann mein Kind die neue Sprache möglichst oft hören und in ihr interagieren?

Verwandte
Geschichten
Comics und Bilderbücher
Filme
Spielgruppen

5

So gleichen Sie die individuellen Merkmale und Faktoren aus, die den Lernprozess Ihres Kindes beeinflussen

In Kapitel 5 haben wir Sie darauf hingewiesen, dass Sie Ihr Kind möglichst nicht mit anderen vergleichen, sondern stattdessen jeden neu erzielten Erfolg feiern. Führen Sie Buch über die Erfolge Ihres Kindes, sowohl über allgemeine Entwicklungsschritte als auch über sprachliche, und konzentrieren Sie sich dabei auf die positiven Resultate. Die folgende Übung soll Ihnen dabei helfen:

- Haben Sie ein Album über Ihr Kind angelegt? Wie könnten Sie darin die sprachlichen Entwicklungsschritte Ihres Kindes festhalten?
- Oder – wenn es bereits alt genug dafür ist – bitten Sie Ihr Kind, Ihnen beim Zusammenstellen eines Albums zu helfen. Welche Lieblingsbeschäftigungen Ihres Kindes sollten Sie seiner Meinung nach aufnehmen? Lassen Sie Ihr Kind Bilder darüber malen, wie es in seinen verschiedenen Sprachen spricht: Welche Aktivitäten bringt Ihr Kind mit den jeweiligen Sprachen in Verbindung? Wie fühlt es sich dabei?
- Kennen Sie sich ein wenig aus mit Webdesign? Heutzutage legen viele Eltern digitale Alben ihrer Kinder an, in denen sie Videos, Fotos und lustige Zitate aus dem Kindermund festhalten. Dokumentieren Sie mit einem digitalen Album die Erfolgsschritte Ihres Kindes.
- Besitzen Sie einen Kassettenrekorder, ein Diktiergerät oder ein Mikrofon, mit dem Sie Geräusche aufnehmen können? Wenn ja, nehmen Sie Ihr Kind auf. Erstens sammeln Sie so wertvolle Erinnerungen, und zweitens können Sie Ihr Kind auf diese Art relativ leicht zum Sprechen motivieren (Kinder lieben es, Aufzeichnungen ihrer eigenen Stimmen zu hören).
- Erstellen Sie ein Persönlichkeitsprofil Ihres Kindes und überlegen Sie, wie Sie seine individuellen Stärken und Schwächen für den Sprachlernprozess am besten nutzen beziehungsweise ausgleichen können. Wenn Sie ausreichend Englisch verstehen, werfen Sie einen Blick auf die folgenden Websites:

  http://personalitypage.com/kid_portraits.html

  http://uniquelyyou.net/child/index.php
- Wenn Ihr Kind bereits zur Schule geht: Sprechen Sie mit seinen Lehrern und lassen Sie sich die Lernvorlieben, -stärken und -schwächen Ihres Kindes beschreiben. Wie lässt sich der Sprachlernprozess im Hinblick auf diese Eigenschaften Ihres Kindes optimieren?
- Einige Forscher verweisen im Hinblick auf das Erlernen einer Fremdsprache auf auditive, visuelle, kinästhetische und taktile Lerner. Beobachten Sie Ihr Kind im Hinblick auf diese

Aspekte. Welchem Lerntyp entspricht Ihr Kind am ehesten? Einen Überblick über die Eigenschaften der einzelnen Lerntypen finden Sie im Diagramm weiter oben in diesem Kapitel.

- Achten Sie auf Ausdrücke oder Sätze, die Ihr Kind häufig verwendet, und überlegen Sie, warum das so ist. Was sagt die Sprachverwendung Ihres Kindes über seinen Lerntyp aus? Welche möglichen neuen Aktivitäten, Spiele oder Lernumgebungen könnten Ihr Kind fordern und fördern und die speziellen Stärken Ihres Kindes weiterentwickeln?

9

Schätzen Sie die sprachlichen Muster in Ihrer Familie ein (siehe auch Seiten 208 und 129)

Sprachmuster in Ihrer Familie Situation: Datum und Zeit:			
Teil 1			
Mutter: Vater:			
	Erstsprache	Zweitsprache	Gesamtzahl
Anzahl der Wörter (%)			
Wörter, die der Vater verwendet (%)			
Wörter, die die Mutter verwendet (%)			
Besonders häufig verwendete Wörter (und gegebenenfalls auch Sätze)			
Teil 2			
	Kind	Mutter	Vater
Anzahl der Sprachwechsel			
Von der Erstsprache zur Zweitsprache			
Von der Zweitsprache zur Erstsprache			
Reaktionen auf den Sprachwechsel			

Literaturangaben

1

Bialystok, E. (2001). Bilingualism in Development. Cambridge: Cambridge University Press.

Bruck, M., & Genesee, F. (1995). Phonological awareness in young second language learners. Journal of Child Language, 22, 307–324.

Campbell, R., & Sals, E. (1995). Accelerated metalinguistic (phonological) awareness in bilingual children. British Journal of Development Psychology, 13, 61–68.

Cazabon, M., Lambert, W., & Hall, G. (1992). Two-way Bilingual Education: A Progress Report on the Amigos Program. Santa Cruz, CA and Washington, D. C.: National Center for Research on Cultural Diversity and Second Language Learning.

Cummins, J. (1978a). Bilingualism and the development of metalinguistic awareness. Journal of Cross-Cultural Psychology, 9, 131–149.

Eviatar, Z., & Ibraham, R. (2000). Bilingual is as bilingual does: Metalinguistic abilities of Arabic-speaking children. Applied Psycholinguistics, 21, 451–471.

Galambos, S. J., & Goldin-Meadow, S. (1990). The effects of learning two languages on metalinguistic awareness. Cognition, 34, 1–56.

Gopnik, A., & Choi, S. (1990). Do linguistic differences lead to cognitive differences? A cross-linguistic study of semantic and cognitive development. First Language, 10, 199–215.

Ianco-Worrall, A. (1972). Bilingualism and cognitive development. Child Development, 43, 1390–1400.

Karatas, M. (2006). Zwischen Anpassung und Widerstand. Bedingungsfaktoren für den Schulerfolg und intergenerative Transferbeziehungen türkischer Migranten in Berlin.

Meisel, J. (Ed.) (1994). Bilingual first language acquisition – French and German grammatical development. Amsterdam; Philadelphia: John Benjamins.

Ogbu (1987). Variability in minority responses to schooling. A problem in search of an explanation. Anthropology & Education Quarterly, 18, 312–334.

Peal, E., & Lambert, W. E. (1962). The relation of bilingualism to intelligence. Psychological Monographs, 76 (27), 1–23.

Tawada, Y. (2003). Writing in the web of words. In I. de Courtivron (Ed.), Lives in Translation: Bilingual Writers on Identity and Creativity (pp. 147–155). New York: Palgrave Macmillan.

U.S. Census Bureau (2005). American Community Survey. Retrieved on October 12, 2006, from www.census.gov/acs/www/.

2

Slobin, D. I. (1994). Crosslinguistic Aspects of Child Language Acquisition (Sophia Linguistica Working Papers in Linguistics No. 35). Tokyo: Sophia University.

3

Johnston, J. C., Durieux-Smith, A., & Bloom, K. (2005). Teaching gestural signs to infants to advance child development: A review of the evidence. First Language, 25 (2), 235–251.

Kenner, C., & Kress, G. (2003). The multisemiotic resources of biliterate children. Journal of Early Childhood Literacy, 3 (2), 179–202.

4

Ioup, G., Boustagui, E., Tigi, M., & Moselle, M. (1994). Reexamining the critical period hypothesis: A case study in a naturalistic environment. Studies in Second Language Acquisition, 16, 73–98.

Pearson, B. Z., Fernandez, M. C., & Oller, D. K. (1993). Lexical development in bilingual infants and toddlers: Comparison to monolingual norms. Language Learning, 43, 93–120.

Peltzer-Kampf, A. & Zangl, R. (1998). Die Dynamik des frühen Fremdsprachenerwerbs. Tübingen: Gunter Narr.

Saxton, M., Backley, P., & Gallaway, C. (2005). Negative input for grammatical errors: Effects after a lag of 12 weeks. Journal of Child Language, 32 (3), 643–672.

Snow, C., & Hoefnagel-Höhle, M. (1977). Age differences in the pronunciation of foreign sounds. Language and Speech, 20, 357–365.

5

Adams, A-M., & Gathercole, S. E. (1996). Phonological working memory and spoken language development in young children. The Quarterly Journal of Experimental Psychology, 49A (1), 216–233.

Bauer, D. J., Goldfield, B. A., & Reznick, J. S. (2002). Alternative approaches to analyzing individual differences in the rate of early vocabulary development. Applied Psycholinguistics, 23, 313–335.

Bongartz, C., & Schneider, M. L. (2003). Linguistic development in social contexts: A study of two brothers learning German. The Modern Language Journal, 87 (1), 13–37.

DeKeyser, R. M. (2000). The robustness of critical period effects in second language acquisition. Studies in Second Language Acquisition, 22 (4), 499–533.

Felling, S. (2006). Fading Farsi: Language Policy, Ideology, and Shift in the Iranian American Family. Unpublished doctoral dissertation, Georgetown University.

Geschwind, N., & Galaburda, A. M. (1985). Cerebral lateralization: Biological mechanisms, associations, and pathology. A hypothesis and a program for research. Archives of Neurology, 42, 428–459.

Goldfield, B. A., & Snow, C. E. (2004). Individual differences in language development. In

J. Berko Gleason (Ed.), The Development of Language, 6th edition (pp. 315–346). Boston: Allyn & Bacon.

Goodwin, M. H. (2001). Organizing participation in cross-sex jump rope: Situating gender differences within longitudinal studies of activities. Research on Language and Social Interaction, 34 (1), 75–106.

Harley, B., & Hart, D. (1997). Language aptitude and second language proficiency in classroom learners of different starting ages. Studies in Second Language Acquisition, 19, 379–400.

Javorinskij, A. (1979). On the lexical competence of bilingual children of kindergarten-age groups. International Journal of Psycholinguistics, 6 (3), 43–57.

Karrass, J., & Braungart-Rieker, J. M. (2003). Parenting and temperament as interacting agents in early language development. Parenting, 3 (3), 235–259.

Kyratzis, A. (2000). Tactical uses of narratives in nursery school samesex groups. Discourse Processes, 29 (3), 269–299.

Nelson, K. (1973). Structure and strategy in learning to talk. Monographs of the Society for Research in Child Development, 38 (1/2), 1–135.

Pine, J. M. (1995). Variation in vocabulary development as a function of birth order. Child Development, 66, 272–281.

Ramírez-Esparza, N., Gosling, S. D., Benet-Martínez, V., Potter, J., & Pennebaker, J. W. (2006). Do bilinguals have two personalities? A special case of cultural frame switching. Journal of Research in Personality, 40, 99–120.

Schachter, F. F., Shore, E., Hodapp, R., Chalfin, S., & Bundy, C. (1978). Do girls talk earlier? Mean length of utterance in toddlers. Developmental Psychology, 14, 388–392.

Shin, S. J. (2002). Birth order and the language experience of bilingual children. TESOL Quarterly, 36 (1), 103–113.

Skehan, P. (1986). The role of foreign language aptitude in a model of school learning. Language Testing, 3 (2), 188–221.

Ullman, M. T., Estabrooke, I. V., Steinhauer, K., Brovetto, C., Pancheva, R., Ozawa, K., Mordecai, K., & Maki, P. M. (2002). Sex differences in the neurocognition of language. Brain and Language, 83, 9–224.

Wong-Fillmore, L. (1976). The Second Time Around: Cognitive and Social Strategies in Second Language Acquisition. Unpublished doctoral dissertation, Stanford University.

6

Berko-Gleason, J. (1975). Fathers and other strangers: Men's speech to young children. In D. P. Dato (Ed.), Georgetown University Roundtable (pp. 280–289). Washington, D.C.: Georgetown University.

Dolson, D. P. (1985). The effects of Spanish home language use on the scholastic performance of Hispanic pupils. Journal of Multilingual and Multicultural Development, 6 (2), 135–155.

High, P. C., LaGasse, L., Becker, S., Ahlgren, I., & Gardner, A. (2000). Literacy promotion in primary care pediatrics: Can we make a difference? Pediatrics, 105 (4), 927–934.

Moore, S. (November, 2004). „Grandcare: Encouraging that special relationship between your parents and your kids." Washington Parent. Retrieved on October 16, 2006, from www.washingtonparent. com/articles/0411/pep.html.

Patterson, J. L. (1998). Expressive vocabulary development and word combinations of Spanish-English bilingual toddlers. American Journal of Speech-Language Pathology, 7, 46–56.

Pearson, B. Z., Fernandez, S. C., Lewedeg, V., & Oller, D. K. (1997). The relation of input factors to lexical learning by bilingual infants. Applied Psycholinguistics, 18, 41–58.

Rumbaut, R. G., Massey, D. S., & Bean, F. D. (2006). Linguistic life expectancies: Immigrant language retention in Southern California. Population and Development Review, 32 (3), 447–460.

Skutnabb-Kangas, T., & Toukomaa, P. (1976). Teaching migrant children's mother tongue and learning the language of the host country in the context of the sociocultural situation of the migrant family. Helsinki: The Finnish National Commission for UNESCO.

Snow, C. (1972). Mothers' speech to children learning languages. Child Development, 43, 549–565.

7

American Academy of Pediatrics (2006). „Television and the family." Retrieved October 22, 2006, from www.aap.org/family/tv1.htm.

Eliot, L. S. (1999). What's Going on in There? How the Brain and Mind Develop in the First Five Years of Life. New York: Bantam.

Kuhl, P. K. (2004). Early language acquisition: Cracking the speech code. Nature Reviews Neuroscience, 5, 831–843.

Nihon Hoosoo Kyokai Broadcasting Culture Research Institute (2005). „How are young children watching TV?" Retrieved November 22, 2007, from www.nhk.or.jp/bunken/english/book/geppo_sum05100102.html

Patterson, J. L. (1998). Expressive vocabulary development and word combinations of Spanish-English bilingual toddlers. American Journal of Speech-Language Pathology, 7, 46–56.

8

Center for Applied Linguistics (2006). Directory of two-way bilingual immersion programs in the U.S. Retrieved October 13, 2006, from www.cal.org/twi/directory.

Liu, P. (2006). Community-based Chinese Schools in Southern California: A Survey of Teachers. Language, Culture, and Curriculum, 19, 237–247.

National Clearinghouse for English Language Acquisition and Language Instruction Educational Programs (2006). Glossary of terms related to the education of linguistically and culturally diverse students. Retrieved October 22, 2006, from www.ncela.gwu.edu/expert/glossary.html.

Rolstad, K., Mahoney, K., & Glass, G. V. (2005). The big picture: A metaanalysis of program effectiveness research on English language learners. Educational Policy, 19, 572–594.

Rosenbusch, M. (1995). Guidelines for starting an elementary school foreign language program. Washington, D.C.: Center for Applied Linguistics. Retrieved October 15, 2006, from www.cal.org/resources/digest/rosenb01.html.

Senesac, B. (2002). Two-way bilingual immersion: A portrait of quality schooling. Bilingual Research Journal, 26 (1), 1–17. Retrieved from http://brj.asu.edu/content/vol26_no1/html/art6.htm.

Swain, M. (1985). Communicative competence: Some roles of comprehensible input in its development. In S. M. Gass, & C. G. Madden (Eds.), Input in Second Language Acquisition (pp. 235–253). Rowley, MA: Newbury House.

9

Lanza, E. (1997). Language Mixing in Infant Bilingualism: A Sociolinguistic Perspective. New York: Oxford University Press.

Peal, E., & Lambert, W. E. (1962). The relation of bilingualism to intelligence. Psychological Monographs, 76 (27), 1–23.

Poplack, S. (1982). Sometimes I'll start a sentence in Spanish y termino en español: Toward a typology of code-switching. In J. Amastae, & L. Elías-Olivares (Eds.), Spanish in the United States: Sociolinguistic Aspects (pp. 230–263). Cambridge: Cambridge University Press.

Zentella, A. C. (1997). Growing up Bilingual: Puerto Rican Children in New York. Malden, MA: Blackwell.

10

Apel, K., & Masterson, J. (2001). Beyond Baby Talk: From Sounds to Sentences, a Parent's Complete Guide to Language Development. New York: Three Rivers Press.

Gargiulo, R., & Kilgo, J. L. (2004). Young children with special needs. Florence, KY: Thomson Delmar Learning.

Greenspan, S. I., Wieder, S., & Simons, R. (1998). The Child with Special Needs: Encouraging Intellectual and Emotional Growth. New York: Perseus Books.

Hamaguchi, P. M. (2001). Childhood Speech, Language & Listening Problems: What Every Parent Should Know. Indianapolis: Wiley.

Krupa-Kwiatkowski, M. (1998). You shouldn't have brought me here!: Interaction strategies in the silent period of an inner-directed second language learner. Research on Language and Social Interaction, 31 (2), 133–175.

Lerner, J. W., Lowenthal, B., & Egan, R. W. (2002). Preschool Children with Special Needs: Children at Risk, Children with Disabilities (2nd Edition). Boston: Allyn & Bacon.

Prezant, F. (2006). Married with Special-Needs Children: A Couples' Guide to Keeping Connected. Bethesda, MD: Woodbine House.

Toppelberg, C. O., Snow, C. E., & Tager-Flusberg, H. (1999). Severe developmental disorders and bilingualism. American Academy of Child and Adolescent Psychiatry, 38 (9), 1197–1199.

U.S. Census Bureau (2005). American Community Survey. Retrieved on October 12, 2006, from www.census.gov/acs/www/.

U.S. Department of Labor Bureau of Labor Statistics (2006). Bureau of Labor Statistics. Retrieved on October 12, 2006, from www.bls.gov/.

Winter, J. (2006). Breakthrough Parenting for Children with Special Needs: Raising the Bar of Expectation. San Francisco: Jossey-Bass Publishers.

Zola, R. (2006). Simple Successes: From Obstacles to Solutions with Special Needs Children. Parker, CO: Outskirts Press.

11

Cenoz, J., & Valencia, J. (1994). Additive trilingualism: Evidence from the Basque Country. Applied Psycholinguistics, 15, 195–207.

Cruz-Ferreira, M. (2006). Three Is a Crowd?: Acquiring Portuguese in a Trilingual Environment. Clevedon, UK: Multilingual Matters.

Crystal, D. (1997). The Cambridge Encyclopedia of Language. Cambridge: Cambridge University Press.

DeWaele, J. M. (2000). Trilingual first language acquisition: Exploration of a linguistic „miracle." LaChouette, 31, 41–46.

Gordon, R. G., Jr. (Ed.) (2005). Ethnologue: Languages of the World. Retrieved from www.ethnologue.com/.

McCloskey, J. (2000). Quantifier float and wh-movement in an Irish English. Linguistic Inquiry, 31 (1), 57–84.

Quay, S. (2001). Managing linguistic boundaries in early trilingual development. In J. Cenoz, & F. Genesee (Eds.), Trends in Bilingual Acquisition (pp. 149–199). Amsterdam: John Benjamins.